AF390133

35454

MANUEL

DE

GRÉEMENT.

IMPRIMERIE DE DAVID,
BOULEVART POISSONNIÈRE, N° 6.

MANUEL

DE

GRÉEMENT,

OU

L'ART D'ÉQUIPER LES VAISSEAUX ET AUTRES BATIMENS DE MER, DE TOUT CE QUI EST NÉCESSAIRE A LEURS MOUVEMENS;

SUIVI

De diverses Remarques faisant connaître approximativement les quantités et le prix des principales Matières et Objets qui entrent dans la construction et l'armement des Bâtimens; terminé par des Tables servant à déterminer les dimensions des Mâts, des Vergues et des Manœuvres, et la quantité de Toile nécessaire à chaque Voile.

OUVRAGE MIS, PAR L'ORDONNANCE DE LA MARINE, AU NOMBRE DES LIVRES DONT DOIVENT SE POURVOIR LES ÉLÈVES ET LES JEUNES OFFICIERS DE CETTE ARME.

PAR F. A. COSTÉ,

CAPITAINE DE FRÉGATE,

CHEVALIER DE SAINT-LOUIS ET DE LA LÉGION D'HONNEUR.

2ᵉ Édition, corrigée et augmentée.

BIBLIOTHÈQUE ROYALE

PARIS,

CHEZ DEZAUCHE, GÉOGRAPHE, RUE DES NOYERS, N° 40.
ET CHEZ LES PRINCIPAUX LIBRAIRES.

1829.

AVIS.

Pour éviter la contrefaçon, chaque exemplaire sera signé par l'auteur.

Extrait de la Lettre

de Son Excellence

Le Ministre de la Marine

et des Colonies

A Mr Costé, Capitaine de Frégate.

Monsieur,

J'ai fait examiner par la Commission consultative des travaux de la Marine, votre Ouvrage intitulé *Manuel de Gréement*.

Il m'est agréable de vous faire connaître les conclusions du rapport qui m'a été fait à ce sujet : après avoir analysé votre Ouvrage, la Commission dit : « Ce livre manquait aux moyens d'instruction des Élèves de la

Marine; il mettra des règles fixes à la place des pratiques routinières suivies par beaucoup de maîtres d'équipage; il mettra les Officiers chefs de détail en état de suivre les consommations qu'ils sont chargés de surveiller: il suppléera enfin avantageusement aux traités du même genre qui ont été publiés avant lui, et il sera à la portée de tous les Navigateurs, si généralement dépourvus, en France, de livres élémentaires sur leur profession. »

Ce rapport avantageux confirme entièrement celui de la Commission que j'avais chargée à Brest d'examiner votre travail, &c.

Le Pair de France,
Ministre de la Marine et des Colonies,
Signé Mis de Clermont-Tonnerre.

AVERTISSEMENT.

Le seul traité de gréement que possède la marine française, quel que soit le mérite de son auteur et l'exactitude de ses définitions, est cependant loin de suffire à l'objet auquel il était destiné.

Cette insuffisance, généralement reconnue, provient non-seulement des changements importants qui, depuis sa publication, se sont opérés dans cette partie de l'art nautique, mais encore du peu de développement donné par l'auteur aux détails d'exécution, détails auxquels ne peuvent qu'imparfaitement suppléer les planches et figures qui, d'ailleurs, rendent le prix de cet ouvrage trop élevé pour qu'il soit à la portée de la plupart des navigateurs.

Pénétré de ces inconvénients, j'ai cru employer utilement mes instants de loisir, en faisant un nouveau traité qui, laissant à l'ouvrage de M. Lescalier les honneurs de la bibliothèque, deviendrait, sous le titre de *Manuel de gréement*, le guide des marins, à bord des bâtimens et dans les ateliers.

Ce Manuel, qui a obtenu le suffrage de plusieurs officiers expérimentés, au jugement desquels il a été soumis, traite de tous les cordages nécessaires au gréement des bâtiments à trois mâts et des bricks , de leur préparation à l'atelier de la garniture, et de la manière de les mettre en place. Il est suivi de tables dressées d'après des principes raisonnés et des expériences faites, lesquelles tables présentent les dimensions que doivent avoir les manœuvres, et suppléent ainsi au défaut de réglement sur cet objet.

Je n'entrerai pas dans le développement des principes qui ont servi de base à ces dimensions, parce que l'explication qui précède ces tables les fera suffisamment connaître.

J'ai indiqué par des notes les différentes modifications qui m'ont paru le plus généralement adoptées dans le gréement des bâtiments bien tenus , en m'abstenant toutefois d'entrer dans la discussion des avantages et des inconvénients que ces modifications peuvent présenter, mon but étant uniquement de décrire les différentes manières de gréer les bâtiments, et de mettre ainsi chacun à même d'adopter l'installation qui lui paraîtra la meilleure.

On suppose , au reste , que les jeunes marins auxquels cet ouvrage est particulièrement destiné, auront déjà quelques connaissances préliminaires relatives au gréement des bâtiments , et sauront la signification des différents termes de marine et le nom des divers objets dont il est fait mention; à défaut de quoi, ils devront avoir recours aux différents dictionnaires qui traitent de ces matières, et dont cet ouvrage n'aurait pu présenter qu'une simple répétition.

Afin de diminuer les frais d'impression et de mettre ainsi le Manuel de gréement à la portée d'un plus grand nombre de marins, je me suis efforcé de décrire l'installation des diverses manœuvres sans le secours des figures ; mais une pareille description, difficile par elle-même, comportait peu les agréments du style, et je dois réclamer, à cet égard, l'indulgence des lecteurs.

TABLE DES MATIÈRES

CONTENUES

DANS LE MANUEL DE GRÉEMENT.

CHAPITRE PREMIER.

DES AMARRAGES, NOEUDS, TISSUS, FOURRURES, ETC.

CHAPITRE II.

DES CORDAGES OU MANŒUVRES DES MATS.

———

SECTION PREMIÈRE.

DES HAUBANS DE BAS-MATS ET DE LEURS PENDEURS. 28

SECTION II.

ÉTAIS DE BAS-MATS, DE LEURS COLLIERS ET RIDES. 44

SECTION III.

SECTION IV.

SECTION V.

SECTION VI.

SECTION VII.

DES AGRÈS DES MATS DE HUNE.   74

SECTION VIII.

DES AGRÈS DES MATS DE PERROQUET ET DE CACATOIS   88

SECTION IX.

DES CORDAGES OU AGRÈS DU BOUT-DEHORS DE BEAUPRÉ. 94

CHAPITRE III.

DES CORDAGES OU MANOEUVRES DES VERGUES.

SECTION PREMIÈRE.

DES AGRÈS DES VERGUES DE BAS-MATS.   99

SECTION II.

DES AGRÈS DES VERGUES DE HUNE. 116

SECTION III.

DES AGRÈS DES VERGUES DE PERROQUET ET DE CACATOIS. 129

SECTION IV.

AGRÈS DES VERGUES APPELÉES LE GUI ET LA CORNE D'ARTIMON. 144

SECTION V.

DES AGRÈS DES VERGUES DE CIVADIÈRE. 151

CHAPITRE IV.

DES AGRÈS OU CORDACES DES VOILES.

SECTION PREMIÈRE.

AGRÈS DES BASSES VOILES. 161

SECTION II.

AGRÈS DES HUNIERS.   174

SECTION III.

DES AGRÈS DE PERROQUET ET DE CACATOIS.   181

SECTION IV.

DES BONNETTES ET DE LEURS AGRÈS.   186

SECTION V.

AGRÈS DES VOILES D'ÉTAI DU GRAND-MAT.   192

SECTION VI.

ACRÈS DES VOILES D'ÉTAI DU MAT D'ARTIMON.   201

SECTION VII.

DES FOCS.   205

SECTION VIII.

DE L'ARTIMON ET DE LA BRIGANTINE.   211

CHAPITRE V.

DES CORDAGES DES ANCRES.   217

CHAPITRE VI.

DES CORDAGES OU AUTRES MANŒUVRES ACCESSOIRES DU GRÉEMENT.

CHAPITRE VII.

INSTALLATION ET GRÉEMENT DES EMBARCATIONS. 250

RAPPORTS APPROXIMATIFS DES QUANTITÉS ET VALEURS DE DIVERSES MATIÈRES NÉCESSAIRES A LA CONSTRUCTION ET AU GRÉEMENT DES BATIMENS. 257

EXPLICATION DES TABLES SERVANT A DÉTERMINER
LES DIMENSIONS DES MANOEUVRES DES BATIMENS
DE TOUTE ESPÈCE.

N. B. Les notes ajoutées à cette édition sont désignées par des
astérisques (*).

MANUEL

DE

GRÉEMENT.

✦✦

CHAPITRE PREMIER.

DES AMARRAGES, NŒUDS, TISSUS, FOURRURES, ETC.

L'ÉTUDE du gréement suppose non-seulement la connaissance préliminaire des nœuds et amarrages au moyen desquels on assujétit les manœuvres, mais aussi celle des garnitures, tissus et autres préparations, dont on fait communément usage pour les préserver du frottement et en assurer la conservation.

La manière dont se font ces nœuds, amarrages, tissus, etc., ayant été décrite par divers auteurs, nous aurions pu nous dispenser d'en faire mention dans cet ouvrage ; mais nous avons pensé qu'il était utile de réunir, dans un seul Traité, tout ce qui constitue cette partie de l'art du navigateur, et c'est ce qui nous a déterminé à donner, dans ce chapitre, une description dont nous ne nous dissimulons pas, au reste, l'insuffisance, et que nous reconnaissons ne pouvoir suppléer qu'imparfaitement à l'étude des mêmes travaux dans les ateliers. Nous engageons donc les jeunes marins à y suivre attentivement leur exécution , après quoi ils pourront, à l'aide des descriptions suivantes , les exécuter eux-mêmes avec de menus cordages, et en acquérir ainsi une connaissance exacte.

Amarrage à plat.

Cet amarrage se fait par plusieurs tours bien serrés de ligne ou de quarantenier, à l'endroit où deux cordages , ou deux branches d'un même cordage, doivent être joints sans se croiser.

Pour l'exécuter, on commence par faire un petit œillet ou boucle à l'extrémité de la ligne qui doit servir à faire l'amarrage ; puis, rapprochant les deux cordages de manière qu'ils se touchent au point où ils doivent être joints, on les lie à ce point , d'abord par un nœud coulant que l'on forme en passant le bout de la ligne dans l'œillet pratiqué à son autre extrémité , que l'on serre fortement, puis , par sept ou huit tours de la même ligne , également bien serrés et aussi rapprochés que possible les uns des autres. Le dernier tour étant achevé , on passe le bout de la ligne en dedans des tours et du côté opposé à l'œillet , après quoi on le fait passer de nouveau dans ce dernier , pour recommencer une seconde couche de tours , dans le même sens que la première.

On termine enfin l'amarrage en croisant par plusieurs tours, dans le sens de la longueur, les deux rangs de tours précédemment formés, et après avoir engagé le bout de la ligne dans ces tours, on l'y arrête de façon qu'il ne puisse se dépasser.

Nous ferons observer que l'extrémité de la ligne opposée à l'œillet doit être amincie et terminée en pointe, afin de pouvoir passer entre les tours, que, pour plus de facilité encore, on a soin d'écarter avec un épissoir.

De plus, comme il serait difficile de roidir suffisamment les tours à la main, on fait ordinairement usage d'un chevillot, ou de tout autre objet propre à former un petit levier, dont les cordages rejoints deviennent alors le point d'appui. On produit par ce moyen tout l'effort nécessaire sur la ligne, qu'à cet effet on replie à chaque tour, de manière à former une espèce de nœud coulant dans lequel on passe le chevillot.

Amarrage en étrive.

L'amarrage en étrive n'est autre qu'un amarrage à plat, pratiqué sur un cordage dont les branches doivent se croiser, et à l'extrémité duquel on veut adapter un cap-de-mouton, une cosse ou tout autre objet quelconque. Il se fait au point de rencontre du cordage dont on entoure l'objet à adapter, et le bout excédant, ramené sur la branche principale, s'y fixe au moyen d'un ou de deux amarrages de même espèce.

Épissure.

L'épissure est un procédé par lequel on joint bout à bout deux cordages, ou les extrémités d'un même cordage, d'une manière solide et sans nœuds, ni bourlets

qui puissent nuire à l'usage qu'on voudrait en faire. On
en distingue de deux sortes : l'épissure courte, et l'é-
pissure longue.

Pour faire la première, après avoir détordu, sur une
certaine longueur, les deux bouts du cordage que l'on
veut réunir, et en avoir entrelacé les torons, de manière
qu'ils se joignent à leurs racines, on fait passer successivement chacun des torons détordus entre les torons non détordus et correspondans de la partie opposée,
que l'on écarte à cet effet au moyen d'un épissoir. Chaque toron ayant été passé de la même manière deux ou
trois fois, on coupe l'excédant au ras du cordage, ou
bien on le détord; et le réduisant graduellement de
grosseur, en coupant successivement une partie des fils,
on l'introduit de nouveau entre les torons non détordus,
afin que l'épissure aille toujours en diminuant vers son
extrémité.

On peut également réduire ces excédants en filamens,
et après les avoir amincis à l'aide d'un couteau, de façon qu'ils se terminent en pointe, on les couche uniformément sur le cordage, en les couvrant ensuite de
tours bien serrés de bitord. On désigne cette opération
par la dénomination de *peignure*.

L'épissure longue se fait en développant successivement un toron de deux cordages que l'on veut épisser,
et en substituant le toron de l'un au toron de l'autre, à
partir de la moitié de la longueur que l'on veut donner
à l'épissure.

La partie du toron excédant cette longueur, se croise
ensuite par un demi-nœud avec le toron correspondant
du cordage opposé, et après avoir passé les bouts dans

l'intérieur du cordage, on coupe au ras du dernier tour tout ce qui excède.

Cette opération ayant été faite alternativement sur les deux cordages, il ne reste plus à employer que le troisième toron de chacun d'eux, ce que l'on fait en les croisant comme les premiers, par un demi-nœud, passant et coupant d'ailleurs les bouts excédans, ainsi qu'on vient de l'indiquer.

Nœud de hauban.

Ce nœud sert à rejoindre comme l'épissure, mais plus promptement, les deux parties d'un cordage, hauban, galhauban et autres manœuvres dormantes, rompues par un accident quelconque.

Pour l'exécuter, on sépare d'abord sur une certaine longueur, les torons des deux parties à joindre, en les croisant et en les rapprochant de la même manière que pour l'épissure courte; mais au lieu de les faire passer ensuite entre les torons non détordus, on les entrelace en les resserrant de chaque côté autour du cordage, afin de former une espèce de bourlet, et qu'ils ne puissent se séparer.

On coupe alors les bouts excédans, ou on les détord pour les amincir en pointes et les appliquer sur le cordage que l'on recouvre ensuite d'un garni de bitord.

Aiguilletage.

L'aiguilletage est un amarrage dont on fait usage pour réunir deux cordages, ou deux branches d'un même cordage, ayant un œillet à l'une de leurs extrémités.

On l'exécute en fixant d'abord un bout de ligne ou quarantenier sur un des œillets, et en le faisant passer alternativement de l'un et de l'autre, soit dans le même sens, soit en le croisant de manière à former un certain nombre de tours, que l'on roidit bien également, et que l'on bride fortement par le milieu. On engage ensuite l'excédant dans la bridure, et l'on fait un nœud pour qu'il ne puisse se dépasser.

On emploie également l'aiguilletage pour fixer une poulie sur un piton, sur une cosse, etc. Dans ce cas, la cosse ou le piton tient lieu de l'un des deux œillets, et correspond à celui de l'estrope de la poulie.

Garnir en bitord.

Pour garnir, c'est-à-dire recouvrir en bitord un cordage quelconque, on l'étend d'abord horizontalement à-peu-près à la hauteur de ceinture d'homme ; prenant ensuite une pelotte de bitord dont le bout est fixé sur le cordage, on applique sur ce dernier le maillet cylindrique dans lequel est pratiquée à cet effet une rainure longitudinale, et on les saisit ensemble par deux ou trois tours de bitord, qui enveloppent d'abord le maillet, et par un nombre égal de tours sur le manche. On fait alors tourner le maillet sur le cordage, en laissant filer le bitord de manière à ce qu'il l'enveloppe successivement de tours bien serrés, tandis que, pour faciliter l'opération, un matelot fait à chaque tour passer la pelote du bitord dans le même sens.

Congréer.

Congréer un cordage, c'est le garnir en hélice d'un cordage beaucoup plus mince, qui, remplissant l'intervalle des torons, rend le premier plus fort et plus uni.

Cette opération ne présente, comme on le voit, aucune difficulté, et n'exige conséquemment aucune explication particulière : tout se réduit à bien serrer le congréage; et comme on n'y parviendrait pas suffisamment à la main, on y supplée par quatre ou cinq tours réunis et bien serrés d'une forte tresse, qu'au moyen d'un morceau de bois, servant de levier, on fait tourner et avancer graduellement sur toute la longueur du cordage congréé.

On arrête ensuite le bout du congréage par un certain nombre de tours de ligne, de bitord, ou de quarantenier.

Garnir un cordage en toile.

On garnit quelquefois les cordages en toile, c'est-à-dire qu'on les recouvre de bandes de toile goudronnées, destinées à les préserver du frottement ou de l'humidité. Ces bandes ont ordinairement trois à cinq pouces de largeur, selon la grosseur du cordage, et l'enveloppent en hélice, de manière qu'elles se recouvrent, elles-mêmes, d'environ la moitié de leur largeur. On les fixe ensuite par plusieurs tours de bitord bien serrés, que l'on fait de distance en distance, lorsque d'ailleurs elles ne doivent pas en être totalement recouvertes.

Paillets.

Le paillet ordinaire est une sorte de natte confectionnée avec du bitord ou des torons, que l'on entrelace sans l'intermédiaire d'aucun autre cordage. Celui qu'on appelle lardé est garni de courts-bouts de fil de carret ou de bitord, passés dans l'épaisseur du paillet, et qui ensuite sont détordus et réduits en étoupe, afin de former, sur l'une ou sur les deux faces, un préservatif contre les effets du frottement.

Le paillet se fait au moyen d'un certain nombre de bouts de bitord ou de torons, que l'on place à côté les uns des autres, et à cheval sur un bâton, ou sur un cordage tendu, et que l'on tresse ensuite de manière à former une espèce de natte.

A cet effet, en supposant les cordons numérotés par la gauche, et suivant la série naturelle des nombres, alternativement d'une branche à l'autre, c'est-à-dire de manière que les cordons de dessus soient de numéro pair, ceux de dessous de numéro impair, on fait passer le numéro 2 à droite et par dessus le numéro 1, de manière à le croiser.

On croise de même, et en serrant, le numéro 4 sur le numéro 3 ; puis, faisant passer le numéro 4 sur le numéro 1, on redouble ce dernier sur le numéro 3, afin de terminer sur le numéro 2, pour lui faire faire un tour.

Le numéro 6 passe ensuite sur le numéro 5, puis, sur le numéro 3 ; le numéro 3 passe de même sur le numéro 4, le 4 sur 1 ; et enfin le numéro 1 sur le numéro 2.

En continuant de cette sorte à entrelacer tous les cordons, jusqu'à ce qu'on ait atteint la longueur déterminée du paillet, on les lie alors, deux à deux, de manière qu'ils ne puissent se dégager du tissu ainsi formé.

Nous ferons remarquer qu'afin de retenir l'entrelacement au fur et à mesure que l'on reprend un nouveau cordon, on fait plusieurs tours du numéro 1 avec le numéro 2, en produisant, de cette sorte, une espèce de torsion qui empêche momentanément le premier tour de se défaire.

Sangles.

On appelle sangle, un tissu de fil de carret ou de bitord, qu'on emploie, comme le paillet, à couvrir un cordage ou tout autre objet que l'on veut préserver d'un frottement quelconque. On le fait ordinairement au métier, et d'une manière analogue à ce qui se pratique pour la fabrication de la toile ou de la frange ; c'est-à-dire qu'après avoir attaché par un bout, tous les fils qui doivent former la chaine du tissu, on les étend horizontalement de toute leur longueur, et ayant soin de faire passer les fils pairs, par exemple, dans les trous pratiqués au milieu des barreaux d'une espèce de grillage, et les impairs, entre l'intervalle de ces mêmes barreaux. on élève ensuite et l'on abaisse alternativement ce grillage, afin de séparer les fils, et de faire passer entre eux un autre fil roulé sur une pelote dont on se sert comme d'une espèce de navette, pour tramer le tissu.

Chaque tour de trame devant en outre être très-serré

au point où les fils se croisent, on se sert à cet effet
d'une latte de bois en forme de couteau, avec laquelle
on frappe deux ou trois coups entre les fils, à chaque
mouvement de hausse et de baisse, de sorte que, pour
confectionner ce tissu, il faut trois hommes : le premier
fait monter et descendre le grillage appelé métier à
sangle, le deuxième passe la pelote et resserre le fil à
chaque tour, et le troisième refoule ces tours entre le
tissu, au moyen du couteau de bois dont il est armé.

Genopes.

Les genopes sont des amarrages dont on se sert pour
réunir momentanément deux cordages, et les empêcher
de glisser l'un sur l'autre.

Elles se font, soit avec du fil de caret, soit avec du
bitord ou des torons, et de la même manière que les
amarrages à plat, à l'exception du premier rang de
tours, qui, au lieu d'être fait en tours simples comme
le deuxième, doit l'être en tours croisés, c'est-à-dire
passant alternativement de dessus en dessous de chacun
des deux cordages réunis.

Cul-de-porc.

Le cul-de-porc est un nœud pratiqué à l'extrémité
d'un cordage pour l'empêcher de se dépasser d'un objet
quelconque. Il se fait à peu près de la même manière
que le bourlet par lequel on termine le nœud de hauban, qu'on appelle aussi *cul-de-porc double* ; c'est-à-
dire qu'après avoir détordu le bout du cordage sur lequel

on veut faire le cul-de-porc, on en entrelace les torons
en les serrant fortement autour du cordage, mais de
manière que les bouts des torons passent tous trois
en dedans du nœud et en forment le centre. On les lie
alors fortement, ou bien on les enlace de nouveau au
delà du bourlet, formant ainsi une espèce de cou-
ronne que l'on appelle tête-de-mort, et au ras de laquelle on coupe l'excédant des torons.

Lorsque le cordage est commis en câble, l'enlacement
qui termine le cul-de-porc se fait avec les neuf torons
dont ce cordage est composé, et prend alors le nom de
tête-d'alouette.

Queue-de-rat.

On appelle queue-de-rat une espèce de pointe que
l'on fait à l'extrémité des cordages, afin de les introduire plus facilement dans les poulies, et que l'on exécute de la manière suivante.

On lie d'abord le cordage au point où l'on veut com-
commencer la queue-de-rat; puis, défaisant les torons
jusqu'à la ligature et renversant les fils extérieurs, on
amincit ceux intérieurs à l'aide d'un couteau, et de manière que leur masse aille toujours en diminuant.
On relève alors les fils extérieurs, alternativement par
pair et impair, ayant soin à chaque fois de les lier fortement, et l'on forme ainsi une espèce de tissu que l'on
termine par une ligature.

Lorsque la queue-de-rat se fait par un câble ou sur
un grelin, on y adapte souvent une cosse dans laquelle
on passe un cordage, qui sert au besoin à diriger le

bout du câble ou du grelin, partout où l'on veut le
faire passer.

Cette cosse est enveloppée par un des torons du câble,
replié et épissé sur lui-même, mais dont l'épissure doit
être recouverte par la queue-de-rat.

Portugaise.

On appelle portugaise un amarrage par lequel on
joint ensemble la tête de deux mâts, ou autres pièces
de bois destinées à servir de point d'appui pour soulever un fardeau quelconque.

La tête des mâts étant rapprochée et croisée l'une sur
l'autre, en croix de St.-André, on fixe sur l'un des
deux, et près du point de jonction, le milieu du cordage qui doit servir à faire l'amarrage, ce qui se fait au
moyen d'un demi-nœud.

On fait alors, au même point et avec une des branches de ce cordage, un certain nombre de tours croisés,
c'est-à-dire, passant alternativement en dessus et en
dessous de l'un et de l'autre mât, et l'on arrête le bout
de cette branche par deux demi-clefs.

Prenant ensuite l'autre branche, on fait un second
rang de tours dans l'intervalle des premiers, et l'on
bride le tout fortement, au moyen de l'excédant des
deux branches dont on engage les bouts dans la masse
des tours, ou qu'on lie ensemble par un nœud plat.

Il convient d'observer que le second rang de tours ne
doit pas être croisé, mais fait en rond, de manière à
remplir exactement les vides laissés par les premiers.

Couvrir ou garnir un cordage en basane.

On commence par couper la basane en bandes d'une largeur égale à la circonférence du cordage que l'on doit recouvrir ; et après les avoir trempées dans l'eau, afin de les amollir et de pouvoir les appliquer plus facilement, on les coud par les côtés et dans toute leur longueur, sur la partie du cordage qu'elles enveloppent.

On arrête quelquefois ce garni par une petite ligature bien serrée, faite à chacune de ses extrémités, afin de le maintenir plus fortement.

Filet de foc, de hune, de bastingage, etc.

Pour faire ce filet, on étend sur une planche munie de clous à ses extrémités, une ligne ou un quarantenier que l'on fait passer à cet effet d'une extrémité à l'autre sur chacun des clous correspondans, de manière à former un nombre de fils, ou branches parallèles, proportionné à la largeur que l'on veut donner au filet.

Tous les fils étant ainsi tendus, on les joint successivement les uns aux autres par de petits amarrages à plat, faits en échiquier et à des distances égales, que l'on détermine d'après l'ouverture que doivent avoir les mailles (1).

____

(1) L'ouverture étant donnée diagonalement, dans le sens de la longueur et dans le sens de la largeur, voici comment on déterminera la distance des amarrages : on ajoutera ensemble les carrés des nombres exprimant ces dimensions, et on extraira la racine carrée de

Alors, on enlève de dessus la planche le filet ; et en l'écartant de manière à donner aux mailles l'ouverture nécessaire, on le transfile et on l'attache par les côtés sur l'encadrement qui lui est destiné.

L'écartement des mailles ne pouvant avoir lieu qu'aux dépens de la longueur du filet, on doit avoir l'attention de donner aux fils ou branches de ce dernier environ un quart de longueur de plus, que celle qu'il doit avoir étant en place, ou plus exactement, d'augmenter leur longueur dans le rapport des deux côtés de la maille à la diagonale, dans le sens de la longueur du filet, de sorte que si le côté de la maille doit avoir 5 pouces, par exemple, et la diagonale de cette maille, dans le sens de la longeur des fils, 8 pouces, il faudra que la longueur de chaque fil soit à celle du filet, étant ouvert, comme 10 à 8, ou qu'elle ait un quart de plus que cette dernière.

Demi-nœud et nœud-plat.

Le demi-nœud se fait en croisant d'abord, par le bout, deux cordages que l'on veut réunir, et en faisant passer ensuite l'un des deux au-dessous de l'autre.

Si les deux bouts croisés sont ceux d'un même cordage, on conçoit qu'il suffit de les serrer pour saisir à volonté un objet quelconque ; mais comme ils se relà-

---

la somme, ce qui donnera la distance demandée, ou le double du côté de la maille.

Cette règle est fondée sur ce que la maille, prenant la forme d'un losange, la somme des carrés des diagonales est égale au carré du double de l'un de ses côtés.

cheraient nécessairement aussitôt qu'on les aurait aban-
donnés , on les lie par un amarrage, soit ensemble , au
dessus du nœud , soit séparément, de l'un et de l'autre
côté.

Un autre moyen d'arrêter le demi-nœud , est d'en
faire un second sur le premier, et c'est ce qui forme le
nœud plat. Dans ce cas , l'un et l'autre doivent être
faits dans le même sens ; c'est-à-dire que le bout qui
était en dessus pour former le premier , doit être également en dessus pour former le deuxième ; chaque bout
venant ainsi , naturellement et sans obstacle , rejoindre
la branche du cordage à laquelle il appartient.

Le nœud - plat s'emploie fréquemment , soit pour
mettre bout à bout deux cordages que l'on veut réunir
momentanément pour avoir une plus grande longueur,
soit pour joindre et fixer solidement les extrémités d'un
même cordage.

Tour-mort.

Le tour-mort n'est autre chose qu'un double tour ,
fait avec un cordage sur un objet quelconque, et que
l'on arrête , soit par une demi-clef , soit par un amarrage en étrive , auquel on donne alors la dénomination
de croisure.

Tourner une manœuvre sur un taquet.

On tourne une manœuvre sur un taquet , lorsqu'on
veut l'arrêter momentanément et la maintenir dans un
degré de tension convenable.

Dans ce cas, les tours doivent être croisés, c'est-à-dire, passés alternativement de dedans en dehors, sur chacune des pointes du taquet, ce qui suffit presque toujours pour retenir le cordage ; mais si l'on craint qu'il ne s'échappe, on l'arrête au moyen d'une croisure faite sur la partie tendue du cordage.

Demi-clef.

La demi-clef est une espèce de demi-nœud ou nœud simple, dont on se sert fréquemment pour arrêter avec célérité l'extrémité d'un cordage sur quelque objet que ce soit.

On l'exécute, après avoir passé le cordage sur l'objet auquel on veut l'amarrer, en croisant le bout du cordage sur la partie tendue, et en le ramenant par dessous entre les doubles ou branches résultant de leur croisement ; on arrête alors ce même bout, soit en faisant encore une ou deux demi-clefs au-dessus de la première, soit en le fixant sur la partie tendue du cordage par un amarrage à plat.

On se sert aussi de ce nœud pour mettre bout à bout deux cordages, que l'on croise à cet effet l'un sur l'autre, formant ainsi, à l'extrémité de chacun, une espèce de boucle, au moyen de laquelle ils sont maintenus enlacés.

Frapper un palan à croc sur une ride.

Pour fixer un palan à croc sur une ride, on forme avec le bout de cette dernière, en le croisant sur lui-même, une boucle dans laquelle on passe le croc, de manière que la partie tendue du cordage presse l'autre contre la tige du croc, et l'empêche ainsi de se dépasser. Lorsqu'on veut ensuite dégager le croc de la ride, il suffit de mollir le palan, et la boucle se défait aussitôt.

On peut également fixer le croc sur la rideau moyen d'un nœud, appelé *gueule-de-raie*. Ce nœud se fait en renversant sur la partie tendue du cordage la boucle que l'on a formée à son extrémité, et en saisissant avec le croc la partie du cordage qui se trouve sous la boucle, dans laquelle on le fait entrer en double, afin de former, de cette sorte, une espèce de nœud coulant.

On conçoit que, par ce moyen, plus on pèse sur le cordage, plus le nœud se resserre, et qu'il se défait de lui-même, dès qu'on en dégage le croc.

Valture.

La valture est un amarrage dont on se sert pour lier, l'une à l'autre, deux pièces de bois séparées par un intermédiaire quelconque, telles, par exemple, que le pied d'un mât de hune avec le ton d'un bas-mât.

On fixe d'abord le bout d'un cordage sur l'une des deux pièces, et, après les avoir enveloppées toutes les deux, par sept à huit tours bien rapprochés et bien serrés du même cordage, on bride fortement ces tours en passant l'excédant du cordage dans l'intervalle que laissent entre elles les deux pièces de bois au-dessus et au-dessous de la valture.

On fait ainsi cinq à six tours perpendiculairement aux

premiers, et l'on arrête ensuite le bout du cordage, au
moyen de deux ou trois demi-clefs sur la masse des derniers tours. On peut également faire la valture à la façon d'une portugaise, c'est-à-dire en faisant d'abord un
premier rang de tours croisés, entre lesquels on fait ensuite un rang de tours en rond, et bridant le tout comme
pour la valture simple.

Rousture et Sourliure.

On appelle rousture un amarrage au moyen duquel
on lie fortement ensemble et en faisceau diverses pièces
de bois que l'on veut réunir ; on s'en sert particulièrement pour les mâts et vergues d'assemblage, sur lesquels
on fait ordinairement, et de distance en distance, plusieurs roustures.

Pour faire ces amarrages, on emploie un cordage qui,
ayant déjà servi, n'est plus susceptible d'allongement,
et à l'extrémité duquel on fait un petit œillet. On entoure avec ce cordage l'objet sur lequel on veut faire la
rousture, et, passant l'autre extrémité dans l'œillet pratiqué à la première, on forme ainsi un nœud coulant,
que l'on serre le plus fortement possible. On fait ensuite,
avec le même cordage, un certain nombre de tours bien
serrés et très-rapprochés les uns des autres ; et l'on arrête
enfin le bout, en l'engageant dans les derniers tours,
et en le fixant sur le bois au moyen d'un clou.

Lorsque la rousture se fait avec un cordage trop gros
pour qu'on puisse le serrer suffisamment à la main, on
fait usage d'un cabestan ou d'un palan, et, dans ce cas,

chacun des tours doit être arrêté, comme le dernier, au moyen d'un clou à large tête.

La rousture se fait aussi sur les bouts d'un cordage pour empêcher les torons de se détordre. On lui donne alors le nom de *sourliure*.

Nœud-d'agui simple.

Le nœud-d'agui est un nœud au moyen duquel on forme une grande boucle qui, quelque effort qu'on lui fasse éprouver, ne peut jamais se resserrer.

On s'en sert pour hisser un matelot à la tête d'un mât, suspendre un voilier le long d'une voile exposée au vent, un calfat hors du bord pour boucher une voie d'eau, etc.

Pour faire ce nœud, on commence par tourner le cordage sur lui-même, à quatre ou cinq pieds de distance de son extrémité, formant ainsi une espèce d'œillet, dans lequel on fait passer le bout du cordage comme pour faire un nœud ordinaire. On dirige ensuite le même bout sur la partie tendue du cordage, de manière à l'envelopper ; et on le ramène dans l'œillet que l'on serre alors fortement, laissant au-dessous une grande boucle, dans laquelle s'asseoit l'homme que l'on veut élever ou soutenir.

Nœud-d'agui double.

Ce nœud ne diffère du précédent qu'en ce qu'il est fait avec un cordage plié en deux, au lieu de l'être avec un cordage simple. Il en résulte que la boucle est double, c'est-à-dire composée de deux parties superposées, que l'on écarte, et dont l'une sert à soutenir l'homme sous les bras, tandis qu'il est assis sur l'autre.

Nœud-de-vache.

Ce nœud sert, comme le nœud-plat, à réunir bout à bout plusieurs cordages ; mais on le préfère au premier, parce qu'il est plus facile à dénouer après l'emploi des cordages, quelle que soit d'ailleurs la tension qu'ils aient éprouvée.

On le fait d'une manière analogue à celle dont s'exécute le nœud-d'agui simple, c'est-à-dire qu'on forme une boucle, ou œillet, à l'extrémité d'un des cordages que l'on veut réunir, en le croisant à cet effet sur lui-même ; et après avoir introduit le bout de l'autre cordage dans cet œillet, on l'y ramène de nouveau en le faisant passer par la croisure, et on le dirige, en serrant le nœud, vers le cordage auquel il appartient.

Quelquefois, pour plus de précaution, on fait, avec le bout excédant, deux ou trois demi-clefs sur chaque cordage, et on les y arrête par un amarrage à plat.

Nœud-d'écoute.

Ce nœud, ainsi nommé parce qu'il sert à frapper les écoutes sur le point des voiles, sert également à fixer tout autre cordage sur un objet auquel se trouve un œillet. On l'emploie donc pour frapper un orin sur une bouée, une ligne de sonde sur un plomb, etc.

Il se fait en passant d'abord le bout du cordage dans

l'œillet de l'objet auquel on doit le fixer, et en le ramenant ensuite sous la partie du même cordage introduite dans l'œillet, de manière à embrasser les deux branches de celui-ci.

On tire alors sur le cordage, dont le bout se trouve, à ce moyen, tellement serré, qu'il ne pourrait se dépasser. Cependant, si l'on craint encore qu'il ne s'échappe, on peut, comme pour le nœud-de-vache, le fixer par une demi-clef et un amarrage, ou par ce dernier seulement.

Nœud-de-bouline.

Le nœud-de-bouline est un nœud dont on se sert pour fixer les branches de bouline, ainsi que les cargues et les itagues des palanquins de ris, sur les erseaux des ralingues des voiles.

On passe d'abord le bout de la manœuvre dans l'erseau ou œillet de la ralingue, et, après lui avoir fait faire une demi-clef, on l'arrête en le tournant à cet effet sur lui-même par des amarrages à plat.

On forme, par ce moyen, une espèce de nœud coulant qui se resserre d'autant plus sur l'erseau, que l'on roidit le cordage.

Nœud d'anguille.

Ce nœud, que l'on emploie ordinairement pour saisir et élever des objets d'un poids médiocre, tels que des futailles vides, des quarts de salaisons, etc., n'est autre qu'une demi-clef dont le bout, au lieu d'être fixé par un amarrage sur la partie tendue du cordage, est tortillé en hélice sur une des branches de la boucle qui enveloppe l'objet à élever.

On conçoit que cette boucle, se resserrant à mesure que l'on fait effort sur le cordage, ne permet pas au bout dont elle est entortillée de s'échapper.

Nœud-de-bosse.

On emploie le nœud-de-bosse pour frapper, soit un cordage, soit un palan à fouet, sur tout autre cordage déjà tendu, dont on veut momentanément maintenir ou augmenter la tension.

Il se fait à peu près comme le nœud-d'anguille, c'est-à-dire qu'après avoir fait deux ou trois tours sur le cordage tendu avec le bout de celui qu'on veut frapper, on fait remonter ce même bout par dessus les tours, afin de l'entortiller en hélice et en sens contraire sur le cordage tendu, et l'y retenir, soit à la main, soit par un amarrage à plat.

Nœud de jambe de chien.

Le nœud de jambe de chien est celui dont on se sert pour raccourcir momentanément une manœuvre trop longue et que l'on ne veut pas couper. Pour l'exécuter, on ploie en trois la partie dont on veut raccourcir le cordage, et, rapprochant les branches ainsi formées, on les lie par une demi-clef faite sur chaque extrémité du faisceau, qui, par ce moyen, ne peut se délier, quelque effort que l'on fasse d'ailleurs sur le cordage.

Étalingures.

On donne le nom d'étalingures aux nœuds qui ser-vent à fixer les câbles, grelins et aussières sur l'orga-neau des ancres ou grappins.

L'étalingure de câble se fait comme le nœud-de-bou-line, avec cette seule différence qu'au lieu de faire une simple demi-clef avec le bout du câble, on lui fait faire, sur la partie tendue, deux tours qu'on lie ensemble par trois amarrages à plat.

On forme ainsi, comme dans le premier cas, un nœud coulant qui se resserre sur l'organeau, à mesure que l'on fait force sur le câble.

L'étalingure de grelin diffère de celle du câble en ce qu'on ne fait faire à ces dernières qu'un seul tour sur l'organeau de l'ancre, tandis que, pour les grelins, on en fait deux.

Deux tours-morts et deux demi-clefs suffisent pour éta-linguer un grappin; enfin, pour étalinguer un orin sur une ancre, on fait sur le diamant, et à toucher de cha-que côté la verge de l'ancre, une demi-clef en sautoir, que l'on arrête sur cette verge par deux ou trois amar-rages à plat.

Erses, élingues et estropes.

On appelle erse, un assemblage de fils de carret ou de bitord, réunis en faisceau et liés ensemble par l'excé-dant du même fil, au moyen duquel, et sans le couper, on fait, de distance en distance, un certain nombre de tours en demi-clefs.

Tous les fils étant également tendus, on conçoit que la force du faisceau doit être égale environ à la somme des forces particulières des fils qui le composent. Aussi l'évalue-t-on à un tiers de plus que celle d'un cordage ordinaire de même grosseur.

Pour former l'erse, on fait d'abord sur deux piquets éloignés l'un de l'autre d'une distance égale à la longueur qu'on veut lui donner, un nombre de tours de fils de carret ou de bitord, proportionné à l'effort qu'elle est destinée à supporter, et formant deux branches d'égale longueur.

On lie ensuite, séparément, chacune de ces branches de la manière indiquée ci-dessus, et on les enlève des piquets, soit qu'on veuille les diviser pour avoir une erse simple, soit, comme on le fait le plus communément, qu'on les laisse en double pour former ainsi une *élingue*, ou cordage sans fin, qui sert à élever toute espèce de fardeaux.

A cet effet, on entoure et l'on saisit, avec l'erse double, l'objet que l'on veut élever; puis, passant l'une dans l'autre une des boucles qu'elle forme naturellement à ses extrémités, on fait par ce moyen une espèce de nœud-coulant, qui se resserre à mesure que l'on pèse sur le palan qu'on y a croché.

On fait aussi des élingues en cordage ordinaire, en réunissant à cet effet, par une épissure, les deux bouts du cordage, et, lorsque ces élingues sont destinées à entourer une poulie, une cosse ou un cap-de-mouton, elles prennent le nom d'estropes; il y en a de plusieurs sortes.

Si l'estrope doit aussi contenir une cosse, on applique celle-ci dans le pli que forme l'estrope, à l'une de ses extrémités, et de manière qu'elle se trouve au sommet du grand diamètre de la poulie. On joint alors les deux branches de l'estrope par un amarrage à plat, entre la poulie et la cosse, ce qui empêche l'estrope de se dégager de leurs goujures.

Si, indépendamment de la cosse, on veut y appliquer un croc, l'opération est la même ; mais avant d'épisser les deux bouts du cordage qui doivent composer l'estrope, il faut avoir soin de passer le cordage dans l'œillet du croc, qui, ainsi que la cosse, doit toujours occuper la partie de l'estrop diamétralement opposée à l'épissure (*).

Lorsqu'au lieu de cosse, on ne veut sur la poulie qu'un simple œillet, il suffit de rapprocher les branches de l'estrope comme on l'a dit ci-dessus, et de faire, au ras de la poulie, un amarrage à plat qui s'étende jusqu'à la naissance de l'œillet que le pli de l'estrope forme naturellement.

Le même moyen est mis en usage pour former une boucle ou grande bague, destinée à capeler la poulie sur le ton d'un mât, sur une vergue, ou sur tout autre objet auquel on veut l'adapter ; et il suffit, dans ce cas, de donner à l'estrope une longueur proportionnée à celle de la boucle que l'on veut former.

(*) Ordinairement, cette épissure est terminée de chaque côté par une peignure qu'on a décrite à la page 4. Cependant, comme on a reconnu que cette masse de filamens était susceptible de se pourrir facilement par l'humidité, et de communiquer ce vice à l'estrope, on est dans l'usage aujourd'hui de diminuer successivement les torons détordus et de les passer de même entre les torons commis.

Mais quelquefois, et principalement lorsqu'on ne peut passer la boucle sur l'objet que l'on veut embrasser, on fait cette boucle à aiguilletage. Alors, les bouts du cordage qui forme l'estrope ne sont pas réunis; mais après y avoir appliqué la poulie et l'y avoir maintenue, comme dans les cas précédents, par un amarrage à plat, on fait à chaque extrémité du même cordage, en pliant et l'épissant sur lui-même, un petit œillet, au moyen duquel on aiguillette l'estrope.

Enfin, il y a encore des estropes, dites à fouet : celles-ci se font, soit en épissant une partie du cordage sur lui-même, de manière à former une boucle ou bague qui puisse étroitement embrasser la poulie, soit en l'y fixant par un amarrage à plat qui resserre cette boucle.

Mais, dans l'un ou l'autre cas, on forme avec le bout du cordage excédant que l'on détord à cet effet sur une partie de sa longueur, une tresse dont la grosseur doit toujours aller en diminuant, et au moyen de laquelle on fixe la poulie partout où elle doit être frappée.

Il convient d'observer que toutes ces différentes sortes d'estropes sont ordinairement garnies en bitord, en toile ou en basane, pour être préservées du frottement, et que leurs épissures sont terminées de chaque côté par une peignure.

Estrope-d'aviron, ou erseau.

Cette estrope n'est autre qu'une espèce de petite boucle ou bague en corde, dans laquelle on passe l'aviron que l'on veut accrocher au tolet d'une embarcation. Elle se fait ordinairement avec un toron que l'on recorde sur lui-même, et que l'on maintient dans cet état, en engageant les bouts excédants dans le commettage (*).

Trésillonner.

Trésillonner c'est approcher le plus près possible deux cordages tendus, de manière à pouvoir les réunir solidement par un amarrage.

On se sert pour cet objet d'un menu cordage, avec lequel on fait plusieurs tours sur ceux que l'on veut réunir, formant ainsi une espèce de bague assez lâche pour pouvoir y passer un cabillot. On tourne alors celui-ci jusqu'à ce que la torsion que ce mouvement imprime à la bague, finisse par rapprocher et mettre en contact les deux cordages tendus, que l'on réunit définitivement par un amarrage, ou une genope, après quoi l'on défait le trésillon.

Nous ferons observer qu'on emploie ce procédé pour estroper les poulies de grande dimension, à cause des difficultés qu'on éprouve à rapprocher les deux branches de l'estrope pour y faire l'amarrage. On s'en sert aussi pour retenir les tours d'une ride, en attendant qu'on y ait fait une genope.

(*) Souvent aussi, on fait en estropes d'aviron celles des poulies, attendu qu'elles ont l'avantage d'être plus minces que les estropes à épissures courtes.

CHAPITRE II.

DES CORDAGES OU MANŒUVRES DES MATS.

SECTION PREMIÈRE.

DES HAUBANS DE BAS-MATS ET PENDEURS.

LES haubans sont des cordages destinés à retenir les mâts vers l'arrière et dans le sens de la largeur du vaisseau, en s'opposant principalement à l'effet du roulis.

Les bats-mâts ou mâts majeurs, les mâts de hune, de perroquet, de foc, etc., sont garnis de haubans, qui prennent la dénomination des mâts auxquels ils appartiennent. Nous ne parlerons ici que des haubans de bas-mâts, les autres étant l'objet des 7ᵉ, 8ᵉ et 12ᵉ sections.

Pour que ces haubans remplissent le but qu'on se propose, il est nécessaire qu'ils soient solidement fixés de chaque côté du vaisseau, et qu'ils soient assez forts pour supporter la tension considérable qu'on leur fait éprouver en les ridant, tension qu'ils doivent conserver, afin de maintenir constamment les mâts dans la même position.

On n'emploie à la confection des haubans que du cordage de première qualité, filé avec soin, et commis ordinairement en aussière, entre le tiers et le quart, de manière qu'il n'allonge que le moins possible. Cette précaution a pour but d'éviter l'obligation de rider les haubans à la mer, opération qu'il est difficile de bien exécuter, à cause du roulis presque continuel qu'éprouve le vaisseau dès qu'il est sous voile, et à laquelle on ne se détermine que lorsque la sûreté de la mâture l'exige impérieusement.

Les haubans sont coupés par paires. Chaque paire est formée d'un seul cordage qui se capelle à la tête du mât, au moyen d'un œillet ou boucle qu'on fait en ployant ce cordage vers le milieu, de manière à former deux branches presque égales, qu'on serre ensemble, à peu de distance du pli, par un amarrage à plat.

A l'extrémité de chaque branche est un cap-de-mouton, de même dimension que celui du porte-hauban, auquel il doit correspondre, et qui sert avec ce dernier à rider le hauban ; il y est adapté au moyen du bout de hauban, qu'on ploie de manière à envelopper le cap-de-mouton, par sa cannelure, que l'on arrête au moyen d'un amarrage en étrive fait au ras du cap-de-mouton, et par deux autres amarrages à plat.

Chaque mât doit avoir un nombre plus ou moins considérable de haubans, suivant la grandeur du bâtiment.

Ce nombre, pour les vaisseaux, les frégates et les corvettes, est fixé par le réglement ainsi qu'il suit ; savoir :

Vaisseaux de 110 *à* 120 *et de* 90 *à* 100.

11 haubans de chaque côté, au grand mât. (*)
10 ——— id. ——— au mât de misaine.
7 ——— id. ——— au mât d'artimon.

(*) On pense que le grand mât ne devrait pas avoir plus de haubans que le mât de misaine, attendu qu'il ne fatigue pas plus que ce dernier.

Vaisseaux de 80.

10 haubans de chaque côté au grand mât.
9 ——— id. ——— au mât de misaine.
6 ——— id. ——— au mât d'artimon.

Vaisseaux de 74.

9 haubans de chaque côté au grand mât.
8 ——— id. ——— au mât de misaine.
6 ——— id. ——— au mât d'artimon.

Frégates portant du 18.

8 haubans de chaque côté au grand mât.
7 ——— id. ——— au mât de misaine.
6 ——— id. ——— au mât d'artimon.

Corvettes de 24 *à* 26 *canons.*

7 haubans de chaque côté au grand mât.
6 ——— id. ——— au mât de misaine.
4 ——— id. ——— au mât d'artimon.

Corvettes de 18 *à* 20 *canons et au-dessous.*

6 haubans de chaque côté au grand mât.
5 ——— id. ——— au mât de misaine.
4 ——— id. ——— au mât d'artimon.

Il convient de remarquer que le mât de misaine porte, de chaque côté, un hauban de moins que le grand mât, et que dans la pratique, on donne communément aux haubans de ces mâts autant de pouces de grosseur environ qu'il y a de haubans d'un même côté.

Le nombre des haubans de chaque mât étant déterminé, il ne s'agit plus que de connaître la longueur de chacun d'eux, pour être en état de couper les paires qui doivent les composer.

En jetant un coup-d'œil sur leur disposition à bord, on voit qu'ils forment l'hypothénuse d'un triangle qu'on peut considérer comme rectangle, et dont les deux autres côtés sont connus. Ainsi, rien ne serait plus facile à celui qui aurait la moindre notion de géométrie, que d'en calculer la longueur ; mais dans la pratique, on a besoin d'une règle prompte et dégagée de tout calcul, et c'est l'expérience qui la donne. Cette règle consiste, pour les bâtimens de guerre, à donner au premier hauban de chaque côté du mât, c'est-à-dire à celui le plus en avant, une longueur à peu près égale à la partie du mât comprise entre le capelage et le pont qui se trouve immédiatement au-dessous des porte-haubans ; et, attendu que les autres haubans s'écartent successivement les uns des autres, en allant sur l'arrière, on évalue à un demi-pied ce dont il est nécessaire d'augmenter leur longueur, comparativement à ceux du hauban qui les précède immédiatement.

Pour les bâtimens de commerce, il suffit que la longueur du premier hauban soit égale à la partie du mât comprise depuis le capelage jusqu'aux porte-haubans, parce que leurs haubans n'étant pas exposés, comme ceux des bâtimens de guerre, à être coupés, même plusieurs fois, par les boulets de l'ennemi (circonstance qui oblige d'en réunir les bouts par une épissure, ou un nœud dit de hauban), il est inutile de leur donner un excédant plus considérable qu'il ne convient aux amarrages des caps-de-mouton.

Coupe des bas-haubans.

Après avoir ajouté à la longueur des premiers haubans de chaque mât ce qu'il faut pour l'œillet de capelage, dont le contour, sur chaque paire de haubans,
doit être égal à la circonférence du ton de mât, on procède à la coupe de ces agrès; mais auparavant, on
élonge, dans toute leur longueur, les cordages qui doivent les former, et on les roidit fortement au moyen
d'un cabestan ou d'une caliorne, afin de leur faire perdre le tors qu'ils ont contractés étant roulés en pièces,
et de leur faire subir un premier degré d'allongement.
On laisse, un ou deux jours, ces cordages ainsi tendus,
en ayant soin de les roidir de temps en temps.

Nous ferons remarquer, une fois pour toutes, qu'aucune pièce de cordage n'est employée qu'elle n'ait été
préalablement soumise à cette opération, sans cela le
cordage ne serait point assez délié, et se tordrait conti-
nuellement, en faisant ce qu'on appelle des coques.

Les cordages étant ainsi préparés et retirés du cabestan, on mesure sur le plancher de la garniture, où nous
supposons qu'on travaille, une distance égale à la longueur que doit avoir le premier hauban. Chaque paire
de haubans est égale à cette distance; plus, l'augmentation que chaque branche doit éprouver par son obliquité, en allant sur l'arrière.

La manière dont on s'y prend pour couper chaque
paire de haubans à la longueur convenable étant indif-
férente, nous aurions pu nous dispenser d'indiquer
celle qu'on suit ordinairement dans les ateliers; mais,

comme elle pourrait intéresser quelques lecteurs, nous allons la décrire le plus succinctement possible.

Après avoir marqué sur le plancher la longueur du premier hauban, à partir d'un piquet qui représente le ton du mât, des hommes, tenant le bout de la pièce, font courir le cordage par-dessus, en descendant jusqu'au point où se termine cette longueur. Alors, la partie de cordage comprise entre le piquet et le point, représente une branche de la première paire, dont on forme l'autre branche, en rapprochant le double du cordage et le coupant d'un demi-pied environ plus long, à cause de la direction un peu oblique qu'elle doit avoir étant en place.

Pour former la première paire de l'autre côté du mât, on répète la même opération, mais en faisant passer le cordage par-dessus la paire qu'on vient de couper, afin de lui donner la même longueur.

On procède de la même manière à la coupe des autres paires de haubans, en observant seulement de donner successivement à chaque branche environ un demi-pied de plus qu'à celle qui doit la précéder sur le mât. On continue ainsi à couper chaque paire de haubans, jusqu'à ce qu'on en ait complété le nombre déterminé, et l'on indique, à mesure, le milieu de chacune par un bout de bitord qu'on engage entre les torons, et sur lequel on marque, par des nœuds, le numéro de la paire, afin de la reconnaître lorsqu'il s'agit de la capeler.

Pendeurs.

Lorsque le nombre des haubans de chaque côté est

impair, une branche de la première paire, de l'un ou de l'autre côté, sert ordinairement de pendeur ou pantoire (cordage à l'extrémité duquel doit être crochée ou aiguilletée une caliorne, ou une candelette) : cette branche n'a que le quart, et quelquefois moins, de la longueur de l'autre branche, laquelle alors forme le premier hauban. A l'extrémité de ce pendeur, on fixe une cosse, qu'on enveloppe par sa cannelure, au moyen du bout du même cordage qu'on épisse sur lui-même, de manière que la cosse soit resserrée dans le pli.

L'épissure étant faite, on détord l'excédant de chaque toron, et on le réduit en filamens, dont on amincit progressivement la masse à l'aide d'un couteau, afin qu'en l'appliquant bien uniformément sur la superficie du cordage, il n'y produise aucun bourlet, et n'interrompe pas la continuité du garni de bitord, dont ensuite on recouvre en entier ce cordage, ainsi qu'il est dit à l'article *Épissure*.

Comme dans les grands bâtimens, tels que les vaisseaux et les frégates, il est d'usage d'adapter deux pendeurs, de chaque côté, au grand mât et au mât de misaine, l'un de ces pendeurs étant formé, dans le cas des haubans impairs, par le prolongement du premier hauban, il reste à former le second de chaque côté. Ordinairement, ce dernier et celui qui lui est opposé de l'autre côté, se composent ensemble d'un seul cordage de même grosseur que les haubans, lequel forme, au moyen d'un œillet de capelage, deux branches égales au quart environ de la longueur du premier hauban, et se capelle de manière que l'une des branches soit du côté de tribord et l'autre du côté de babord.

On fait cet œillet en adaptant, sur le milieu du cordage principal, un court cordage de même grosseur qu'on y épisse par ses extrémités, de façon à laisser entre les deux cordages un vide ou œillet, que doit remplir exactement le ton du mât; ou bien en pliant en rond le milieu du cordage sur lui-même, de manière à former, par un tour et demi, une espèce de bague, que l'on arrête au moyen de deux ou trois amarrages faits aux endroits où le cordage se croise.

Si les haubans étaient en nombre pair de chaque côté du mât, et que, d'après la grandeur du bâtiment, il dût y avoir deux pendeurs, le même mode s'appliquerait également à la confection de ceux-ci, avec la différence que l'œillet se ferait comme celui des haubans, parce qu'alors les deux branches devraient tomber du même côté du mât, et former ainsi les deux pendeurs.

Ces pendeurs sont d'ailleurs confectionnés de la même manière que les précédens; c'est-à-dire, qu'ils portent une cosse à leur extrémité, et qu'ils sont en entier recouverts en bitord, afin d'être préservés de tout frottement (1).

---

(1) Les pendeurs ne servant qu'à supporter les caliornes et les candelettes, dont l'usage est momentané, on les supprime aujourd'hui, quoiqu'on puisse cependant en tirer parti en y aiguilletant à la mer les pataras, et on les remplace, dans le moment opportun, par des cordages volants que l'on fixe, par un tour mort, au ton du mât, et au bout desquels sont crochées ou aiguilletées les caliornes ou les candelettes. De cette manière, on allège le gréement de tout le poids de ces pendeurs, et il en résulte encore que le capelage des haubans s'élève moins haut.

Garniture des bas-haubans.

Les haubans ayant été coupés à la longueur convenable, on les garantit du frottement auquel ils sont exposés, en les recouvrant de bitord depuis le capelage, y compris l'œillet, jusqu'au point où doit être fait le trelingage, dont nous parlerons à son article (1).   •

A cet effet, on étend horizontalement, dans toute sa longueur, le cordage formant chaque paire de haubans, et on le roidit au moyen d'un palan ou d'un cabestan. On mesure ensuite, de chaque côté du milieu marqué par le bout du bitord qui indique le numéro de la paire, un espace égal à la demi-largeur de la hune, ou à la longueur du ton du mât, ce qui détermine la hauteur où doit être placé le trelingage; puis, on congrée cet espace, quelquefois même toute la hauteur des haubans, et l'on entoure d'une bande de toile goudronnée, appelée limande, la partie de cordage que doit employer l'œillet de capelage, qui, ainsi que tout l'espace mesuré, doit être ensuite recouvert en bitord.

Le premier hauban, de chaque côté du grand mât et du mât de misaine, étant exposé au frottement de la vergue que supporte chacun de ces mâts, et à celui de la ralingue et des écoutes de la voile qui y est enverguée, est entièrement garni en bitord et couvert quelquefois d'une tresse ou d'un paillet lardé, afin de diminuer, autant que possible, les effets du frottement sur

(1) Quelques marins préfèrent garnir les haubans en basane, du moins jusqu'à un ou deux pieds en-dessous de l'amarrage.

la voile, lorsqu'elle vient à masquer ou à battre contre les premiers haubans (1).

Les haubans étant ainsi garnis, chaque paire est retirée de dessus les palans, ou du cabestan, et il ne reste plus qu'à faire l'amarrage de l'œillet de capelage pour être en état de les mettre en place.

Cet amarrage, qui ordinairement se compose de 10 à 11 tours doublés, se fait avec de la ligne ou du quarantenier, de grosseur proportionnée à celle du hauban. On le recouvre ensuite d'une petite limande, afin de le garantir du frottement et de la pluie qui pourrait s'infiltrer entre les tours et les pourrir.

Le bâtiment étant mâté de ses bas-mâts et muni de ses caps-de-mouton de porte-haubans, que le constructeur met ordinairement en place avant le lancement du bâtiment, et ces mâts étant garnis de leurs jottereaux, il faut y cappeler les élongis, les hunes et les haubans; ce qu'on fait ainsi qu'il suit, en commençant nécessairement par les élongis.

Capeler les élongis et les hunes.

On sait que les élongis sont deux barres en chêne, séparées l'une de l'autre, de toute l'épaisseur du ton du mât, par des blocs de bois appelés clefs, qui y sont chevillés. Mais, comme sur les grands bâtimens il se-

---

(1) Les garnitures en bitord ayant l'inconvénient d'échauffer le cordage, il vaut mieux se borner à couvrir le premier hauban de chaque mât d'une simple sangle lacée, que l'on place et que l'on retire à volonté.

rait difficile de mettre en place cette charpente ainsi assemblée, on ne fixe à demeure que les clefs qui se trouvent soit à l'avant, soit à l'arrière de l'ouverture destinée au ton du mât, suivant les côtés où on les présente, afin que, dans l'opération, les barres puissent se placer sur les jottereaux, sans passer par-dessus la tête du mât.

Ainsi, par exemple, pour exécuter cette opération au grand mât, on place les barres ou élongis sur le pont, en avant du mât, dans le sens qu'elles doivent avoir sur les jottereaux ; puis, à l'extrémité de l'avant de chacune, on frappe un cartahu qui, étant élongé sur leur côté extérieur, y est fixé par deux genopes, l'une, faite au milieu de la barre, et l'autre, à son extrémité de l'arrière. Chaque cartahu étant passé d'avance dans une poulie aiguilletée au ton du mât, descend sur le pont et s'y dirige horizontalement, s'il est nécessaire, au moyen d'une poulie de retour. On frappe en outre, sur l'avant des élongis, un autre cartahu que l'on fait passer à la tête du mât de misaine, afin de les écarter du mât, lorsqu'on les hisse.

Ces dispositions terminées, on pèse sur les cartahus, jusqu'à ce que le bout arrière des élongis, qui se présente le premier par l'effet des genopes, soit arrivé au ton du mât et puisse l'emboiter. Alors, on coupe la genope de l'extrémité, et l'on continue à hisser jusqu'à ce que les élongis, qui prennent peu à peu une position horizontale, soient entièrement sur les jottereaux au point qui leur est assigné. On remet ensuite les clefs qui avaient été retirées, et l'on défrappe les cartahus.

Pour capeler les élongis du mât de misaine, on s'y

prend d'une manière analogue, excepté qu'on les fait monter ordinairement par l'arrière du mât, afin que le grand mât puisse servir d'appui au cartahu de retenue. Il en est de même de ceux d'artimon, qu'on envoie par l'avant, pour que la retenue puisse passer au grand mât.

Lorsque les élongis sont capelés, on pose dessus les barres ou traversins sur lesquels doit reposer la hune. Elles sont placées chacune au moyen d'un des cartahus qui ont servi à élever les élongis. On le frappe à cet effet au milieu de la barre en le genopant à l'extrémité. Lorsque la barre est arrivée au-dessus des élongis, on coupe la genope, afin que cette barre, en reprenant une position horizontale, puisse être mise dans les adents pratiqués à cet effet dans les élongis.

Les traversins étant placés et maintenus au moyen de chevilles, il ne s'agit plus que de capeler la hune, c'est-à-dire de la placer dans le sens qui lui convient sur les élongis et les traversins.

A cet effet, on la pose sur le pont, en l'appuyant par son côté circulaire sur l'arrière du mât, le dessous tourné vers l'avant du bâtiment; on y passe de dessous en dessus, dans le carré ou trou de chat, les deux cartahus dont on s'est servi pour élever les élongis. On les frappe de chaque côté sur la ligne du milieu de la hune, en leur faisant faire plusieurs tours qui enveloppent les parties latérales, et en les genopant ensuite sur l'avant de la hune, afin qu'on puisse l'élever dans une position verticale.

Un autre cartahu, passé vers la tête du mât d'artimon, est frappé sur le bord arrière de la hune, et genopé sur celui de l'avant, afin de l'écarter des élongis, sur lesquels la hune s'engagerait en montant.

Dès que, par l'effet des cartahus sur lesquels on pèse, la hune vient à parer les élongis, on file en douceur la retenue dont on coupe la genope, puis on continue à faire monter la hune, qui s'appuie, alors, au ton du mât, jusqu'à ce qu'elle touche les poulies dans lesquelles passent les cartahus. Alors, coupant les genopes de ces derniers et roidissant d'ailleurs la retenue, le côté avant du carré arrive bientôt à l'extrémité du mât et s'élève par-dessus, ce qui occasionne subitement à la hune un mouvement de bascule qui, en lui donnant une position horizontale, fait passer le ton du mât dans son carré ; ainsi suspendue par ses deux cartahus, il ne reste qu'à l'amener en douceur jusqu'à ce qu'elle pose d'une manière convenable sur les traversins, où on la fixe par des chevilles à goupille. On défrappe ensuite les cartahus et leurs poulies.

Si l'on craignait que le mouvement de bascule que prend la hune fût trop vif et occasionnât quelques accidents par la secousse qui en résulterait, on pourrait le ralentir à volonté par un cordage que l'on frapperait sur l'avant de la hune, et qui, étant passé sur l'extrémité du mât, ou dans une poulie qu'on y aiguilleterait, serait tenu roide au moment où le côté du carré serait prêt à parer cette extrémité.

La hune de misaine se capelle ordinairement comme la précédente, excepté que le cartahu de retenue est passé au grand mât. Quant à celle du mât d'artimon, on la présente assez souvent par l'avant du mât, mais au lieu de genoper les cartahus du milieu sur l'avant de la hune, on les genope sur le côté de l'arrière, que l'on appuie, dans ce cas, contre le mât. On conçoit que la retenue doit être frappée sur l'avant de la hune et genopée sur l'arrière, et qu'elle doit venir du grand mât.

Capeler les haubans.

Pour capeler les haubans, on commence d'abord par placer des coussins de sapin sur les élongis, afin que l'arête de ces derniers n'endommage pas les haubans auxquels ils servent de supports. On enduit ensuite de goudron toute la partie du ton du mât que doivent couvrir les œillets de capelage des haubans, afin de les préserver de l'humidité.

Quoique l'ordre dans lequel on doit capeler les haubans semblent être indifférent, on suit cependant une règle générale, qui est de commencer par le premier hauban de tribord, au grand mât et au mât d'artimon, et par celui de babord au mât de misaine. Mais, avant cette opération, on capelle les pendeurs détachés, c'est-à-dire ceux qui, suivant le nombre des haubans et la grandeur des bâtimens, ne doivent pas être formés d'une des branches des haubans.

Ceci étant fait, on capelle la première paire des haubans du grand mât, en passant l'œillet de capelage au ton du mât, de manière, ainsi qu'on l'a dit plus haut, que les deux branches descendent à tribord; observant que si l'une des branches doit former un pendeur, elle doit se trouver placée sur l'arrière de celle qui forme le premier hauban.

La deuxième paire se capèle à babord; et comme elle doit former le premier ou les deux premiers haubans

de ce côté, elle se place d'une manière analogue à la
précédente. Vient ensuite la troisième paire, dont les
branches doivent descendre à tribord, immédiatement
sur l'arrière de la première paire ; puis, la quatrième
qui descend à babord, et ainsi de suite, alternativement
de tribord à babord, de sorte que les numéros impairs
soient placés à tribord et les numéros pairs à babord.
Il en est de même pour le mât d'artimon et le mât de
misaine, excepté que, comme on doit commencer à l'é-
gard de ce dernier par capeler la première paire de haubans à babord, les numéros impairs sont de ce côté, et
les numéros pairs du côté de tribord.

A mesure que l'on capelle une paire de haubans, on
a soin de frapper à coups de maillet sur l'œillet de capelage, afin de le presser sur le précédent, et de ne laisser
entre eux aucun vide.

Les haubans étant capelés, on les présente, chacun,
sur le cap-de-mouton de porte-hauban qui lui correspond, et l'on y marque la hauteur où doit être placé
celui du hauban. Cette hauteur doit être la même pour
tous, non-seulement à cause de la régularité qui en
résulte pour le coup d'œil, mais encore pour qu'on
puisse connaître aisément, à l'égalité d'allongement
qu'ils éprouvent lorsqu'on les ride, s'ils ont la même
tension.

Les caps-de-mouton sont ensuite fixés sur chaque
hauban, comme nous l'avons dit plus haut ; et cette
opération terminée, on passe les rides (*).

(1) Aujourd'hui, sur beaucoup de bâtimens de commerce, on
supprime les caps-de-mouton et les rides, et on les remplace par
une simple moque estropée par la ferrure de la chaîne du hauban.
On passe alors le bout inférieur de chaque hauban dans le trou de la

Rides de haubans ; manière de les passer.

On appelle en général *rides*, tout cordage qui, au moyen de caps-de-mouton, de moques ou de cosses, sert à roidir un autre cordage ordinairement de plus forte dimension ; et comme on y ajoute alors la dénomination du cordage pour lequel il est employé, on nomme rides de haubans, d'étai, de galhaubans, etc., les cordages qui servent à roidir et à fixer chacun de ces agrès.

Ainsi, chaque hauban porte une ride, à l'extrémité de laquelle on fait un nœud appelé cul-de-porc, destiné à l'arrêter au passage d'un des trous du cap-de-mouton supérieur ; de là, elle passe dans celui qui lui correspond au cap-de-mouton inférieur, et remonte et descend alternativement de l'un à l'autre, jusqu'à ce que tous les trous soient occupés.

Cette ride ainsi passée est fortement roidie ; et, après lui avoir fait faire plusieurs tours sur le hauban, tant au dessous qu'au-dessus de l'amarrage en étrive, on arrête le bout au moyen d'un amarrage en bitord (1).

moque correspondante, et, après l'avoir suffisamment roidi, on le double sur le hauban, afin de l'y fixer par deux ou trois amarrages à plat. On ne peut se dissimuler que si, d'un côté, cette installation offre plus de légèreté que l'ancienne, elle a, d'un autre, l'inconvénient d'occasionner plus de difficultés dans le ridage des haubans.

(1) Afin d'éviter la réunion des tours que forme la ride au-dessus du cap-de-mouton, ce qui paraît toujours fort lourd, on peut arrêter cette ride en ne lui faisant faire que deux tours au-dessus de l'amarrage en étrive, et en tournant le restant sur les doubles qui vont d'un cap-de-mouton à l'autre et en dedans. On pourrait encore, pour plus de solidité, faire passer l'excédant de la ride d'un cap-de-mouton à l'autre, en pratiquant dans ces derniers une goujure, entre l'entourage qui leur sert d'estrope.

Les rides de chaque hauban doivent être passées de dedans en dehors et de l'arrière vers l'avant, en sorte que le nœud, se trouvant du côté de l'intérieur du bâtiment, ne soit point vu de l'extérieur; on les roidit légèrement, jusqu'à ce que les étais soient capelés, et on les fixe ensuite, ainsi qu'on vient de le dire.

Capeler les chouquets.

Les hunes et les haubans étant capelés, il ne reste plus qu'à placer les chouquets sur la tête des mâts. Ces pièces de bois, qu'on met préalablement dans les hunes, étant sur les grands bâtimens d'un poids assez considérable, sont élevées au-dessus du ton du mât, à l'aide de deux esparts, formant une espèce de chèvre établie provisoirement sur la hune, et dont le sommet doit nécessairement dépasser la tête du mât; on peut également se servir d'un mât de hune ou d'un mâtereau auquel on adapte le chouquet, et l'on guinde le long du bas-mât, jusqu'à ce que le chouquet soit assez élevé pour qu'on puisse le capeler au ton.

SECTION II$_e$.

DES ÉTAIS DE BATS-MATS, DE LEURS COLLIERS ET RIDES.

On a vu que les mâts étaient maintenus dans le sens de la largeur et vers l'arrière du vaiseau, par des cordages nommés haubans, qui s'opposent à l'effet du roulis.

Les étais sont destinés à les maintenir sur l'avant, en s'opposant à l'effet du tangage, effet qu'augmente encore l'irrégularité de ce mouvement, et qui, agissant dans le sens de la longueur du bâtiment, occasionne souvent des secousses violentes à la mâture.

Ces cordages, commis en grelins, devant supporter un grand effort, doivent être d'une forte dimension, et comme les haubans, d'une qualité supérieure.

Chacun de ces étais prend la dénomination du mât auquel il sert. Ainsi on appelle grand étai; celui du grand mât : étai de misaine, celui du mât de misaine ; étai d'artimon, celui du mât d'artimon.

On les distingue de ceux qui sont affectés aux mâts de hune, de perroquet, etc., par la dénomination générique des bas étais.

Grand Étai et son collier.

Cet étai se capelle au ton du mât, au moyen d'un grand œillet appelé collet, qui croise le capelage des haubans et les élongis. Il se dirige ensuite vers l'étrave à laquelle il est fixé par un autre cordage, que l'on désigne plus particulièrement sous le nom de collier (*).

On forme le collet, en faisant passer l'extrémité inférieure de l'étai dans un petit œillet pratiqué à cet effet

---

(*) Le grand étai, installé comme on vient de le dire, appelant trop de l'avant, on a presque généralement adopté, sur les bâtimens de guerre, l'installation décrite à la note de la page 48.

à l'autre extrémité, et que l'on fait monter jusqu'à une espèce de pelote appelée pomme d'étai, laquelle détermine, vers le haut de l'étai, l'ouverture que le collet doit avoir (1).

Pour confectionner cette pomme, l'étai étant fortement roidi, au moyen de palans, et placé de manière à ce qu'on puisse y travailler commodément, on mesure, à partir du pli qui forme l'œillet, une distance égale au ton du mât, afin de marquer l'emplacement de la pomme, laquelle doit occuper, sur l'étai, un espace à peu près égal à la circonférence de ce cordage (2).

Cela fait, on enveloppe de limandes le tour de l'œillet, ainsi que toute la partie de l'étai que doit employer le collet, et l'on continue cette opération jusqu'à environ une ou deux brasses au-dessous de la pomme, espace où s'exerce le frottement de la vergue dans son brasseyage. On procède ensuite, de la manière indiquée ci-après, à la confection de la pomme. D'abord on entoure fortement, en bitord, l'espace qu'elle doit occuper ; on fait sur ce premier garni un deuxième entourage de bitord, puis un troisième, un quatrième, un cinquième, etc.,

---

(1) Nous conserverons la dénomination de *collet* pour le distinguer du collier sur lequel se fixe l'étai.

(2) Les pommes d'étai ayant l'inconvénient de raguer les ralingues de fonds des huniers, ou de les arrêter lorsqu'on hisse ces voiles, et d'exiger d'ailleurs un travail considérable, on préfère aujourd'hui former le collet de l'étai par un bout de cordage de même grosseur, qu'on épisse de manière à ce qu'il fasse, avec celui de l'étai, une espèce de fourche, dont les branches sont réunies par une aiguillette à l'arrière du ton du mât, et à l'extrémité desquelles on pratique, à cet effet, un petit œillet.

jusqu'à ce qu'on ait atteint la grosseur déterminée de la pomme, qui doit avoir le double environ de celle du cordage. On a l'attention de diminuer successivement de deux ou trois tours chaque couche de bitord, vers la naissance ou le sommet de la pomme, qui doit toujours être du côté du mât, et d'un tour seulement à l'autre extrémité, de manière que le sommet de la pomme se termine en pointe, et qu'elle prenne à peu près la forme d'un cône arrondi vers sa base.

Ce garni successif de bitord est recouvert ensuite d'un tissu de ligne proportionné à la grosseur de l'étai, et fait de la même manière que celui de la queue de rat, c'est-à-dire qu'on étend sur la pomme autant de bouts de ligne (d'environ une brasse de longueur) que sa circonférence en peut contenir, en les fixant au moyen de ligatures en merlin, faites alternativement sur les numéros pairs et impairs de ces bouts, ce qui forme ainsi un entrelacement qu'on peut comparer, en quelque sorte, à celui d'un panier d'osier. Les bouts excédants sont ensuite détordus, peignés et couchés sur l'étai, de manière à suivre le décroissement successif des diamètres de la pomme (1).

L'œillet est garni d'un pareil tissu, et les extrémités de chaque bout de ligne qui le forme sont également étendues sur l'étai.

La pomme et l'œillet étant confectionnés, on garnit en bitord tout l'espace couvert déjà de limandes, de sorte que la peignure des bouts de ligne qui ont servi à faire

---

(1) Souvent les étais sont congréés dans toute leur longueur, et des guirlandes sont faites de distance en distance pour retenir le congréage.

le tissu, est engagée dans les tours de bitord et ne paraît plus en dehors.

L'étai est capelé au ton du mât après les haubans, et l'on fixe, à son extrémité, une moque ou une cosse d'une dimension proportionnée à la grosseur de l'étai, et qui, adaptée de la même manière que les caps-de-mouton le sont aux haubans, correspond à une autre moque ou cosse fixée sur le collier (1).

Ce collier se compose d'un fort cordage d'environ les deux tiers de la grosseur de l'étai, garni de limandes et de bitord, et qui, étant plié en deux parties égales, retient dans son pli, au moyen d'un fort amarrage à plat fait sur les doubles, la moque ou la cosse qui y est adaptée. Chaque branche passe ensuite dans un trou pratiqué de chaque côté de l'étrave à travers la muraille, et se croise sur la courbe de capucine, dans un adent pratiqué à cet effet ; puis on double les deux branches l'une sur l'autre dans toute leur longueur, en les liant ensemble, de distance en distance, par des amarrages à plat (2).

(1) On supprime maintenant la moque ou la cosse de l'étai, en faisant passer le bout inférieur de ce cordage dans la moque ou la cosse du collet, et en le doublant sur lui-même, on le retient par deux ou trois forts amarrages à plat. De cette manière, la ride est aussi supprimée, le ridage de l'étai, quoique exigeant un peu plus de temps, n'en est pas moins facile.

La même observation est applicable à l'étai de misaine et aux faux étais.

(2) Le collier d'étai ainsi passé, étant susceptible de se pourrir dans les trous qu'il traverse, il paraît plus convenable de l'adapter à la manière de M. Wilaumez.

« Les deux colliers du grand mât, dit cet officier-général, passent

La moque de cette espèce d'estrope se trouvant ainsi fixée, offre un point d'appui très-solide au grand étai, qu'on roidit ensuite fortement, au moyen d'une ride qu'on passe alternativement d'une moque à l'autre, et dont le dormant est fait sur la moque de l'étai.

Cet étai, devant passer de l'un ou de l'autre côté du mât de misaine (ordinairement il passe à tribord), est garni de bitord et recouvert de basane sur la partie exposée au frottement du mât, que l'on garantit à son tour du frottement de l'étai, en y appliquant un coussin de bois tendre.

Étai du mât de misaine.

L'étai du mât de misaine, garni de la même manière que le grand étai, se capelle comme ce dernier, au moyen d'un collet formé ainsi que nous venons de le décrire. L'extrémité opposée au collet descend sur le beaupré, où elle est fixée à demeure, au moyen d'une ride et de deux moques, dont l'une, qui est quelquefois remplacée par une cosse ou un cap-de-mouton, est fixée sur l'étai, et l'autre sur le beaupré, à la moitié environ de la longueur de ce dernier, à partir de l'emplanture.

« dans le deuxième pont, près du mât de misaine : le plus en avant
« embrasse le beaupré, l'autre a ses deux branches aiguilletées à de
« fortes boucles sur un bau du premier pont : ils enveloppent le mât
« de misaine au-dessus de sa braie. »

On peut, au reste, supprimer le collier en formant à la partie inférieure de l'étai deux branches que l'on fixe chacune par un tour-mort, soit sur la partie intérieure du beaupré, soit sur des boucles chevillées aux apôtres, en les faisant passer à cet effet à travers le pont des gaillards, de chaque côté du mât de misaine.

La moque de l'étai de misaine n'exige aucune description particulière ; elle est fixée , comme celle du grand étai, par trois amarrages à plat ; mais la moque de beaupré étant d'une forme toute différente , il est nécessaire d'entrer dans quelques détails à ce sujet.

Cette moque consiste en une pièce de bois rectangulaire ou carré long , arrondie à l'une de ses extrémités et taillée circulairement à l'autre , de manière à être posée , inclinée sur la demi-circonférence du mât.

Dans le milieu , est pratiqué un trou rond pour le passage du bout-dehors de beaupré , et au-dessus un autre trou servant au passage de la ride ou de l'étai. Sur le pourtour de la moque sont deux goujures parallèles , d'un diamètre égal à celui du collier, ou estrope, qui doit l'envelopper et le maintenir sur le mât.

Ce collier, ou estrope, n'étant autre chose qu'un seul cordage de dimension convenable , dont les bouts sont épissés l'un sur l'autre , est appliqué de manière à former sur la moque deux branches doubles , qu'on réunit ensuite au-dessous du beaupré par un aiguilletage.

Quelquefois cette moque est remplacée , soit par une moque ordinaire , soit par un cap-de-mouton , ou une cosse , dont l'estrope est adaptée de manière à former également deux branches doubles qui s'aiguillettent au-dessous du beaupré ; mais dans ce cas , le mât ou bâton de foc dont nous parlerons plus bas , au lieu d'être placé sur le dessus du beaupré, se dirige sur le côté où se trouve un croissant en bois, qui, indépendamment du chouquet, sert à le contenir et à le diriger.

La moque de beaupré, ou à défaut, le cap-de-mouton ou la cosse qui la remplace , étant fixée sur le mât, on passe la ride ; mais on conçoit qu'on ne peut roidir l'étai avant que le mât de beaupré, qui lui sert de point d'appui, soit lui-même parfaitement tenu au corps du bâtiment, et c'est ce dont nous parlerons à la section suivante.

Étai du mât d'artimon.

Cet étai, de moindre dimension que ceux des autres mâts, est également garni d'une pomme et d'un œillet, à l'aide desquels on forme le collet qui sert à le capeler au ton du mât d'artimon ; il descend ensuite vers le pied du grand mât, où il peut être fixé de différentes manières (1).

La première consiste à placer d'abord sur le grand mât, et au quart environ de sa hauteur, à partir du pont, une estrope garnie d'une cosse. Cette estrope est fortement serrée autour du mât, au moyen d'un aiguilletage qui réunit les extrémités de chaque branche, auxquelles un petit œillet a été pratiqué à cet effet. On passe ensuite le bout de l'étai dans la cosse de l'estrope, et en le faisant descendre sur le pont, on le fixe sur un piton ou boucle placé au pied du mât. On a soin de garantir l'étai du frottement de la cosse de l'estrope par un morceau de basane qui le recouvre en cet endroit.

L'autre manière, qui paraît préférable pour les bâtiments de guerre, consiste à estroper une poulie, une moque ou une cosse, à l'extrémité inférieure de l'étai. Dans cette poulie, moque ou cosse, on passe un cordage qui fait dormant à une boucle placée sur le pont à babord

______

(1) Nous n'avons pas besoin de faire observer que l'on supprime la pomme de l'étai d'artimon, lorsqu'elle est supprimée sur les autres.

du grand mât, et que l'on roidit au moyen d'une ride et de deux caps-de-mouton (ou cosses), dont l'un est fixé au cordage, et l'autre à une boucle, à tribord du mât (1).

Sur les grands bâtiments, chaque mât, excepté celui d'artimon, est encore retenu, indépendamment de l'étai principal que nous venons de décrire, par un étai de moindre dimension, auquel on donne le nom de faux étai. Celui-ci étant confectionné de la même manière que l'étai principal, se capelle au-dessous de ce dernier, dont il suit la direction, et se fixe de même à l'étrave par un collier auquel est adapté une moque, un cap-de-mouton ou une cosse.

Quelquefois ces deux étais tiennent ensemble par un menu cordage, qui, serpentant dans l'intervalle qui les sépare, est fixé par des amarrages faits alternativement sur l'un et l'autre, en sorte que si l'un de ces étais venait à être rompu, les bouts ne pourraient tomber (2).

Aujourd'hui, dans beaucoup de bâtiments, on forme ces deux étais d'un seul grelin, qu'on a d'abord fortement roidi ; pour adapter ce grelin, on rapproche le

---

(1) On peut encore fixer la partie inférieure de l'étai d'artimon, en la terminant par une fourche dont les branches s'aiguillettent, de chaque côté du grand mât, aux deux boucles chevillées sur le barrot de l'avant.

(2) Les serpentaux n'ayant d'autre effet que d'empêcher les bouts des étais de tomber sur le pont dans le cas où ils viendraient à être rompus, on pourrait, à la rigueur, ne les mettre en place qu'au moment du combat. On peut, au reste, pour plus de légèreté, les remplacer par des petits-bouts de quarantenier, fixés perpendiculairement sur chacun des deux étais, à deux ou trois brasses de distance les uns des autres.

màt de l'avant de son étambrai, et on l'y maintient par
le grelin dont le collet se trouve formé par les doubles
passés au ton du màt, que l'on réunit par un amarrage.
Les deux bouts du grelin, après s'être croisés sur la
courbe de capucine, sont ensuite repliés l'un sur l'autre,
et maintenus par des amarrages, en sorte que l'étai ne
se roidit plus que par le ridage des haubans, qui rap-
pellent le màt sur l'arrière.

On conçoit qu'au lieu de faire croiser les deux branches sur la courbe de capucine, on pourrait n'en faire
passer qu'une seule, qu'on ramènerait alors en dedans
du bord, de l'autre côté de l'étrave, afin de la fixer sur
l'autre branche, qui, à cet effet, devrait être un peu
moins longue (1).

L'étai et le faux étai de misaine s'établissent d'une
manière analogue, et de façon que le bàton de foc
puisse passer entre les branches ou doubles de l'étai.

On voit par cette installation, qui supprime entièrement le collier et les moques, qu'on peut donner une
égale tension aux deux branches de l'étai : avantage que
l'on ne peut obtenir avec deux étais inégaux en grosseur, sans forcer le plus mince ; ce qui le met dans le
cas de rompre avant l'autre, et de devenir par conséquent inutile (2).

(1) Au lieu de faire passer les deux branches de l'étai double en-
dehors sur l'étrave, on peut les fixer à la partie intérieure du beaupré,
ou sur des boucles chevillées aux apôtres.

(2) Par cette manière de gréer les étais, on a l'avantage incontes-
tab e de pouvoir donner une égale tension aux deux branches de l'étai ;
mais on ne peut se dissimuler que si l'une des branches est coupée,
l'autre se lâche aussitôt, et que par conséquent cette installation ne
supplée qu'imparfaitement à celle de deux étais, indépendant l'un
de l'autre.

Au reste, il paraîtrait plus convenable, pour les bâtiments de guerre, de faire l'étai et le faux étai de chaque mât de deux cordages de même grosseur, capelés de la manière ordinaire, parce qu'alors ils seraient moins exposés à être coupés en même-temps par un boulet, que s'ils étaient, comme dans l'installation précédente, à côté l'un de l'autre (*).

SECTION IIIᵉ.

DES LIURES DE BEAUPRÉ, SOUS-BARBES, HAUBANS, ET GARDE-CORPS.

L'ÉTAI de misaine étant fixé sur le beaupré, il est nécessaire que ce mât soit fortement retenu au corps du bâtiment, puisqu'il est le point d'appui sur lequel repose une grande partie de la mâture, et que, de plus, sa position inclinée sur l'avant, où il fait saillie, lui fait éprouver de fortes secousses, contre lesquelles on ne saurait trop se précautionner. Ces secousses sont telles quelquefois, qu'elles occasionnent la rupture du beaupré, qui entraine souvent celle du mât de misaine, et par suite, celle du grand mât de hune.

Nous supposerons que le mât de beaupré est déjà maintenu dans son étambrai par les deux apôtres, et

---

(*) C'est ce que l'on fait généralement aujourd'hui.

que l'extrémité intérieure est engagée entre les montans appelés flasques de beaupré ; mais cette installation , aussi solide qu'elle peut être , serait bien loin de remplir le but proposé, si elle n'était encore affermie par les liures, les sous-barbes et les haubans, que nous allons décrire successivement.

Liures de beaupré.

Les liures de beaupré sont formées par plusieurs tours de gros cordage qui lient ce mât à l'éperon ou guibre du bâtiment. On emploie à cet effet du cordage qui n'est plus susceptible d'allongement, afin qu'une fois bien roidi, il puisse, pendant tout le temps que le bâtiment doit rester armé, conserver la tension qu'on lui a donnée. Pour atteindre ce but, on choisit un cordage qui a déjà servi (ordinairement, c'est une guinderesse), mais dont la force n'a pu être sensiblement altérée , et l'on procède à l'opération par un beau temps , afin de ne pas exposer ce cordage à être mouillé , ce qui le rendrait susceptible de se détendre lorsqu'il viendrait à sécher.

Les liures sont ordinairement au nombre de trois pour les vaisseaux et les frégates, de deux pour les corvettes , et d'un pour les petits bâtimens ; elles sont placées à peu de distance les unes des autres , et chacune se fait de la manière suivante (*) :

(*) On pense que les liures, pour les vaisseaux et les frégates , devraient être réduites au nombre de deux , attendu que les beauprés sont moins relevés qu'autrefois. L'on doit les faire , autant que possible , perpendiculairement au mât.

Chaque tour de liure devant être fortement souqué, on commence par établir un point d'appui sur lequel on frappe une poulie coupée ou galoche, placée verticalement au-dessus de la mortaise ou gueule de raie, pratiquée dans la guibre, et au moyen de laquelle on dirige le cordage pour le roidir au cabestan. Ce point d'appui se compose d'un mât de hune ou de toute autre pièce de bois équivalente, dont une extrémité est appuyée sur le beaupré, et l'autre sur le plat-bord en avant du bossoir (1).

Le cordage destiné à la liure étant fixé sur le beaupré par un nœud coulant, passe d'abord dans la mortaise de la guibre ; et, après avoir fait un tour sur le beaupré en avant du dormant, il passe de nouveau dans la mortaise, en arrière du premier tour qu'il croise nécessairement, et il remonte ensuite dans la galoche placée au-dessus. On le dirige alors sur le cabestan, à l'aide duquel ou le roidit avec force, ayant soin d'ailleurs de genoper chacun des tours achevés, afin qu'ils ne se détendent pas lorsqu'on dégarnit le cordage du cabestan pour former les tours successifs.

Les huit ou dix tours dont se compose ordinairement chaque liure, ayant été formés de la même manière, on les bride tous ensemble, au moyen du bout de liure excédant, dont on les serre fortement entre le mât et

(1) On peut se passer du point d'appui formé par le mât de hune, en fixant momentanément la poulie de retour dans un des trous de la guibre, afin d'y faire passer le cordage qui, dans ce cas, traverse l'écubier pour se rendre au cabestan.

la guibre, et que l'on arrête enfin par des demi-clefs bien souquées (1).

Afin d'empêcher les tours de se desserrer, on les cloue encore sur le beaupré et sur les aiguilles d'éperon; mais si d'un côté cet usage donne à la liure l'avantage de pouvoir contenir le mât, lorsque quelques-uns de ces tours viennent à être rompus par quelque cause que ce soit, de l'autre on conçoit qu'il a l'inconvénient d'affaiblir le cordage.

Pour faciliter le travail des liures, on suspend ordinairement à l'extrémité du beaupré quelque objet pesant, tel qu'une chaloupe, un ras, une ancre, etc., ce qui le rapproche de la guibre et augmente encore la tension donnée à ces liures par la propension que ce mât a nécessairement à revenir dans sa première position lorsqu'on retire le poids.

Dans les petits bâtimens, la liure se fait quelquefois d'un seul cordage, dont les bouts sont épissés ensemble comme ceux de l'estrope d'une poulie ordinaire. Ce cordage, que l'on garnit presque toujours en basane, est appliqué sur le beaupré; et, passant dans la mortaise de l'éperon, ou à défaut, dans une forte boucle ou main de fer qui la remplace, il est réuni et fortement serré entre le mât et la guibre, au moyen d'un aiguilletage et de cosses ou de caps-de-mouton, fixés à cet effet dans le pli de ses extrémités. Lorsque les bâtimens n'ont pas de guibre, le beaupré est assujéti au moyen

---

(1) Au lieu de composer la liure d'un si grand nombre de tours, difficiles à roidir également, il serait peut-être plus convenable d'employer un plus gros cordage, auquel on ferait faire moins de tours.

de plusieurs roustures sur une forte courbe chevillée à l'étrave.

Sous-Barbes.

Les sous-barbes sont des cordages destinés à retenir le beaupré contre l'effort du tangage , et à le mettre en état de résister aux efforts de l'étai de misaine , qui tendent à l'enlever. Elles sont au nombre de deux pour les grands bâtimens , et d'une seule pour les petits. Placées l'une près de l'autre , elles adhèrent au corps du bâtiment au moyen d'un trou pratiqué, pour chacune d'elles , à la guibre ou à l'étrave près de la flottaison , et remontent vers le beaupré , pour s'y fixer au point où doit aboutir l'étai de misaine.

Chaque sous-barbe est formée d'un bout de cordage garni en bitord et recouvert en basane , lequel traverse le trou pratiqué à la guibre ou à l'étrave , et dont les extrémités sont réunies par une épissure ; on fixe à ce même point une moque , un cap-de-mouton, ou une cosse, qu'on resserre dans le pli du cordage par un amarrage à plat (*).

On donne à chaque sous-barbe assez de longueur pour que la moque dont elle est garnie puisse atteindre, à un ou deux pieds près, une autre moque qu'on place sous le beaupré, afin qu'en passant une ride de l'une à l'autre, on puisse donner à cette manœuvre toute la roideur qui lui convient. Cette dernière moque est adaptée au beau-

---

(*) Les anglais et les américains ont presque généralement adopté , du moins sur les bâtimens du commerce, des chaines en fer pour sous-barbes ; on y remarque même des étais de bas-mâts.

pré, au moyen d'une estrope, qui n'est autre chose qu'un bout de cordage double, de même grosseur que la sous-barbe, et dans le pli duquel on fixe la moque par un amarrage à plat. Les deux branches de l'estrope devant embrasser la circonférence du beaupré, sont repliées et épissées sur elles-mêmes à leurs extrémités, de manière à former deux petits œillets qu'on réunit au-dessus du mât par un aiguilletage.

On passe ensuite les rides dans les moques; et si l'on veut faciliter le ridage des sous-barbes, on charge, comme pour celui des liures, l'extrémités du beaupré.

Fausse Sous-Barbe.

Indépendamment des sous-barbes, on emploie encore une fausse sous-barbe, laquelle a pour objet de s'opposer à l'effort du petit mât de hune; elle se dirige en conséquence de l'extrémité du beaupré vers la guibre du bâtiment, où elle passe dans un trou pratiqué à cet effet un peu au-dessus de la flottaison. A son extrémité supérieure est adaptée une poulie double, qui correspond à une poulie semblable frappée au bout du beaupré. Ces deux poulies, par l'effet d'un garant passé de l'une à l'autre, servent à roidir la fausse sous-barbe, qui est ordinairement volante, et n'est mise en place qu'au moment de faire voile, afin qu'elle ne soit pas coupée par les câbles, lorsque le bâtiment est au mouillage (1).

____

(1) Si l'on voulait conserver la fausse sous-barbe constamment en place, il faudrait que le trou dans lequel elle passe fût assez élevé au-dessus de la flottaison pour que cette manœuvre n'eût jamais à souffrir

On achève de consolider le mât de beaupré au moyen de cordages appelés haubans de beaupré, lesquels s'opposent à l'effort horizontal produit par les roulis et par l'action des focs.

Haubans de beaupré.

Ces haubans se crochent par une de leurs extrémités à la joue du bâtiment, dans des pitons placés à cet effet de l'un et de l'autre côté ; l'autre extrémité porte un cap-de-mouton ou une cosse qui, à l'aide d'une ride passée dans un autre cap-de-mouton, ou dans une cosse estropée sur le côté du beaupré, entre l'étai et le faux-étai de misaine, sert à donner aux haubans la tension nécessaire. On ne met ordinairement ces haubans en place que lorsque le bâtiment est entièrement gréé et prêt à prendre la mer, parce que, dans le port, le beaupré est suffisamment affermi par les liures et les sous-barbes, pour soutenir les forces qui agissent communément sur lui, quelles qu'en soient les directions.

Après avoir décrit les divers cordages qui consolident le mât de beaupré au bâtiment, il nous reste à indiquer l'ordre dans lequel sont placées les estropes des caps-de-mouton, des moques ou des cosses qui servent à fixer ces cordages.

Le mât étant placé dans son étambrai et retenu déjà par son emplanture et ses liures, on fixe au tiers envi-

du portage des câbles ; mais alors, l'angle qu'elle formerait avec le beaupré, étant très-aigu, diminuerait considérablement la tenue de ce mât.

ron de la partie saillante, et à partir du bout, l'estrope ou collier de la moque de l'étai de misaine.

En dedans et contre celle-ci vient l'estrope de la moque de la première sous-barbe, que suivent les deux estropes des poulies de boulines de misaine, dont nous parlerons au chapitre des voiles ; vient ensuite l'estrope des caps-de-mouton ou des moques de haubans de beaupré, et enfin le collier ou estrope du faux-étai de misaine. L'estrope de la moque de la deuxième sous-barbe, ou la plus en dehors, se place immédiatement en avant de l'estrope ou collier de l'étai de misaine.

Pour que tout cet assemblage ne puisse descendre sur le mât, ce à quoi il est fortement disposé par la tension qu'on donne aux étais, aux sous-barbes et aux haubans, on cloue autour du mât un fort croissant en bois, soutenu de distance en distance par des taquets.

Garde-corps.

On finit de gréer le beaupré en y adaptant des cordages appelés garde-corps, qui, étant placés à hauteur d'appui, servent aux matelots à monter et à descendre le long de ce mât. Ces cordages sont aiguilletés à deux pitons, au haut du chouquet de beaupré, et ensuite ridés à deux petits chandeliers en fer, placés sur la tête des apôtres formant l'ouverture ou étambrai du beaupré.

Les gardes-corps supportent, en outre, un filet dans lequel on met le petit foc à mesure qu'on le hale bas. Ce filet, qui a la forme d'un carré long, est lacé, par ses grands côtés, aux gardes-corps, entre le chouquet et la moque de beaupré, et par ses autres côtés, à deux traverses en bois, fixées par leurs extrémités sur les garde-corps, et qui les tiennent ainsi écartés l'un de l'autre (1).

SECTION IVe.

DU RIDAGE DES ÉTAIS ET DES HAUBANS ; CONFECTION DES ENFLÉCHURES, TRELINGAGE ET GAMBES DE HUNES OU DE REVERS.

Les haubans et les étais étant capelés et les rides passées dans les caps-de-mouton ou moques, on roidit fortement ces agrès, afin de bien assujétir les bas-mâts.

On commence cette opération par les étais, qui déterminent l'inclinaison qu'on doit donner aux mâts, inclinaison qui est encore l'objet de la recherche des marins. Nous n'entrerons pas dans les raisonnemens auxquels cette recherche peut donner lieu ; nous nous bornerons à dire qu'en général le grand mât et le mât de misaine sont mis dans une position à peu près perpendiculaire au plan de flottaison, et qu'on incline un peu le mât d'artimon sur l'arrière.

Pour faciliter la tension qu'on doit donner à ces étais,

(1) On peut sans inconvénient supprimer le filet de foc, parce qu'il est facile de serrer les focs le long du beaupré, entre le chouquet et la moque de l'étai ; dans ce cas, les gardes-corps, s'ils ne sont pas supprimés entièrement, ne vont que jusqu'à l'étai de misaine sur lequel on les fixe.

on rappelle, comme nous l'avons déjà dit, la tête du mât vers l'avant, ce qui se fait souvent au moyen des caliornes qui sont à l'extrémité des pendeurs, faisant en sorte que chaque mât, revenant dans la position qu'on veut lui donner lorsque les haubans ont été roidis, occupe*cependant le milieu de son étambrai, ce qu'il est facile d'obtenir au moyen des clefs dont son emplanture est garnie (*).

L'étai et le faux-étai se roidissent ensuite, au moyen d'un palan dont la poulie supérieure se frappe sur l'étai et la poulie inférieure sur la ride. On largue alors les caliornes qui retenaient la tête du mât, et l'on passe au ridage des haubans. Cette opération s'exécute successivement, en commençant sur chaque mât par les haubans de l'avant, et de manière que les haubans correspondans soient roidis en même-temps. Le maître qui dirige le travail doit avoir soin que la tête du mât ne soit pas plus portée d'un côté que de l'autre, et que tous les haubans soient également tendus. A mesure qu'un hauban est roidi, on genope les tours de sa ride, afin qu'ils ne détendent pas lorsqu'on défrappe le palan, et pendant qu'on fixe la ride au-dessus du cap-de-mouton, ainsi qu'on l'a dit précédemment.

Pour faciliter l'effort du palan qui doit faire courir la ride dans les trous des caps de mouton, on a l'attention de suivre cette dernière, et un matelot est chargé d'abraquer fortement sur la partie qui reçoit le moins

---

(*) Avant cette opération, on a soin de retirer les coins qui retiennent les mâts dans les étambrains ; sans cette précaution, on risquerait de leur donner un arc susceptible de les faire rompre.

cet effort. Sans cette petite précaution , on s'exposerait à faire casser la ride , sans même roidir le hauban.

Ordinairement, sur les bâtimens de guerre, où tout doit s'exécuter avec la plus grande célérité , on frappe d'avance sur chacun des haubans, à la moitié ou au tiers environ de leur hauteur, un fort palan qui , étant accroché par sa poulie inférieure sur la ride , sert à les roidir successivement , sans perte de temps.

Enfléchures.

Lorsque les haubans sont roidis , on travaille aux enfléchures , lesquelles doivent servir comme d'échelons aux matelots pour monter partout où leur présence est nécessaire. Elles consistent en bouts de quarantenier qu'on place , à partir des quenouillettes , en travers des haubans , à une distance de 13 à 14 pouces les uns des autres. Chacun de ces cordages est retenu aux haubans extrêmes par un amarrage en merlin , fait au moyen d'un petit œillet pratiqué à leur extrémité , et aux haubans intermédiaires par deux tours avec un demi-nœud (1).

Pour exécuter cette opération , on place provisoirement , de distance en distance , sur les haubans , de menues pièces de bois , telles que des esparts , des avirons, des manches de gaffes , etc. , qu'on lie en travers

---

(1) Les enfléchures , entre les haubans extrêmes , étant la plupart du temps inutiles, on se contente, à bord de quelques bâtimens , d'en mettre sur les haubans intermédiaires.

aux haubans, afin qu'elles servent à soutenir les mate-
ots pendant le temps qu'ils fixent les enfléchures (*).

Trelingage.

Le trelingage n'est autre chose que l'assemblage de
plusieurs courts cordages, appelés branches de trelingage, qui brident ou joignent les haubans d'un même
mât d'un côté à l'autre, à la hauteur environ du bas des
jottereaux. On forme à cet effet, à l'une et l'autre extrémité de chaque branche, un œillet, au moyen duquel on l'aiguillette sur les deux haubans correspondans, que, par ce moyen, on rapproche un peu du
mât. Mais avant de faire cette opération, on place les
quenouillettes, c'est-à-dire (pour les bâtimens de guerre)
de petites barres de fer rondes, qui croisent les haubans
à la hauteur où doit se faire le trelingage, et qui sont
liées sur chacun d'eux par un bon amarrage en ligne,
ou en quaranténier. Ces barres peuvent avoir, pour les
vaisseaux, 5 à 6 pouces de circonférence, et sont garnies de plusieurs doubles de limandes, afin qu'elles ne
coupent pas les haubans au point où elles sont fixées.

Sur les grands bâtimens, on met deux quenouillettes
à chaque rangée de haubans : l'une se place en dedans
et l'autre en dehors; une seule suffit pour les petits bâtimens, et alors elle se place en dedans des haubans.

(*) Il est plus simple de n'employer à cette opération qu'un seul
espart suspendu horizontalement (au moyen d'un cartahu à patte-
d'oie) en travers des haubans, lequel, servant de marche-pied aux
matelots qui font les enfléchures, s'amène à mesure qu'ils ont besoin
de recommencer plus bas.

Cette dernière est quelquefois en bois, ou même en corde.

Nous ferons remarquer que le premier hauban de chaque côté du mât étant placé directement dans le plan transversal, qui passerait par le milieu de ce mât, n'est ni croisé par les quenouillettes, ni bridé par une branche de trelingage. Ce premier hauban se trouve comme séparé des autres, qui, liés ensemble par les quenouillettes, servent mutuellement d'appui aux jambes de hune ou de revers, dont on parlera subséquemment (1).

Les quenouillettes étant fixées, chaque rang de haubans est un peu rapproché du mât par des palans frappés de l'un et de l'autre côté sur ces mêmes quenouillettes ; et l'on place ensuite les branches de trelingage, qui, lorsque les palans sont défrappés, maintiennent les haubans dans la position qu'on leur a donnée.

On fait aussi le trelingage des haubans avec un seul cordage passant sur les quenouillettes d'un hauban à l'autre, et qui, étant roidi et bridé à chaque tour, remplace les branches de trelingage (2).

---

(1) Le premier hauban de chaque mât gênant, à cause de sa position, le brasseyage de la vergue, devrait être bridé au mât, ou être placé un peu en arrière, de manière que la vergue ne puisse le toucher.

(2) M. Willaumez supprime entièrement le trelingage, qu'il juge inutile, et, au lieu de placer les jambes de revers, il prolonge les haubans des mâts de hune jusqu'au-dessous des jottereaux, afin de les y fixer, au moyen des cosses garnies en basane et estropées au mât. L'avantage de faire ainsi l'appui des haubans de hune sur les bas-mâts paraît incontestable, mais l'on peut également y fixer les jambes de revers, sans les supprimer.

Jambes de hune.

Lorsque le trelingage est achevé, on place les jambes de hune ou de revers, lesquelles servent à fixer les haubans des mâts de hune en même-temps qu'elles font continuité avec les bas-haubans pour monter dans les hunes.

A cet effet, on place dans les ouvertures pratiquées sur le bord de la hune, et en nombre égal à celui des haubans de hune, des caps-de-mouton garnis d'une ferrure, dont le bout est terminé en forme d'anneau. On accroche à ce bout la jambe de hune, qui n'est autre chose qu'un bout de cordage, muni à cet effet d'un croc dit à bec-de-canard, et dont l'autre extrémité se fixe sur les quenouillettes près de chaque hauban, par un tour-mort et deux amarrages.

La première jambe de chaque côté, ou celle le plus en avant, est garnie en entier en bitord, à cause du frottement auquel elle est plus exposée ; les autres ne le sont que sur l'épissure qui sert à retenir les crocs.

Ces cordages, au lieu de s'amarrer directement sur les quenouillettes, aux points où elles croisent les haubans, portent quelquefois, à l'extrémité inférieure, une cosse qui sert à les y aiguilleter. L'une et l'autre manière remplissent le même but, et dépendent de celui qui grée le bâtiment.

SECTION Ve.

DES CALIORNES ET CANDELETTES DE BAS-MATS,
ET DES PALANS D'ÉTAI.

———

Nous avons dit, dans la section précédente, qu'on se servait de caliornes fixées à chaque mât pour rider les étais et les haubans.

Une caliorne est un assemblage de deux fortes poulies à deux ou trois rouets, dans lesquelles passe alternativement un cordage de grosseur proportionnée, qu'on nomme garant, et dont une des extrémités fait dormant sur l'estrope de l'une de ces poulies.

La caliorne diffère du palan, en ce que les poulies dont elle est composée sont plus grosses et qu'elle est employée pour les opérations qui demandent un plus grand effort.

Nous n'entrerons pas dans les détails dont sont susceptibles les nombreux systèmes d'appareils qu'on peut former à l'aide des poulies ; nous nous bornerons seulement à indiquer ceux qu'on adapte aux bas-mâts pour l'usage habituel du bâtiment, tels que pour embarquer et débarquer les chaloupes et canots, les ancres, différents mâts et vergues, etc. A cet effet, les bas-mâts portent de chaque côté une caliorne qui est fixée au pendeur, ou à l'un des pendeurs que nous avons vus être adaptés à chacun de ces mâts. L'estrope de la poulie supérieure de la caliorne est garnie d'une cosse, au moyen de laquelle on l'aiguillette au pendeur, et celle de la poulie inférieure porte un fort croc servant à crocher cette poulie sur les divers objets qu'on veut saisir.

Pour faire usage de la caliorne, on fait passer la partie du garant, qu'on appelle le courant, dans une poulie de retour que l'on croche momentanément à une boucle de la serre-gouttière. L'emploi de cette poulie a pour but de changer la direction du courant, de verticale en horizontale, afin d'y appliquer autant d'hommes qu'il est nécessaire, ou de la garnir au cabestan, si l'effort qu'on doit produire l'exige.

Lorsque les caliornes ne sont pas employées, on les range le long et en dedans des haubans, en crochant leurs poulies inférieures, ainsi que leurs poulies de retour, à des pitons placés, à cet effet, sur les porte-haubans, entre le premier et le deuxième cap-de-mouton de l'avant. Souvent même, et lorsqu'on n'est pas dans le cas d'en faire un usage fréquent, on les défrappe des pendeurs, afin que le gréement paraisse dégagé, et alors, on saisit ces derniers le long des haubans, de manière qu'ils ne paraissent pas en dehors.

Candelettes.

Quand il y a deux pendeurs de chaque côté des mâts, l'un de ces pendeurs étant garni d'une caliorne, on fixe à l'autre une candelette, qui n'est autre chose qu'un fort palan, servant à lever les moyens fardeaux. Elle est quelquefois composée d'une poulie double à violon, c'est-à-dire, dont les rouets sont au-dessus l'un de l'autre, et d'une poulie simple. La première s'aiguillette au pendeur, au moyen d'une cosse que porte son estrope, et la deuxième se croche à l'objet sur lequel on veut faire effort. Une poulie de retour est aussi employée pour diriger le courant horizontalement.

Lorsqu'on cesse de faire usage des candelettes, si l'on ne veut pas les retirer des pendeurs, on les croche par leurs poulies inférieures à des pitons placés près de ceux qui sont affectés aux caliornes.

Palans d'étai.

Indépendamment des caliornes et des candelettes, le grand mât est encore garni de deux palans qui se dirigent vers l'avant du bâtiment ; ils sont appelés palans d'étai, et servent à embarquer les divers objets destinés à rester au milieu du bâtiment, ou à passer par la grande écoutille.

Chacun de ces palans est fixé à l'extrémité d'un assez long cordage ou pendeur, qui s'aiguillette ou s'amarre au ton du grand mât ; et pour le haler à volonté sur l'avant, on emploie un autre cordage, qu'on appelle le guide. Ce dernier, qui est presque toujours passé en double, fait dormant sur l'arrière des élongis de misaine, et vient passer dans une poulie simple frappée sur le pendeur , près de celle du palan ; il retourne ensuite vers les élongis , traverse une autre poulie qui y est aiguilletée , et , descendant enfin le long du mât de misaine , il s'amarre sur le pont à un des taquets ou chevillots de tournage des manœuvres.

On conçoit qu'en halant sur cette manœuvre, on ramène vers l'avant le point de suspension du palan, et que, par ce moyen, on peut le faire correspondre directement au-dessus de l'écoutille, ou de tout autre endroit désigné entre les deux mâts.

Les palans d'étai sont, d'ailleurs, formés comme les autres palans. La poulie supérieure est ordinairement estropée à épissure avec le bout du pendeur ; l'estrope de la poulie inférieure porte, outre un croc à émérillon, une petite estrope garnie d'une cosse, où se croche la poulie inférieure du palan de bout de vergue, dont le concours est souvent nécessaire pour écarter du bord les fardeaux qu'on embarque ou qu'on débarque (1).

Les petits bâtimens n'ont ordinairement qu'un palan d'étai, et le guide en est simple, c'est-à-dire que ce dernier cordage se frappe sur le pendeur près de la poulie du palan, et qu'il passe ensuite dans la poulie fixée à un des élongis, afin de descendre sur le pont pour s'y amarrer.

SECTION VIe.

DES POULIES SUPÉRIEURES DE DRISSES DE BASSES-VERGUES ET DES SUSPENTES DE VERGUES.

Afin de suivre l'ordre dans lequel on gréc le bâtiment,

(1) Afin d'alléger le gréement, on n'emploie aujourd'hui, sur la plupart des bâtimens de guerre, que des palans d'étai et des pendeurs volants, qu'on ne met en place qu'au moment où l'on veut s'en servir.

nous parlerons ici des agrès que l'on fixe aux bas-mâts, pour qu'ils puissent supporter leurs vergues.

Chacune de ces vergues devant être placée à travers de son mât, vers la hauteur du trelingage, et y être suspendue de manière à pouvoir être amenée à volonté, on fait usage de caliornes, dont les garants sont appelés drisses de basses-vergues.

Nous ne ferons mention que des poulies supérieures de ces caliornes, parce que les autres, faisant partie de la garniture des vergues, seront traitées à l'article de ces dernières.

Ces poulies, à trois rouets, pour les grands bâtimens, sont au nombre de deux pour chaque basse-vergue; on les place sous la hune, de chaque côté des élongis, faisant à cet effet passer leurs estropes, qu'on aiguillette au ton du mât, en avant de la première barre traversière, qui de cette sorte empêche ces poulies, et la vergue qu'elles supportent, de se rapprocher du mât.

Ces poulies ne servant qu'à élever ou à descendre les basses-vergues, ce qui n'a lieu fréquemment que sur les rades, et par cause de mauvais temps, les drisses en sont dépassées lorsque le bâtiment est sous voile, et qu'il doit y rester quelque temps; mais comme les vergues n'en doivent pas moins rester suspendues à la hauteur du trelingage, et n'être amenées que par cas fortuit, auquel cas on repasse les drisses, chaque vergue est maintenue à cette hauteur, par un fort cordage appelé suspente de vergue (1).

(1) Les poulies de drisses, à cause de leur poids et de leur inutilité à la mer, sont aujourd'hui supprimées sur tous les bâtimens ; et lorsqu'on

Suspentes.

Les suspentes consistent, chacune, en un cordage de la grosseur environ des haubans, dans le milieu duquel on fixe une forte cosse, en ployant le cordage sur lui-même, et en serrant les doubles, au ras de la cosse, au moyen d'un amarrage à plat. A l'extrémité de chaque double ou branche, on forme un œillet comme ceux des différentes estropes que nous avons décrites. Le tout est garni en bitord, et souvent couvert en basane.

On passe les deux branches de la suspente entre les élongis, dans un trou pratiqué dans la hune, en avant de la première barre traversière, et on les dirige de chaque côté du mât, afin de les joindre par un aiguilletage, au-dessus du chouquet, qui, de cette sorte, leur sert de point d'appui; on les bride ensuite au ton du mât, pour qu'elles ne puissent se déranger.

Quelquefois on aiguillette les deux branches au-dessus du capelage des haubans; mais on conçoit que la barre traversière éprouve alors un effort considérable, qui tend à la désunir de la hune, et l'on doit en conséquence rejeter cette installation, qui d'ailleurs n'est presque plus usitée.

La cosse de la suspente correspond à une autre cosse fixée sur le milieu de la vergue, et dont nous parlerons au troisième chapitre. On fait alternativement, de l'une

veut hisser les basses-vergues, on se sert de fortes caliornes, que l'on frappe momentanément sur la vergue et au ton du mât, en ayant soin que leurs pendeurs passent en avant du traversin de la hune. (Les caliornes des bas-mâts peuvent être employées à cet usage.)

à l'autre, plusieurs tours avec un cordage appelé aiguillette de suspente, et qui fait dormant sur la cosse supérieure. La vergue se trouvant ainsi suspendue à la hauteur déterminée, on peut dépasser les drisses (1).

Pour les vaisseaux et les frégates, les suspentes sont ordinairement en double sur la même cosse, c'est-à-dire que le cordage qui les forme est épissé par ses extrémités comme une longue estrope, et qu'on l'applique sur la cosse, de manière à former deux branches doubles qu'on réunit au-dessus du chouquet par un aiguilletage (*).

SECTION VIIe.

DES AGRÈS DES MATS DE HUNE.

On sait que les mâts de hune doivent passer entre les

(1) La suspente se fixe quelquefois sur la vergue, sans l'intermédiaire d'une estrope. Dans ce cas, elle se compose d'un fort cordage, plié en deux parties ou branches d'égale longueur, que l'on fait passer dans le pli, de manière à former un nœud coulant, que l'on resserre au milieu de la vergue, afin d'y fixer la suspente. Les deux branches étant terminées par un petit œillet, sont ensuite aiguilletées ensemble ou séparément, au-dessus du chouquet, et un amarrage est fait au-dessus du nœud coulant pour l'empêcher de se desserrer. On conçoit que, lorsqu'on veut amener la vergue, on est obligé de larguer les aiguilletages, et que la suspente reste à la vergue.

(*) Les suspentes en cordage étant très-susceptibles de se rompre, à cause du jeu continuel qu'elles éprouvent, ce qui les altère promptement, on les remplace, presque généralement aujourd'hui, sur les bâtimens de commerce, par une chaîne qui, étant adaptée par l'une de ses extrémités au ton du mât, s'accroche par l'autre au milieu de la vergue et la tient suspendue à la hauteur convenable.

élongis des bas-mâts et les barres de hunes ou traversins, entre lesquels se loge la caisse du mât de hune ; ils
traversent ensuite les chouquets, et sont maintenus aux
bas-mâts, qu'ils doublent de toute la longueur du ton ,
par une grosse cheville carrée en fer, appelée clef de
mât de hune, laquelle, introduite dans un trou carré
pratiqué dans la caisse du mât, pose sur les élongis que
soutiennent les jottereaux.

Les mâts de hune étant élongés sur le pont dans le
sens de la longueur du bâtiment, et sans aucune espèce
d'agrès, sont élevés et mis à leur place au moyen d'un
cordage, commis ordinairement en grelin, qu'on appelle guinderesse, et qui, dans les vaisseaux et les frégates, se passe de la manière suivante :

La guinderesse étant premièrement passée dans une
poulie ferrée, crochée à un piton au-dessous du chouquet, on fait passer sur un des rouets de la caisse du
mât de hune la partie de ce cordage qui doit faire le
dormant, et l'on en fixe le bout au moyen de demi-
clefs sur le mât de hune, de manière à y fixer aussi une
partie affalée de la guinderesse, que l'on élonge, à cet
effet, le long du mât et de l'autre côté. La guinderesse,
étant de cette sorte doublée sur le mât, y est encore
retenue par plusieurs genopes, qui serrent les doubles
ensemble à différentes places. Ces dispositions terminées, on vire sur la guinderesse pour élever le mât, qui
étant d'ailleurs dirigé convenablement, se présente debout entre les jottereaux du bas-mât. Le mât de hune
étant arrivé à cette hauteur, et sa caisse reposant encore
sur le pont, on cesse de virer. Alors, coupant les genopes et défrappant le bout du dormant , on fait passer

ce bout dans une poulie crochée au chouquet, du côté opposé à celui où passe déjà la guinderesse; puis, le ramenant dans la caisse du mât de hune sur le deuxième rouet, on le fait remonter au chouquet, où on le fixe enfin sur un piton placé à côté de la première poulie de guinderesse (1).

On conçoit que la guinderesse, qui, de cette sorte, est mise en quatre sur le mât de hune, doit nécessairement passer dans le carré qui est pratiqué, pour la caisse de ce mât, entre les élongis, et que son courant doit seul en être dehors. Ce dernier descend le long du bas-mât en passant par le trou du chat, et se dirige horizontalement sur le cabestan, au moyen d'une poulie de retour crochée sur le pont.

Lorsqu'il s'agit de gréer le mât de hune, on l'élève d'abord le long du bas-mât, jusqu'à ce que son extrémité supérieure soit engagée dans le chouquet de ce mât; et comme les barres de perroquet doivent être capelées, avant toute autre chose, au mât de hune et reposer sur l'épaulement de sa noix, on les pose d'avance sur le chouquet, de manière que le ton du mât puisse passer dans l'ouverture carrée pratiquée à cet effet entre les barres.

Les barres de perroquet étant ainsi posées, il ne reste plus qu'à élever le mât de hune d'une quantité égale à

---

(1) D'après le système de M. Willaumez, les guinderesses « passent
« tribord et babord des chouquets dans des réas en fonte; la même
« cheville qui traverse le chouquet prenant un de ses liens, sert d'essieu
« à ces deux réas, ce qui donne beaucoup plus de solidité que les pi-
« tons et les poulies, dont les crocs cassent souvent, et n'occasionne
« pas l'inclinaison des chouquets sur l'avant. »

la hauteur du ton du mât, pour que ces barres se trouvent naturellement placées à leur point. Le mât de hune est alors retenu à cette hauteur, afin qu'on puisse capeler ses agrès, qui se composent de haubans, de pendeurs, de galhaubans, d'étais, et de faux-étais, ou drailles.

Haubans de mâts de hune.

Les haubans de mâts de hune, destinés, comme ceux des bas-mâts, à affermir, dans le sens de la largeur du bâtiment, les mâts auxquels ils appartiennent, sont de même coupés par paires, qui se capellent au ton du mât, au moyen d'un œillet de capelage formé par un amarrage qui joint les doubles ensemble au ras du ton du mât; ils se fixent ensuite sur le bord de la hune par des caps-de-mouton qui correspondent à ceux auxquels sont accrochées les jambes de revers.

Le nombre des haubans que porte chaque mât de hune est déterminé ainsi qu'il suit :

Vaisseaux de 110 *à* 120 *canons.*

5 haubans au mât de perroquet de fougue, de chaque côté.
6   —   au grand mât de hune........   id.
6   —   au petit mât de hune........   id.

Vaisseaux de 80.

4 haubans au mât de perroquet de fougue.
6   —   au grand mât de hune.
6   —   au petit mât de hune.

Vaisseaux de 74.

4 haubans au mât de perroquet de fougue.
5   —   au grand et au petit mât de hune.

Frégates de 18.

4 haubans au mât de perroquet de fougue.
5   —   au grand et au petit mât de hune.

Corvettes à trois mâts de 18 à 26 canons.

3 haubans au mât de perroquet de fougue.
4   —   au grand et au petit mât de hune (*).

Chaque paire de haubans, coupée à la longueur convenable, est garnie, comme les bas-haubans, depuis le capelage, y compris l'œillet, jusqu'au point où doit être fait le trelingage, c'est-à-dire sur un dixième environ de la longueur de chaque hauban. Le premier hauban de chaque côté est seul garni en entier, afin de le préserver du frottement de la vergue de hune, lorsqu'elle monte ou descend (1).

Les haubans des mâts de hune sont capelés de la même manière que les bas-haubans : on commence par garnir d'un coussin de bois tendre le dessus des élongis de perroquet, sur lesquels doivent s'appuyer les haubans ; et l'on enduit de goudron toute la partie du ton du mât que doivent couvrir les œillets de capelage. Cela

(*) Selon M. Wilaumez, les haubans des mâts de hune ne devant être considérés que comme des espèces d'échelles, attendu qu'il n'ont pas assez d'épatement pour soutenir convenablement les mâts, leur nombre devrait être réduit à quatre pour les grands bâtimens, et à trois pour les petits.

(1) Il vaut cependant mieux garnir les haubans de hune par une petite sangle qu'on lace aux endroits où les vergues de hune sont susceptibles de frotter, parce qu'alors on peut retirer ce garni quand on est en rade, ce qui allège le gréement.

fait, on capelle d'abord les poulies d'itagues des huniers, que nous décrirons au chapitre des vergues ; puis , les pendeurs qui doivent descendre de chaque côté du mât, en avant du premier hauban , et qui se composent , comme ceux des bas-mâts, d'un cordage au milieu duquel on a pratiqué un œillet de capelage. On capelle ensuite , à tribord pour le grand mât de hune et le perroquet de fougue, et à babord pour le petit, la première paire de haubans , de manière que ses deux branches descendent du même côté. La deuxième paire est placée de la même façon du côté opposé ; et il en est de même de toutes les autres paires qui doivent descendre alternativement d'un côté à l'autre (1).

Lorsque le nombre des haubans de chaque côté est impair , on dispose la dernière paire de manière que l'une des branches descende à tribord , et l'autre à babord du mât ; et à cet effet, on forme l'œillet de capelage comme celui des pendeurs détachés.

Galhaubans.

Les galhaubans sont des cordages qui , étant capelés aux mâts de hune , et ensuite fixés sur les porte-haubans , servent , indépendamment des haubans , à retenir ces mâts dans le sens de la largeur du bâtiment. Leur nombre est déterminé ainsi qu'il suit :

Vaisseaux et frégates. { 4 galhaubans au grand et au petit mât de hune.
3 galhaubans au mât de perroquet de fougue.

(1) Par la même raison qu'on supprime les pendeurs aux bas-mâts, on les supprime aussi aux mâts de hune , ou plutôt on ne les frappe qu'au moment où l'on doit s'en servir.

Corvettes et bricks.   { 3 galhaubans au grand et au petit mât de hune.
{ 2 galhaubans au mât de perroquet de fougue (*).

Un des galhaubans, tant à tribord qu'à babord, est fixé sur l'extrémité arrière du porte-hauban du bas-mât, de manière à soutenir le mât de hune contre l'effort de son étai ; effet que les haubans ne peuvent produire qu'imparfaitement, attendu que le peu de longueur de la hune sur laquelle ils sont roidis ne permet pas de les porter assez en arrière du mât. Un autre galhauban est placé sur l'extrémité avant du même porte-hauban, et y est fixé sur le bord, de manière à pouvoir être roidi et largué à volonté au moyen d'un palan, ce qui lui fait donner la dénomination de galhauban volant. Les autres sont placés vers le milieu du porte-hauban, et se roidissent, comme celui de l'arrière, au moyen de caps-de-mouton et de rides.

Les galhaubans se coupent par paires, excepté les galhaubans volants, qui s'aiguillettent séparément, au ton du mât ; ils se capellent au moyen d'un œillet de capelage, garni et formé sur chaque paire, comme celui des haubans.

Les galhaubans volants, étant exposés à éprouver les effets du frottement des vergues, lorsqu'on les hisse ou qu'on les amène, sont ordinairement garnis de bitord dans toute leur longueur ; et pour qu'ils concourent plus efficacement à contenir les mâts, on les en écarte

---

(*) Si l'on diminuait le nombre des haubans de hune, il conviendrait d'adapter un galhauban de plus que le comporte le réglement, attendu que l'on considérera les galhaubans comme devant seuls soutenir les mâts de hune.

du côté du vent, au moyen d'arcs-boutants établis dans les hunes et que l'on pousse à l'aide d'un petit palan, ce qui donne à ces galhaubans un épattement plus considérable.

Les galhaubans sont adaptés aux mâts de hune dans le même ordre que les haubans ; on aiguillette d'abord au ton du mât les deux galhaubans volants, ensuite on capelle la première paire de galhaubans d'un côté, et la deuxième paire de l'autre, ce qui fait trois galhaubans de chaque côté. S'il doit y en avoir quatre, on en capelle une troisième paire, de manière que l'une des branches descende à tribord et l'autre à babord.

Après cette opération, on capelle les étais et les faux étais, qu'on sait être destinés à soutenir les mâts sur l'avant. Chaque mât de hune ayant son étai particulier, nous allons en traiter séparément.

Étai du grand mât de hune.

Cet étai se capelle par l'une de ses extrémités à la tête du mât de hune, et au-dessus du capelage des haubans, en embrassant les élongis au moyen d'une grande boucle, ou collet, formée comme celle des bas étais. L'autre extrémité se dirige vers le capelage du mât de misaine, où se trouve une forte poulie simple, dans laquelle on la fait passer ; l'étai descendant ensuite en arrière du mât, on le fixe sur le pont et près du mât, à un piton à cosse placé à cet effet, soit en y passant le bout qu'on double sur l'étai, et que l'on arrête par deux ou trois amarrages, soit au moyen d'une ride qui passe de ce piton dans une cosse fixée au bout de l'étai (1).

Le collet de l'étai est garni en bitord et quelquefois recouvert en basane; ce garni est prolongé jusqu'à environ une demi-brasse au-dessous de la pomme ou de l'épissure, afin de préserver cette partie de l'étai du frottement de la vergue de hune dans le brasseyage. On garnit de même en bitord, ou l'on recouvre en basane, toute la partie de l'étai exposée au frottement du rouet de la poulie de retour fixée au ton du mât de misaine.

Dans les petits bâtiments, même dans les frégates, on remplace souvent la poulie de retour par un bloc de bois d'orme, qu'on enchâsse à recouvrement entre les élongis en arrière du mât, et ce bloc est percé d'un trou rond destiné au passage de l'étai. On conçoit, au reste, que le cordage est beaucoup plus susceptible de s'user de cette manière que s'il passait dans une poulie dont le rouet mobile se prête à tous les mouvements de la mâture, mouvements qui, bien que souvent imperceptibles, n'existent pas moins, dès que le bâtiment est sous voile.

Étai du petit mât de hune.

L'étai du petit mât de hune est pareil au précédent,

(1) Au lieu de faire descendre les étais de hune sur le pont, il est plus simple de les fixer au ton du bas-mât, au moyen d'une moque ou d'une cosse estropée au-dessus du capelage, et dans laquelle passe le bout de l'étai, qu'on retient alors sur lui-même par deux ou trois amarrages à plat. Lorsqu'il s'agit de caler un mât de hune, de mauvais temps, on bosse son étai au-dessus de la moque ou de la cosse, et on largue ensuite les amarrages du bout, afin de frapper sur ce bout un palan qui sert à contenir le mât de hune à mesure qu'il descend.

et se capelle de la même manière à la tête de son mât ;
descendant ensuite vers l'extrémité du mât de beaupré,
il traverse le violon de tribord, au-dessous duquel se
trouve une galoche portant un rouet en fonte ; puis, se
dirigeant le long et en dessous du beaupré, il vient se
fixer, d'une manière analogue à l'étai du grand mât de
hune, sur un piton placé dans l'apôtre.

Le collet et la partie de l'étai qui pose contre le violon et sur le rouet de la galoche, sont garnis comme les
parties indiquées du grand étai.

Étai du mât de perroquet de fougue.

L'étai du mât de perroquet de fougue, après avoir
été capelé à la tête de ce mât, traverse, soit une poulie
frappée au ton du grand mât près de la hune, soit un
bloc adapté entre les élongis, et descend ensuite pour se
rider, comme les précédents, à un piton placé sur le
pont, en arrière du même mât (*).

Faux étais des mâts de hune.

Les faux étais des mâts de hune, qu'on désigne aussi
par la dénomination de drailles, parce qu'ils servent à
l'installation des voiles d'étai, se confectionnent et se

(*) Les étais des mâts de hune étant exposés à se raguer au portage
de la poulie du ton du bas-mât, et, par cette cause, à se rompre au
moment où l'on s'y attend le moins, il est très-important, à la mer,
d'y frapper une forte bosse au-dessus de la poulie, afin d'éviter les inconvéniens graves qui pourraient résulter de leur rupture.

garnissent absolument de la même manière que les étais principaux ; ils se capellent à la tête de chaque mât de hune au moyen d'un collet aussi ouvert que celui des étais (sous lesquels ils sont d'ailleurs placés), afin que la caisse du mât de perroquet puisse y passer lorsque l'on guinde ce mât.

Le faux étai du grand mât de hune, ou draille de la grande voile d'étai, étant capelé, on le dirige vers la hune de misaine ; de manière que, sans toucher le bord arrière de cette hune, il puisse passer dans une poulie ou cosse dont l'estrope entoure le mât de misaine et s'aiguillette vers le bas des jottereaux ; on le fait ensuite remonter jusqu'au capelage du bas-mât, où il est roidi au moyen d'une cosse fixée sur l'extrémité et d'une autre cosse frappée au ton du même mât (*).

Le faux étai du petit mât de hune, autrement appelé draille du petit foc, parce qu'effectivement cette voile y est enverguée, passe dans le violon du beaupré, du côté opposé à l'étai, et se fixe, comme lui, près de ce mât, au moyen d'un piton chevillé sur l'apôtre.

Enfin, le faux étai du mât de perroquet de fougue, ou draille du diablotin, passe dans une cosse fixée à aiguilletage sur le mât au bas des jottereaux, et remonte, comme celui du grand mât de hune, vers le capelage, où on le roidit de même au moyen de deux cosses, dont l'une est fixée sur le bout de la draille, et l'autre au ton du mât.

Lorsque les haubans, galhaubans et étais sont ca-

______

(*) Il serait plus efficace que le faux-étai fût entièrement parallèle à l'étai, puisqu'ils concourreraient également au soutien du mât ; et, par la même raison, ils devraient avoir la même grosseur.

pelés aux mâts de hune, on guinde ces mâts jusqu'à la hauteur qu'ils doivent atteindre, et, après y avoir mis les clefs, on roidit leurs agrès (1) (*).

(1) **Les mâts de hune** étant suffisamment retenus par leurs clefs, et ne s'amenant guère (à moins de cas extraordinaires) que sur les rades, on dépasse ordinairement les guinderesses, dès que le bâtiment est sous voiles.

(*) **La difficulté** qu'on éprouve à élever les mâts de hune, au moment où ils sont près d'arriver à la hauteur nécessaire pour que l'on puisse y mettre les clefs, a fait adopter un nouveau système de clefs fort-efficaces pour suppléer l'effort que l'on est obligé de faire sur les guinderesses. Nous ne pouvons mieux faire connaître ce système qu'en transcrivant ici le rapport de la commission qui a été chargée de l'examiner (Extr. des *Annales Maritimes*, novembre 1825) :

« Ce système de clefs, dites mobiles, se compose de deux leviers en fer forgé, dont le petit bras est renforcé. Chaque levier est muni de deux tourillons adaptés à sa face supérieure, et d'un talon saillant au-dessous de sa face inférieure.

« Au commencement de son action, le levier s'appuie par ses tourillons sur des flasques qui s'élèvent au-dessus d'une plaque en fer fondu, et ensuite par son talon sur cette plaque même, qui est fixée sur les élongis vis-à-vis le passage du mât à manœuvrer.

« Pour guinder ce mât, on l'élève au moyen de la guinderesse, jusqu'à ce que le trou de sa clef puisse recevoir les bouts des leviers qu'on a abaissés ; on agit ensuite à l'aide d'un palan sur les extrémités opposées de ces leviers, pour les ramener à leur position horizontale ; lorsqu'ils y sont arrivés, on les fixe par des clavettes, et alors ils remplacent les clefs du mât, qui lui-même se trouve dans la position qu'il doit occuper.

« Lorsqu'on veut caler, on enlève les clavettes, après avoir pesé un peu sur les leviers ; ils s'abaissent sous le poids du mât, qui descend sans qu'il soit nécessaire de mollir les haubans et galhaubans, ni de les soulever ainsi que le mât, comme l'exige le déplacement des clefs ordinaires.

« Dans chaque levier, le grand bras a sept fois la longueur du petit ; et, le premier restant constant, le petit bras diminue de plus en plus de moitié, à mesure qu'il s'engage dans le trou de la clef du mât. La

Rider les agrès des mâts de hune.

Cette opération commence, pour chaque mât de hune, comme pour les bas-mâts, c'est-à-dire par les étais, que l'on roidit fortement au moyen d'un palan frappé momentanément dessus. Le premier hauban de chaque côté est ensuite roidi simultanément, à l'aide du palan appelé candelette de hune, qui est croché, ou

force nécessaire pour établir l'équilibre dans cette machine n'est ainsi, d'abord, que le septième de la résistance, et se réduit ensuite à moins d'un quatorzième. La puissance moyenne est donc de multiplier de onze fois la force opposée à la résistance.

« Dans un cabestan de vaisseau, la puissance étant de multiplier par quatre fois et demi ou cinq, la force opposée à la résistance, la puissance des leviers est donc à celle du cabestan comme 11 est à 4 1/2 ou 5, c'est-à-dire, plus que le double.

« Indépendamment de cet excès de puissance, les leviers ont l'avantage d'éprouver un frottement peu considérable, et qui n'augmente pas beaucoup pendant leur plus grande action, tandis que les frottements du cabestan dans son étambrai, ceux qu'éprouve la guinderesse dans ses poulies, et souvent ailleurs, sont toujours bien plus grands, et augmentent avec la pression que cause la résistance.

« Enfin, la disposition des machines fait que les hommes agissent plus également et plus efficacement sur les leviers que sur les barres du cabestan. On ne doit donc pas être étonné de voir les clefs mobiles manœuvrées par vingt hommes produire plus d'effet que les poulies de guinderesses et le cabestan mûs par 80 ou 100 hommes.

« Les expériences ont conduit à la conclusion suivante : Les clefs mobiles paraissent moins propres à guinder les mâts qu'à les caler ; elles peuvent cependant, au moyen de quelques *modifications faciles à exécuter*, soulager la guinderesse dans ses derniers et plus pénibles efforts ; mais ces clefs facilitent considérablement l'abaissement des mâts, avantage précieux qui, en accélérant le remplacement d'un mât de hune, peut exercer une influence favorable sur les chances d'un combat, et même sauver un bâtiment surpris par un coup de vent, en abrégeant la durée du danger. »

aiguilleté à chaque pendeur, et que l'on fixe par sa poulie inférieure, sur la ride du hauban. Le même procédé
est employé pour roidir successivement les autres haubans, auxquels on a soin de donner la même tension,
afin qu'ils participent également à la tenue du mât de
hune. Cette opération étant terminée, on procède au
ridage successif des galhaubans, ce qui s'exécute au
moyen d'un palan frappé sur chacun d'eux. On passe
alors aux enfléchures, et successivement au trelingage,
qui se fait de la même manière que celui des bas-haubans, à l'exception qu'on ne met qu'une seule quenouillette à chaque rang de haubans (1).

Candelettes de hune.

Les candelettes de hune, dont on se sert pour roidir
les haubans de hune, se composent de deux poulies,
dont l'une (supérieure) est à deux rouets, et l'autre est
simple; l'estrope de la première porte un croc ou une
cosse, pour se crocher ou s'aiguilleter au pendeur, et
celle de la deuxième un autre croc qui sert à saisir l'objet sur lequel on veut faire effort. Le garant de chaque
candelette fait dormant sur l'estrope de la poulie inférieure, et son courant est assez long pour descendre,
s'il était nécessaire, jusque sur le pont. Lorsque ces pa-

____

(1) Par la même raison que M. Wilaumez supprime le trelingage
des bas-haubans, on supprime aussi celui des haubans des mâts de
hune. On rappelle ici qu'il ne considère ces derniers que comme des
espèces d'échelles, attendu qu'ils ne peuvent pas avoir assez d'épattement pour soutenir les mats.

lans ne sont pas employés, ils sont crochés par leurs poulies inférieures sur le bord de la hune, en dedans du premier hauban, ou bien ils sont entièrement retirés des pendeurs, qui, alors, sont genopés en dedans des haubans.

SECTION VIIIe.

DES AGRÈS DES MATS DE PERROQUET ET DE CACATOIS.

Les mâts de hune étant guindés et maintenus par leurs agrès contre les efforts du roulis et du tangage, il reste, pour achever ce qui concerne le gréement de la mâture, à en faire autant à l'égard des mâts de perroquet. Ces mâts s'adaptent à l'extrémité des mâts de hune, de la même manière que ceux-ci le sont à l'extrémité des bas-mâts, c'est-à-dire au moyen de barres, d'un chouquet et d'une clef en bois ; ils sont de même assujettis par des haubans, des galhaubans et des étais, qui ne se capellent que lorsque l'extrémité de chacun de ces mâts est présentée au-dessus du chouquet (*).

Pour les guinder et les mettre en clef, on se sert aussi d'une guinderesse dont un bout fait dormant sur le chou-

(*) D'apres les nouvelles proportions de mâture, les tons étant augmentés, il paraît nécessaire, pour plus de solidité, d'y lier le mât de perroquet par deux valtures, l'une près du capelage, l'autre à 6 ou 8 pieds du chouquet.

quet du mât de hune, tandis que l'autre bout, après avoir passé sur le rouet de la caisse du mât de perroquet, remonte sur le chouquet ; et traversant une poulie crochée sur le côté opposé au dormant, est dirigé sur le pont de la manière indiquée pour la guinderesse du mât de hune.

Cette installation est celle qui sert à élever le mât de perroquet au-dessus de celui de hune, lorsqu'il est présenté ou engagé par sa flèche entre les barres. Pour l'enlever de dessus le pont et le mettre à cette hauteur, on procède d'une manière analogue à celle indiquée pour le mât de hune, observant cependant que la caisse du mât de perroquet n'ayant qu'un seul rouet, la guinderesse n'y est appliquée qu'en double (*).

Haubans et galhaubans de perroquet.

Les haubans sont, pour les mâts de perroquet, les agrès que l'on capelle les premiers ; ils sont au nombre

(*) Pour faciliter l'opération de caler les mâts de perroquet, M. Willaumez voudrait qu'on adaptât leurs clefs sous les caisses même des mâts, en laissant cependant en place celles dont on s'est servi jusqu'à présent, mais que l'on ne laisserait pas entièrement reposer sur les barres, afin de pouvoir les retirer facilement au besoin et les considérer seulement comme une garantie contre la rupture des premières.

Le système des clefs mobiles, que l'on vient d'adopter aussi pour les mâts de perroquet, rend aujourd'hui inutiles de nouvelles dispositions de clefs ; cependant, comme l'expérience ne paraît pas encore avoir justifié de leur solidité a la mer, peut-être serait-il nécessaire de modifier le système, de manière à conserver l'ancienne clef en place, pour se garantir des accidens que pourraient éprouver les nouvelles.

de trois de chaque côté pour les vaisseaux et les frégates, et de deux pour les autres bâtimens; ils se cappellent au mât, au moyen d'un œillet garni comme ceux des haubans de hune.

On place ensuite les galhaubans au nombre de deux de chaque côté, et successivement les étais, que l'on capelle au moyen d'un œillet à épissure pratiqué à leur extrémité.

Lorsque le mât est guindé, chaque hauban passe dans un trou pratiqué à chaque extrémité des traversins des barres de perroquet, et descend, en passant en dedans de la quenouillette des haubans de hune, jusque sur la hune, où il se ride au moyen d'une estrope à cosse aiguilletée sur un cap-de-mouton de hune, et d'une autre cosse qu'on fixe sur son extrémité (1).

Les galhaubans de chaque mât, dont l'un est placé un peu en arrière du galhauban volant du mât de hune, et l'autre à l'extrémité arrière du porte-hauban, se rident ordinairement sur ce même porte-hauban, au moyen de caps-de-mouton; mais il paraît préférable de les rendre volants, en les fixant seulement par des palans (2).

Etais des mâts de perroquet et de flèches.

L'étai du grand mât de perroquet, après avoir passé

____

(1) Les haubans de perroquet, d'après M. Wilaumez, se roidissent sur les mâts de hune, au-dessus des noix, au moyen de cosses mises de chaque côté.

(2) Les galhaubans volants de perroquet s'écartent quelquefois du mât, au moyen d'arcs-boutants établis sur les barres de perroquet.

dans une poulie aiguilletée au ton du petit mât de hune, descend sur le pont, au pied du mât de misaine, et se fixe d'une manière analogue à celle de l'étai de hune (1).

Celui du petit mât de perroquet descend sur le bout-dehors de beaupré, passe dans une poulie aiguilletée au capelage de ce bout-dehors, et se dirige ensuite le long du beaupré, afin de se fixer à côté de l'étai du petit mât de hune (2).

L'étai de perruche se dirige sur le chouquet du grand mât; et, passant dans une poulie qui y est frappée ou crochée, il descend sur la hune, où il est roidi et amarré.

On capelle encore, à l'extrémité des flèches des mâts de perroquet, d'autres étais plus faibles, qui prennent la dénomination d'étais de flèche; celui de la flèche du grand mât de perroquet se dirige sur le capelage du petit mât de perroquet, il passe ensuite dans une poulie ou une cosse fixée à cet effet sur l'arrière de ce mât, et descend sur la hune où on l'amarre.

L'étai de flèche du petit mât de perroquet se dirige sur l'extrémité de la flèche du bout-dehors de beaupré, et passant dans une poulie ou une cosse frappée à cette extrémité, il vient s'amarrer sur l'avant du bâtiment, près du beaupré.

Enfin l'étai de flèche du mât de perruche passe dans

(1) Afin d'alléger le gréement d'un poids inutile, on peut, sans inconvénient, fixer l'étai de perroquet au ton du mât de hune, ou, tout au plus, ne le faire descendre que jusque dans la hune.

(2) La poulie où passe l'étai du petit-mât de perroquet est souvent à trois rouets, afin d'y pouvoir faire passer aussi les boulines du petit hunier, ou celles du petit perroquet.

une cosse fixée sur l'arrière au capelage du grand mât
de hune, et descend jusque dans la hune, où il est
amarré.

Mâts de cacatois.

Quelquefois les flèches des mâts de perroquet sont
remplacées par de petits mâts du même genre que ceux
de perroquet, et qu'on appelle mâts de cacatois; ils s'a-
daptent à l'extrémité de ceux de perroquet, de la même
manière que ceux-ci le sont à l'extrémité des mâts de
hune, au moyen de barres et d'un chouquet, qui est le
plus souvent en fer et en forme de cercle de bout-dehors.
Chacun de ces mâts se guinde au moyen d'une guinderesse, que nous nous dispenserons de décrire, parce
qu'elle est semblable à celle du mât de perroquet; ils
sont d'ailleurs retenus dans leur position par une clef
en bois de chêne, laquelle, traversant la caisse du mât
de cacatois, repose sur les barres de cacatois, et empêche ce mât de descendre.

Mâts de bome, ou Flèches en l'air.

Depuis quelque temps on parait préférer aux mâts
de cacatois des espèces de bouts-dehors qu'on pousse
en arrière des mâts de perroquet; on supprime alors
les barres de cacatois, et on les remplace par des cercles
pareils à ceux qui servent de chouquets, ou plutôt par
de petites barres en fer peu massives.

Chacun de ces bouts-dehors, qu'on appelle mâts de
bome ou flèches en l'air, s'appuie dans sa position naturelle sur le chouquet du mât de perroquet, et ne dé-

passe ce mât que de la hauteur environ qu'aurait la flèche de perroquet. Dans les beaux-temps, ces bouts-dehors sont élevés de la quantité nécessaire pour gréer les papillons (légères voiles que l'on met quelquefois au-dessus des cacatois), et ils sont dépassés entièrement et mis dans les haubans, lorsque l'état de la mer ne permet pas de les porter haut.

Les mâts de cacatois ou les mâts de bome sont main-tenus, comme les mâts de perroquet, par des haubans, des galhaubans et des étais. Les haubans, au nombre de deux de chaque côté, après avoir passé dans les trous pratiqués aux extrémités des barres de cacatois, viennent s'amarrer sur celles de perroquet. Les étais sont dispo-sés, comme nous l'avons dit, pour ceux des flèches qu'ils remplacent, et les galhaubans sont ordinairement fixés dans la hune (*).

(*) La difficulté de pouvoir assez consolider les mâts de bome, et même les mâts de cacatois, pour que l'on puisse mettre dehors les cacatois d'une brise un peu fraîche, a fait presque généralement aban-donner ce système, et l'on est revenu à l'ancien, c'est-à-dire aux mâts de perroquet à flèches, avec la différence que ces flèches sont beau-coup plus longues, et qu'on les garnit d'un petite barre en fer qui sert à écarter les galhaubans destinés à les affermir. Ces flèches sont encore souvent surmontées d'une autre petite flèche qui les termine entièrement en pointe, laquelle sert efficacement à exhausser les marques distinctives du bâtiment ou les pavillons de signaux qu'il est nécessaire de hisser.

Ces mâts de perroquet ainsi prolongés, ont cependant l'inconvé-nient de ne pouvoir se passer et se dépasser des barres que difficile-ment, et d'avoir un excédant nuisible dans les mauvais temps, et dont on ne peut se débarrasser qu'en les calant. Aussi, la plupart des bâtimens de guerre ont-ils deux jeux de mâts de perroquet, l'un sans flèches, qu'ils adaptent dans les parages où les coups de vent sont fréquens, ou pendant la mauvaise saison, et l'autre à flèches, ainsi qu'on vient de le décrire.

La flèche des mâts de cacatois est surmontée d'une pomme à travers laquelle passent deux drisses de pavillon, qui servent à hisser soit les marques distinctives du bâtiment, soit des pavillons de signaux; l'une descend à tribord, l'autre à babord.

Lorsqu'il n'y a pas de mâts de cacatois, la pomme est placée sur l'extrémité des flèches des mâts de perroquet.

Nous ajouterons à cette description que lorsqu'on se sert de mâts de cacatois, les haubans de perroquet sont ordinairement garnis d'enfléchures, afin qu'on puisse monter sur les barres de cacatois, lorsque le service du mât ou des voiles l'exige (*).

SECTION IXe.

DES CORDAGES OU AGRÈS DU BOUT-DEHORS DE BEAUPRÉ.

Le bout-dehors du beaupré, appelé aussi mât ou bâton de foc, passe dans la moque inférieure de l'étai de misaine, ou, à défaut, dans le collier de cet étai, et successivement dans le chouquet qui est à l'extrémité du beaupré; étant poussé ensuite jusqu'à ce qu'il ait les deux tiers environ de sa longueur en dehors de ce mât, qu'il recouvre alors de l'autre tiers, on le main-

(*) En rade, pour le coup-d'œil, on supprime ordinairement ces enfléchures.

tient dans cette position par une valture ou rousture faite à son extrémité inférieure, et par une cheville en fer qui traverse le bout-dehors et s'arrête contre la moque.

Cette installation étant la plus solide, est la plus usitée ; mais comme elle rend plus difficile la manœuvre du bout-dehors, soit pour l'engager dans l'ouverture de la moque et du chouquet, soit pour l'en dépasser, au lieu de le mettre en dessus du beaupré, on l'établit quelquefois sur le côté. A cet effet, on incline le chouquet d'environ 45°, et l'on fait passer le bout-dehors en dehors de la moque inférieure de l'étai, qui, alors, est de même forme que la moque supérieure. Lorsqu'il est suffisamment poussé, on l'assujétit au beaupré, comme on l'a dit plus haut, mais sans cheville.

Dans l'un et dans l'autre cas, on se sert, pour pousser le bout-dehors, d'un cordage appelé *guinderesse de bout-dehors du foc*.

Ce cordage, qui fait dormant d'un côté au chouquet du beaupré, passe dans un clan pratiqué à l'extrémité du bout-dehors ; et remontant de l'autre côté vers le chouquet, il traverse une poulie qui y est crochée, et descend ensuite jusque sur le gaillard-d'avant, d'où on le manœuvre. Lorsque le bout-dehors est dans la position qu'il doit conserver, on dépasse la guinderesse, et l'on se sert quelquefois de cette dernière pour faire la valture.

Après cette opération, on assujétit la partie saillante du bout-dehors par *des haubans* et une sorte *de sous-barbe*. Dans les grands bâtimens, ces haubans sont au nombre de quatre, deux de chaque côté, et forment deux paires qui se capellent, chacune à l'extrémité du bout-dehors, comme les haubans des autres mâts ; les deux branches du même côté se dirigent ensuite sur la vergue de civadière, et passent chacune, à un ou deux pieds de distance l'une de l'autre, dans une cosse frappée sur cette vergue au sixième environ de sa longueur, à partir de chaque bout ; on les fixe alors à un palan qui est croché par sa poulie inférieure à la muraille extérieure du gaillard-d'avant, un peu en avant du bossoir. Chaque garant du palan se prolongeant jusque dans l'intérieur du bâtiment, on peut roidir ou mollir à volonté le hauban sur lequel il est fixé, et appuyer conséquemment le bout-dehors aussi solidement qu'il est nécessaire, la civadière faisant d'ailleurs l'effet d'un arc-boutant pour donner aux haubans l'épattement convenable (1). Sur les petits bâtimens, un seul hauban suffit de chaque côté, et il s'installe comme on vient de l'expliquer. *La sous-barbe* appelée aussi martingale se compose d'un cordage qui, étant frappé ou capelé à l'extrémité du bout-dehors, par-dessus les haubans, se dirige en dessous du mât dans un clan pratiqué à l'extrémité d'un arc-boutant vertical, et qui tient au chouquet du beaupré. Passant ensuite dans une poulie ou dans une cosse frappée au-dessous du beaupré, entre les estropes des moques d'étai, la sous-barbe vient se

____

(1) Les vergues de civadière, ayant l'inconvénient de charger l'avant du bâtiment et de fatiguer le beaupré, elles sont supprimées par quelques capitaines ; et dans ce cas, les haubans de bout-dehors passent dans des arcs-boutans en fer, établis suivant le prolongement des bossoirs, et viennent se rider sur le bord, soit au moyen de cosses, soit au moyen d'un palan.

fixer à un palan croché vers le haut de l'étrave, et se roidit à volonté de dessus le gaillard-d'avant (1).

Quelquefois cette sous-barbe étant en double, fait dormant sur le beaupré, entre les estropes des moques d'étai, passe à travers l'arc-boutant et se dirige vers l'extrémité du bout-dehors, dans une poulie qui y est frappée ; descendant ensuite dans un deuxième clan pratiqué dans l'arc-boutant, puis dans la poulie, ou la cosse frappée en dessous du beaupré, elle prolonge ce mât et vient se roidir et s'amarrer, soit sur le gaillard-d'avant, soit, comme on l'a indiqué ci-dessus, sur un palan croché à l'étrave (*).

Le service des focs exigeant que les matelots qui les manœuvrent puissent se transporter sur le bout-dehors, on y adapte deux *marchepieds* qui se capellent à son extrémité, et s'aiguillettent de chaque côté du chouquet. On fait de distance en distance, sur ces cordages, des

(1) L'arc-boutant a quelquefois la forme d'un A, qui s'adapte par sa pointe au-dessous du chouquet. Chaque branche étant percée de deux trous, sert à l'installation d'une sous-barbe que l'on place comme on l'a dit dans le texte, et elle assujetit plus fortement le bout-dehors, attendu qu'on peut alors l'appuyer du côté du vent.

(*) On simplifie aujourd'hui cette installation en rendant mobile l'arc-boutant du beaupré, soit au moyen d'une espèce de mâchoire analogue à celle de la corne d'artimon, soit au moyen d'un croc qui s'accroche à un piton placé sous le chouquet du bout-dehors, et au lieu de faire passer le cordage appelé la sous-barbe, dans un trou pratiqué à l'extrémité de l'arc-boutant, il y est, au contraire, fixé à demeure et retenu par une tête qui remplace le trou. De cette extrémité partent deux haubans dont l'un se dirige à tribord et l'autre à babord vers les bossoirs pour se fixer à la muraille du bâtiment, au moyen d'un palan qui sert à lui donner la tension convenable, laquelle se communiquant à la sous-barbe, appuye le bout-dehors dans le sens nécessaire.

BIBLIOTHÈQUE ROYALE

7

nœuds simples, afin d'offrir des points d'arrêt aux pieds des matelots, qui, à cause de l'inclinaison du beaupré, ne pourraient que difficilement se tenir sur ces cordages.

Les bâtimens de guerre, portant presque toujours un clin-foc, ont leur bout-dehors terminé par une flèche qui sert à l'installation de cette voile, où il supporte un autre bout-dehors, dit de clin-foc, lequel étant passé dans un double cercle en forme de 8, adapté à l'extrémité du bout-dehors de beaupré et ensuite poussé en dehors, des deux tiers environ de sa longueur, est retenu, par son extrémité inférieure, au moyen d'une rousture. L'autre extrémité est assujétie par des haubans et une sous-barbe, manœuvres qui, dans le premier cas, s'adaptent également à l'extrémité de la flèche du bout-dehors de beaupré.

Les haubans de clin-foc se dirigent de chaque côté dans une cosse frappée vers le bout de la vergue de civadière, et viennent s'amarrer sur le gaillard-d'avant, à côté des haubans du bout-dehors de beaupré.

La sous-barbe passe dans un trou pratiqué à cet effet à l'extrémité de la martingale, et traversant ensuite une petite poulie ou une cosse frappée près de celle qui sert à la sous-barbe du bout-dehors de beaupré, elle se dirige, comme cette dernière, sur le gaillard-d'avant, afin de s'y roidir et de s'y amarrer.

CHAPITRE III.

DES CORDAGES OU MANŒUVRES DES VERGUES.

SECTION PREMIÈRE.

DES AGRÈS DES VERGUES DES BAS-MATS.

Les vergues sont des pièces de bois rondes (*) qui servent à soutenir et à étendre les voiles ; elles sont supportées par les mâts particuliers dont elles portent les noms , et se meuvent au moyen des manœuvres que nous allons décrire successivement, en commençant par celles des vergues que supportent les bas-mâts, appelées collectivement basses-vergues.

Chacune de ces vergues, qui prend la dénomination de *grande vergue,* de *vergue de misaine* et de *vergue d'artimon, barrée* ou *sèche,* selon le mât auquel elle appartient, est suspendue à la hauteur du trelingage, au moyen d'une suspente dont nous avons parlé à la sixième section du second chapitre , et d'une es-

(*) Selon M. Wilaumez, on devrait , dans toute leur longueur , les laisser sur huit pans , c'est-à-dire octogonales , comme elles le sont dans leur milieu.

7.

trope qui lui correspond sur le milieu de la vergue, et qu'on nomme par ce motif *estrope de suspente*.

Pour les élever ou les descendre, on fait usage de caliornes (ainsi qu'on le dit au même chapitre), dont les poulies ou moufles sont frappées, les unes au ton du mât, les autres sur les vergues ; et comme ces vergues s'arqueraient au moindre effort si les extrémités n'en étaient soutenues, on y fixe en conséquence des manœuvres qu'on appelle *balancines*, et dont l'emploi est aussi d'incliner les vergues de l'un ou de l'autre côté.

D'autres manœuvres appelées *bras* y sont également fixées, afin qu'on puisse mettre les voiles dans la position convenable à l'impulsion du vent.

Les matelots devant d'ailleurs se tenir et travailler avec facilité sur les vergues, malgré les mouvemens de roulis et de tangage, on place en dessous, d'un ton de la vergue à l'autre, des cordages destinés à leur servir de supports, qu'on appelle *marchepieds*, et en dehors des tons jusqu'aux bouts de la vergue, on en établit d'autres qu'on nomme *faux marchepieds*.

Enfin ces vergues devant être maintenues constamment près des mâts, et résister à l'action qui tend presque toujours à les en écarter, des manœuvres que l'on nomme *drosses* sont disposées de manière à les retenir contre ses efforts.

Ainsi les agrès nécessaires à chacune de ces basses-vergues sont :

L'estrope de suspente ;

Les drisses et leurs poulies sur la vergue ;

Les balancines ;

Les bras ;

Les marchepieds ;

Les drosses.

De l'estrope de suspente.

L'estrope de suspente n'est autre chose que la réunion de deux estropes ordinaires , qui , étant placées à côté l'une de l'autre dans la cannelure d'une forte cosse, près de laquelle elles sont liées ensemble par un amarrage à plat, forment deux branches qui doivent entourer la vergue par son milieu et s'aiguilleter sur le côté. A cet effet, et pour que la cosse reste néanmoins en dessus de la vergue, on conçoit que l'une des estropes doit être nécessairement un peu plus longue que l'autre (1).

Des drisses et de leurs poulies inférieures.

Les drisses et leurs poulies supérieures ayant été décrites au chapitre précédent, il ne reste à décrire que leurs poulies inférieures, c'est-à-dire celles qui , lorsque les drisses ne sont pas volantes , sont fixées sur les vergues (2).

(1) L'estrope de suspente se fait aussi d'un seul cordage, éplissé par ses extrémités, et assez long pour former un nœud coulant qui la fixe à la vergue; au-dessus de ce nœud et dans le pli du cordage est une cosse retenue par un amarrage à plat, dans laquelle passe l'aiguillette de suspente.

(2) On a vu par la note 1 , page 72, que les poulies de drisses sur la vergue étaient aujourd'hui supprimées; mais dans le système de

Ces poulies, qui prennent aussi la dénomination de poulies de sus-vergues, sont de même dimension que les poulies supérieures, et ont ordinairement le même nombre de rouets ; elles sont en outre à doubles goujures, et sont placées sur la vergue de manière que les mortaises regardent l'avant et l'arrière du bâtiment. En conséquence, l'estrope de chacune de ces poulies se compose, comme celle de la suspente, de deux estropes ordinaires et d'inégales longueurs qu'on applique, l'une à côté de l'autre, dans les goujures, et qu'on réunit par un amarrage fait au ras de la poulie, de manière à former deux branches qui embrassent le contour de la vergue et s'aiguillettent sur le côté, la poulie restant d'ailleurs en dessus.

Ces estropes, ainsi que celles de la suspente, outre qu'elles sont garnies en bitord, sont souvent recouvertes en basane, et un amarrage est fait à l'extrémité de chaque branche, afin de rapprocher les doubles du cordage et former ainsi un petit œillet d'aiguilletage.

Balancines de basses-vergues.

Ces manœuvres sont destinées, comme nous l'avons dit, à soutenir les extrémités des vergues. Elles peu-

M. Willaumez, on remplace les drisses de chaque basse-vergues par deux itagues, qui font dormant de chaque côté de l'estrope de suspente : chacune passe ensuite « dans une poulie simple qu'on aiguil
« lette à la place de la poulie de drisse supérieure ; aux bouts inférieurs
« de ces itagues, il y a des cosses dans lesquelles se crochent des ca
« liornes, dites de chaloupes, dont les poulies inférieures sont crochées
« ou aiguilletées sur le pont près des mâts. »

vent être en simple ou en double : dans le premier cas, elles sont fixées au bout de la vergue, soit par une espèce de nœud coulant, formé à l'extrémité de la balancine, au moyen d'une petite ganse dans laquelle on introduit l'autre extrémité, soit par un œillet qu'on fait en épissant le bout de la balancine sur lui-même.

Elles se dirigent ensuite vers le chouquet du bas mât, et passant de chaque côté dans une poulie simple qu'on y a fixée à cet effet, descendent par le trou-du-chat, et aboutissent chacune à un palan dont la poulie inférieure se croche sur le porte-hauban, entre le premier et le deuxième hauban (*).

Lorsqu'elles sont en double, elles font dormant au chouquet, se dirigent chacune de leur côté dans une poulie simple aiguilletée au bout de la vergue ou à l'estrope de la poulie d'écoute du hunier, et remontent vers le chouquet, afin de passer dans les poulies qui y sont fixées; de là, elles descendent le long du premier hauban, et s'amarrent en dedans de la muraille du bâtiment.

Les poulies fixées au chouquet sont estropées sur un même bout de cordage que l'on capelle pardessus le chouquet, et qu'on arrête en-dessous au moyen d'une

---

(*) Les balancines simples semblent mieux disposées pour le brasseyage des vergues, mais pour plus de facilité, M. Willaumez voudrait qu'on les fît passer sur une espèce de sellette établie sur l'avant du chouquet, de manière que la balancine de tribord vînt à babord, et celle de babord à tribord, au moyen de deux goujures pratiquées dans la sellette, qui d'ailleurs tournerait sur elle-même pour prendre la direction de la vergue.

bridure qui rapproche les deux poulies au ras du chouquet, entre le ton du bas-mât et le mât de hune.

Bras de basses-vergues.

Ces bras, excepté sur les très-petits bâtiments, sont
toujours en double. *Ceux de la grande vergue* font
dormant, chacun de leur côté, à un piton placé en dehors du bâtiment vers le haut des bouteilles, et passent
dans une poulie simple, fixée soit à chaque extrémité
de la vergue, au moyen de deux estropes de cosses ba-
guées, c'est-à-dire passées l'une dans l'autre, soit à celle
d'un pendeur qui s'y capelle ou s'y aiguillette; de là, ils
reviennent dans une autre poulie frappée sur le plat-bord
au-dessus de leur dormant, ou bien traversent un clan
pratiqué à cet effet dans la muraille du gaillard, et s'a-
marrent enfin, en dedans, à un taquet cloué contre le
bord (1).

Les bras de la vergue de misaine font dormant au
grand étai au-dessous du collet, ou, pour plus de solidité,
aux jottereaux du grand mât, se dirigent chacun dans

---

(1) Afin que ces bras forment des angles plus favorables aux brasseyage de la vergue, on adapte souvent, de chaque côté du couronnement, un petit arc-boutant en fer, à l'extrémité duquel le bras fait
dormant : après avoir passé dans la poulie du bout de la vergue, ce
bras revient dans une autre poulie fixée à l'extrémité de l'arc-boutant,
et traverse ensuite la muraille du gaillard, au moyen du clan qui y est
pratiqué.

Quelquefois on remplace les arcs-boutans par une vergue que l'on
met en travers au-dessous des pistolets ou bossoirs du canot de poupe,
laquelle vergue, débordant le bâtiment de chaque côté, sert de point
d'appui aux grands bras.

une poulie simple qui tient, comme on vient de le dire, à chaque bout de la vergue, puis dans une poulie double aiguilletée de chaque côté des jottereaux du grand mât; ils descendent ensuite le long de ce mât et traversent, soit des poulies de retour, soit les montants de marionnettes placées au pied du même mât, à l'arrière desquelles on les amarre à des taquets cloués sur le pont.

Les bras de la vergue barrée, au lieu d'être sur l'arrière comme les précédents, se dirigent sur l'avant; ils font dormant sur le dernier hauban de chaque côté du grand mât, à la hauteur environ du trelingage; passant ensuite dans la poulie du bout de la vergue, ils se rendent dans une poulie aiguilletée au même hauban, au-dessus du point où ils font dormant, et descendent le long de ce hauban, pour s'amarrer, en dedans du bord, à une cheville ou à un taquet de tournage (1).

Quelquefois on fait passer ces bras de tribord à babord, et réciproquement, c'est-à-dire que le bras de tribord fait dormant au hauban de babord du grand mât, et passe dans la poulie de retour qui y est aiguilletée, et que celui de babord se dirige de même du côté de tribord. (*)

---

(1) Les poulies de bras de la vergue barrée sont fixées quelquefois à 3 ou 4 pieds du bout de la vergue, et celles de retour au grand mât au-dessous du trelingage.

(*) Lorsqu'on envergue une voile sur la vergue barrée, il convient d'y adapter des bras vers l'arrière et de les diriger de chaque côté du couronnement, comme les bras de la grande vergue.

Drosses de basses-vergues.

Les drosses, au nombre de deux pour chaque basse-vergue, consistent chacune en un cordage portant une cosse à l'une de ses extrémités, et dont l'autre extrémité, destinée à se fixer sur la poulie d'un palan, ne reçoit aucune préparation. Elles sont garnies en basane, depuis cette cosse jusqu'au point où elles doivent cesser d'entourer le mât, afin d'être préservées du frottement qu'elles éprouvent contre ce mât.

On les fixe sur la vergue de chaque côté de l'estrope de suspente au moyen d'un tour-mort, qu'on leur fait faire par l'extrémité où est la cosse, et qu'on arrête par un amarrage. Chacune d'elles, après avoir passé réciproquement en arrière du mât, dans la cosse de l'autre drosse, descend le long de ce mât, et aboutit à un palan dont la poulie inférieure est crochée sur le pont, ou bien chaque drosse remonte dans un clan adapté vers le milieu des élongis, afin de se fixer sur un palan croché au ton du mât, dont le garant descend sur le pont. Cette dernière manière est la plus usitée aujourd'hui sur les bâtiments bien tenus, et particulièrement sur les bâtiments de guerre, parce qu'en outre de la légèreté qui en résulte au coup-d'œil, elle donne aux drosses l'avantage, en cas de rupture des suspentes, de pouvoir momentanément soutenir les vergues.

Le palan dont chaque drosse est pourvue, prend la dénomination de palan de drosse, et sert, lorsqu'on la roidit, à rapprocher la vergue du mât, ou à la laisser s'en écarter lorsqu'on le mollit.

Les corvettes et les petits bâtimens n'ont ordinairement qu'une seule drosse à la vergue barrée ; et dans ce cas , se dispensant d'y adapter une cosse , on lui fait faire dormant d'un côté de la vergue près de l'estrope de suspente , au moyen d'un œillet pareil à celui des balancines. L'autre extrémité de la drosse passe ensuite en arrière du mât dans la cosse d'une estrope aiguilletée sur la vergue , de l'autre côté de la suspente , et elle se dirige , pour le reste, comme on vient de le dire (1).

(1) Quelquefois, sur les petits bâtimens, les bouts inférieurs des drosses se joignent par une épissure, sur laquelle est fixée la poulie supérieure d'un palan qui, dans ce cas, sert pour les deux drosses.

Les drosses éprouvant un grand frottement autour du mât et dans les cosses de la vergue, ce qui occasionne beaucoup de difficulté au brasseyage ; ces manœuvres ne pouvant d'ailleurs retenir les vergues assez écartées des haubans pour les empêcher de s'appuyer dessus lorsque les voiles sont orientées au plus près, effet qui est très-préjudiciable aux haubans et à la vergue elle-même, sont supprimées aujourd'hui sur la plupart des bâtimens de commerce bien installés, et remplacés par un mécanisme en fer qui permet à la vergue de prendre toutes les positions d'inclinaison verticale ou horizontale qui lui conviennent, sans qu'elle se rapproche du mât.

A cet effet, la vergue est garnie en son milieu d'un barre de fer ronde et arquée vers l'arrière pour faire ressort. Au milieu de cette barre est un œil dans lequel passe l'extrémité d'une pièce de fer terminée en boulons, et composée de morceaux adaptés l'un à l'autre par des charnières qui prennent jeu dans le sens vertical et dans le sens horizontal, à la façon des crochets de cadres dits à roulis. Le tout est maintenu au mât au-dessous des jottereaux, au moyen d'un cercle qui entoure le mât et qui y est solidement fixé.

Lorsqu'on veut appliquer la vergue d'un côté, elle tourne au moyen du boulon qui traverse l'œil de la barre dont elle est garnie en son milieu ; s'il faut la brasser, la charnière horizontale cède alors à l'obliquité que l'on veut donner à la vergue. Enfin si quelques efforts tendent à soulever la vergue , la charnière verticale lui permet aussi d'obéir à cet effort. Et comme dans ces divers mouvemens il n'y a que peu de frottement, il s'ensuit qu'on peut manœuvrer la vergue avec la plus grande facilité.

Marchepieds et étriers.

Les marchepieds consistent, pour chaque vergue, en deux cordages qui se fixent chacun par une extrémité au ton de la vergue, au moyen d'un œillet; ensuite ils s'aiguillettent ensemble, de manière qu'ils puissent rester par leur propre poids à un pied et demi, environ, au-dessous de la vergue. Ils sont d'ailleurs retenus à cette distance par d'autres courts cordages appelés *étriers*, qui, étant fixés sur l'arrière de la vergue à égales distances les uns des autres, portent, à leurs extrémités inférieures, des cosses que traversent les marchepieds. L'autre extrémité de chaque étrier finit en tresse, et est fixée sur la vergue par deux ou trois tours qu'elle y fait et qu'on arrête par des clous.

Poulies nécessaires aux basses-vergues.

Outre les manœuvres que nous venons de décrire, on doit encore garnir les basses-vergues de toutes les poulies nécessaires au jeu des voiles qui s'y trouvent enverguées. Telles sont :

Les poulies d'écoutes des huniers, de cargues-points, de cargues-fonds, et de cargues-boulines.

Poulies d'écoutes des huniers.

Les poulies d'écoutes des huniers se subdivisent en

poulies de bouts de vergue et en poulies de sous-vergues, appelées communément de bas-cul.

Les poulies de bouts de vergue sont celles qui servent à fixer les points inférieurs des huniers sur les extrémités des basses-vergues. Elles sont ordinairement à talon, et leurs estropes forment deux branches qui doivent embrasser le ton de la vergue et s'aiguilleter au moyen de petits œillets qu'on a pratiqués à leurs extrémités en pliant et épissant les bouts du cordage sur eux-mêmes (1).

Les poulies de sous-vergues sont celles qui, du milieu de la vergue, servent à diriger les écoutes des huniers vers le pont. Elles sont au nombre de deux, sont estropées comme les précédentes, et se placent au-dessous de la vergue de chaque côté, à peu de distance de l'estrope de suspente.

Poulies de cargues-points, de cargues-fonds et de cargues-boulines.

Ces poulies, ainsi appelées des manœuvres qu'elles servent à diriger de la vergue sur le pont, sont ordinai-

---

(1) **Les poulies de bouts de vergues**, produisant un mauvais effet dans l'ensemble du gréement, on les remplace quelquefois par des clans pratiqués aux bouts de la vergue : les côtés de ces clans sont garnis de bandes de cuivre, afin qu'ils ne soient pas endommagés par le frottement de l'écoute. En général, moins il paraît de poulies, plus le gréement semble léger et fait avec soin.

Il convient cependant d'observer que cette installation, ayant l'inconvénient d'affaiblir les bouts de la vergue, et d'occasionner un frottement considérable sur le cuivre de la mortaise, qui, en peu de temps, détruit le cordage, n'est approuvée que du plus petit nombre des marins, et est d'ailleurs contraire au réglement.

rement estropées de manière à être aiguilletées comme les poulies d'écoutes. Cependant, lorsqu'on se sert de filières pour enverguer les voiles, les poulies de cargues sont fixées sur ces cordages, dont nous parlerons au chapitre des voiles.

Il en est de même des étriers de marchepieds.

Garnir les basses-vergues et les mettre en place.

Toutes les manœuvres et les poulies nécessaires à chaque vergue ayant été préparées, il s'agit de les appliquer aux différentes places qui leur sont assignées ; c'est ce qu'on appelle garnir la vergue.

Pour y parvenir, nous supposerons que la vergue est placée en travers sur l'avant de son mât, et suspendue horizontalement à quelques pieds de hauteur, au moyen des caliornes ou des candelettes du mât : et pour l'intelligence de la description, nous conviendrons de nommer *arrière* de la vergue, la surface qui regarde la poupe ; *avant*, celle qui regarde la proue ; le *dessus*, la surface supérieure ; et enfin le *dessous*, la surface inférieure ou opposée.

La vergue étant posée comme nous venons de le dire, on y place exactement au milieu, et ainsi qu'on l'a dit plus haut, l'estrope de suspente ; ensuite les poulies de drisses, qu'on frappe de chaque côté de cette estrope à une distance égale à un demi-diamètre du mât (les aiguilletages qui les fixent se font ordinairement sur l'avant de la vergue). En dedans de ces poulies et à toucher leurs estropes, on frappe les poulies de sous-vergues ; mais celles-ci, au contraire des premières, doivent être au-dessous de la vergue, et avoir leurs mortaises tournées dans le sens de la largeur du bâtiment.

Les poulies de cargues-points, au nombre de deux, se placent en dessous et de chaque côté du milieu de la vergue, à une distance à peu près égale au douzième de la longueur de la vergue. Les poulies de cargues-fonds et de cargues-boulines (1) se répartissent de chaque côté, à égale distance les unes des autres sur l'avant de la vergue.

Ces poulies étant en place, on encoque aux extrémités de la vergue, 1° les marchepieds ; 2° les poulies de bouts de vergue ou d'écoutes de hunier ; 3° les estropes à cosses destinées aux faux bras, dont nous parlerons aux manœuvres de combat ; 4° les poulies de bras ou leurs pendeurs ; 5° enfin, les balancines.

On adapte en outre à chaque extrémité de la vergue un cercle appelé de bout-dehors, lequel est précédé d'un ou deux autres cercles pareils qui, avec le premier, servent à maintenir le bout-dehors de bonnette sur la vergue. Dans les grands bâtimens, ces cercles ont des rouleaux qui facilitent la manœuvre des bouts-dehors ; et ceux qui sont placés intérieurement sont souvent à charnière (2), afin de pouvoir, lorsqu'on serre les voiles,

---

(1) On supprime quelquefois ces poulies, attendu que les cargues-fonds et les carges-boulines se rendent directement dans les poulies fixées aux traversins de la hune.

(2) Ces cercles sont quelquefois remplacés par des croissans en bois cloués sur la vergue, sur lesquels s'appuyent alors les bouts dehors.

en dégager les bouts-dehors, qu'on élève alors de manière à laisser la faculté de plier la voile entre eux et la vergue, sans être obligé de les pousser.

Ces vergues étant entièrement garnies, on les élève à la hauteur du trelingage, ce qui se fait au moyen de leurs drisses, ayant soin d'ailleurs d'abraquer sur les balancines, pour les maintenir constamment dans la position horizontale, et les empêcher de s'arquer par leur propre poids. On donne aussi du mou dans les bras, afin qu'elles ne puissent être arrêtées par la roideur de ces manœuvres, qui tendent à les rapprocher du mât; lorsque ces vergues sont arrivées à la hauteur du trelingage, on les fixe sur les suspentes, ainsi qu'on l'a dit à la sixième section du second chapitre.

Lorsque le bâtiment est en repos sur une rade ou dans un port, ces vergues, ainsi que toutes les autres, dont nous parlerons plus bas, sont maintenues horizontalement, dans une direction perpendiculaire à la longueur du bâtiment, par leurs balancines et leurs bras, ce qui donne à l'ensemble du gréement un coup-d'œil plus régulier.

SECTION IIe.

DES AGRÈS DES VERGUES DE HUNE.

Les vergues des mâts de hune, appelées par abréviation vergues de hune ou de hunier, sont celles qui s'adaptent aux mâts dont elles portent les noms. Ainsi on appelle vergue du grand hunier celle qui se place en travers du grand mât de hune ; vergue du petit hunier, celle du petit mât de hune ; et enfin vergue de perroquet de fougue, celle qui s'adapte au mât de hune d'artimon.

Ces trois vergues ne diffèrent entre elles que par leurs dimensions, sont garnies des mêmes manœuvres, et dans le même ordre ; mais comme elles doivent monter et descendre à chaque instant, pour exposer ou soustraire à l'action du vent une partie ou la totalité des voiles qu'elles supportent, au lieu d'être fixées à demeure, comme le sont les basses-vergues, l'appareil qui les soutient est disposé de manière à pouvoir les élever ou les abaisser à volonté. On appelle itagues de hunier les manœuvres destinées à remplir ce but, et drisses de hunier, les garans des palans fixés à leurs extrémités.

Les manœuvres des vergues de hune se composent donc : d'itagues, de drisses, de marchepieds, de bras, de balancines.

Nous en traiterons successivement, ainsi que des poulies qui s'y rattachent, sous la dénomination de poulies d'itagues, d'écoutes de perroquet, de cargues-points, de cargues-fonds, de cargues-boulines, de bras.

Itagues et drisses des vergues de hunes.

Les itagues se composent chacune d'un cordage de grosseur convenable, et garni en bitord sur toute la partie exposée au frottement des rouets, sur lesquels il doit courir.

Sur les grands bâtimens, ce cordage passe dans une poulie simple frappée sur le milieu de la vergue, et par ses bouts, dans deux autres poulies ou galoches capelées au capelage du mât de hune, et descend tribord et babord jusqu'à la hauteur environ de la hune, la vergue étant supposée sur le chouquet. A chacune des extrémités de l'itague, on adapte une poulie double, dont l'estrope porte une cosse dans laquelle on fait passer le bout de l'itague, que l'on plie sur lui-même de manière à former un nœud d'écoute sur l'estrope de la poulie, ou bien le bout de l'itague enveloppe cette poulie et lui sert d'estrope.

Souvent chaque vergue de hune, au lieu d'avoir une seule itague passée comme on vient de l'expliquer, en a deux qui font dormant sur l'avant du ton du mât; elles passent ensuite séparément dans deux poulies aiguilletées l'une près de l'autre, au milieu de la vergue, et remontent dans les poulies ou galoches fixées au capelage. De là elles descendent comme la précédente, afin qu'on puisse fixer à leurs extrémités inférieures les poulies dans lesquelles doivent passer les drisses.

Ces drisses sont formées, chacune de leur côté, d'un cordage qui passe successivement de la poulie double fixée à l'itague, dans une poulie simple, de celles qu'on appelle plates, et dont l'estrope porte un croc à émérillon qui se croche à un piton chevillé en dehors du bord, à l'arrière du porte-hauban du mât auquel la vergue est adaptée. Le dormant de chaque drisse se fait sur la poulie simple; et le courant, après avoir passé dans une poulie de retour fixée à la serre-gouttière, s'amarre en dedans du bord à un taquet cloué sur la muraille (1).

Les vergues de hune des petits bâtimens, tels que les corvettes et les bricks, ainsi que la vergue de perroquet de fougue des grands bâtimens, n'ont chacune qu'une seule itague. Elle fait dormant au ton du mât de hune, passe dans une poulie ou galoche capelée d'un côté au ton du mât à l'opposé du dormant, et redescend pour se fixer sur la poulie supérieure d'un palan, ou drisse, croché à tribord pour le grand hunier, et à babord pour le petit hunier et le perroquet de fougue. Nous devons faire observer qu'on supprime assez souvent la poulie ou galoche capelée au ton du mât, et

---

(1) D'après le système de M. Willaumez, les itagues descendent à-plomb jusqu'à un pied ou deux au-dessus des hunes, lorsque les huniers sont étarqués : « Les drisses sont placées de chaque côté, le long des « bas-mâts, traversent les hunes entre les traversins du milieu ; et, pour « empêcher que les garants ne fassent des tours et ne soient genopés « par le brasseyage des basses-vergues, on les fait passer chacun dans « un trou d'une sorte de moque fixée en dedans du premier hauban, « à la hauteur de ces vergues. »

Nous ferons remarquer que quelques capitaines suppriment les itagues de hune, et les remplacent par une drisse qui fait dormant au capelage du mât, et passe successivement dans une poulie double frappée au milieu de la vergue, et dans deux poulies simples, fixées de chaque côté de la noix de ce mât. Le courant de cette espèce de palan, descendant ensuite sur le pont, se dirige dans une poulie de retour de la serre-gouttière, en arrière des galhaubans de perroquet, et s'amarre à un taquet ou un chevillot de tournage, placé auprès de cette poulie.

Cette installation, qui n'exige pas de très-fortes poulies sur la vergue, a l'avantage d'être plus légère, et d'exiger moins d'efforts pour alléger les garants.

8.

qu'on la remplace en perçant, dans la noix de ce mât, une mortaise que l'on garnit d'un rouet.

Sur les très-petits bâtimens, l'itague affectée à chaque vergue est presque toujours en simple, c'est-à-dire qu'elle fait dormant sur le milieu de la vergue, et qu'après avoir passé dans le clan du mât, elle descend jusqu'à la hune pour se fixer sur la poulie supérieure de la drisse.

Chaque itague porte, à un ou deux pieds au-dessus de la poulie de drisse, un conducteur en fer, appelé gouvernail de drisse, qui est percé dans toute sa longueur d'un certain nombre de trous; une de ses extrémités est terminée en anneau, dans lequel passe le galhauban arrière du mât de hune, et l'autre en croissant, d'un diamètre égal à celui de l'itague.

Pour adapter ce gouvernail, on le fixe à l'itague par le croissant, au moyen d'un petit amarrage, et on le contient horizontalement par de menus cordages qui, étant passés dans les trous du gouvernail et arrêtés par des nœuds, sont amarrés parallèlement entre eux sur l'itague.

Ce gouvernail, qui a pour but d'empêcher que l'itague, en se détordant, n'occasionne des tours dans la drisse, est au reste supprimé par quelques officiers qui le jugent inutile, attendu que l'émérillon de la poulie inférieure permet de défaire ces tours et peut même les prévenir.

Marchepieds des vergues de hune.

Ces marchepieds sont, comme ceux des basses-vergues,

terminés par un petit œillet qui, d'un côté, sert à former
le nœud coulant au moyen duquel on les capelle au bout
de la vergue, et de l'autre, à les aiguilleter ensemble
après qu'ils ont passé dans les cosses des étriers.

Bras des vergues de hune.

Ces bras, toujours en double sur les grands bâtiments,
consistent chacun, comme les bras des basses-vergues,
en un cordage qui n'a besoin d'autre préparation qu'une
petite ganse ou œillet pratiqué à une des extrémités, et
au moyen duquel on l'aiguillette au point désigné.

Les bras du grand hunier font dormant, soit sur le
mât de perroquet de fougue en dessous du capelage, soit
sur le collet de l'étai du mât d'artimon. Chaque bras se
dirige ensuite dans une poulie au bout de la vergue, et
passe sous les jottereaux du mât d'artimon, dans une
autre poulie qui y est fixée à l'extrémité au moyen d'un
pendeur. De là il descend sur le pont, en dedans du
premier hauban d'artimon, et on le dirige horizontalement au moyen d'une poulie de retour, aiguilletée à un
piton de la serre-gouttière. On l'amarre enfin à un taquet cloué à proximité le long du bord (1).

(1) D'après le principe de la décomposition des forces, on trouve
que si l'on fait un effort de cent livres sur le courant du bras, lorsque
le dormant est fait à la tête du mât de perroquet de fougue, il en résulte un de 141 pour brasser la vergue, et un autre de 129 pour l'appiquer.

Lorsque le dormant est fait aux jottereaux d'artimon, l'effort de
100 livres sur le courant, en produit un de 112 pour brasser la vergue,
et un autre de 157 pour l'appiquer. La première installation est donc
préférable à la deuxième; mais l'on ne peut se dissimuler qu'elle fatigue davantage la tête du mât de perroquet de fougue.

Chaque bras de la vergue du petit hunier fait dormant,
soit sur le premier hauban du grand mât de hune, entre
le trelingage et le capelage, soit sur le collet de l'étai de
ce mât, soit encore sur celui du grand étai ; passe dans
la poulie du bout de la vergue et successivement dans
une poulie estropée sur le grand étai un peu en dessous
du collet. Il se dirige ensuite vers les jottereaux du grand
mât dans la poulie double que traverse le bras de misaine,
et descend sur le pont le long du bas-mât. Là, il passe
dans le montant de marionnette ou la poulie de retour
affectée au bras de misaine, près duquel on l'amarre à
un taquet de tournage (1).

Les bras de perroquet de fougue sont dirigés sur l'a-
vant comme ceux de la vergue barrée ; ils font dormant,
soit sur l'arrière du chouquet du grand mât, soit sur le dernier hauban de ce mât, à la hauteur du trelingage, passent dans la poulie du bout de la vergue, et reviennent
dans une poulie double fixée près et au-dessous du dormant. De là ils passent dans une poulie de retour, aiguilletée sur la serre-gouttière dans la direction du dernier hauban d'artimon, et s'amarrent au-dessus à un des
chevillots de tournage (2).

Il est bon de faire remarquer que lorsque les bras font

(1) Lorsque le bras du petit hunier fait dormant au capelage du
grand mât de hune, un effort de 100 livres sur le courant, en produit
un de 172 pour brasser et un autre de 56 pour appiquer la vergue.

Lorsqu'il fait dormant au collet du grand étai, l'effort de 100 sur le
courant, en produit 136 pour brasser, et un autre de 108 pour appiquer
la vergue.

(2) Sur beaucoup de bâtimens de guerre, on supprime aujourd'hui
les poulies de conduit dans les haubans ; c'est pourquoi nous n'en

dormant à la tête des mâts de hune, ils forment des angles plus avantageux au brasseyage ; aussi donne-t-on la préférence à cette méthode, quoique fatiguant un peu les mâts de hune.

Balancines des vergues de hune.

Ces manœuvres ne diffèrent des balancines simples des basses-vergues que par leurs dimensions et en ce qu'elles ne sont pas à palan. Après avoir été capelées au bout de la vergue, elles se dirigent sur le rouet inférieur de la baraquette, ou poulie-vierge, fixée entre le premier et le deuxième hauban de hune, descendent ensuite par le trou du chat, et viennent s'amarrer à demeure (la vergue reposant sur le chouquet, ou peu s'en faut) au deuxième hauban du bas-mât, entre le vide que laisse le cap-de-mouton et le premier amarrage (1).

Poulies d'itagues.

Ces poulies, destinées à diriger, comme on vient de

avons pas parlé dans le texte. Sur d'autres, on les remplace par des pommes goujées dites de conduit.

On regarde aussi comme plus avantageux de faire passer les bras du perroquet de fougue au bout de la corne, et ceux de la vergue barrée, ainsi qu'on l'a déjà dit, de chaque côté du couronnement par des bras de grande vergue. Cette méthode est cependant encore peu usitée.

(1) Au lieu de faire descendre les balancines sur le pont, on peut, sans inconvénient, les laisser dans les hunes, et les y amarrer, soit à un taquet au ton du bas-mât, soit par une genope sur le capelage des bas-haubans.

le dire, les manœuvres qu'on appelle itagues, se subdivisent en poulies d'itagues sur les vergues, et en poulies d'itagues sur les mâts.

Les poulies d'itagues sur les vergues sont simples et à double goujure. Chacune d'elles est adaptée avec une seule estrope ordinaire garnie en basane et appliquée en double sur la poulie, de manière à ce qu'elle forme deux branches, dont l'une est plus longue que l'autre, afin que l'aiguilletage, au moyen duquel on fixe la poulie au milieu de la vergue, se fasse sur l'avant.

Les poulies d'itagues sur les mâts sont le plus souvent des espèces de galoches ayant un talon percé d'un trou, dans lequel on fait passer le cordage qui doit tenir lieu d'estrope. Les deux bouts de ce cordage étant ensuite épissés l'un à l'autre, on resserre, par un amarrage fait au ras du talon, les doubles ensemble, ce qui forme une boucle ou œillet, au moyen duquel on capelle la poulie au ton du mât sur le côté.

Poulies d'écoutes de perroquet, de cargues-fonds, de cargues-boulines, et de bras.

Toutes ces poulies sont désignées en raison de l'emploi qu'elles exercent, et il serait superflu de répéter ici ce qu'on a dit à l'article des basses-vergues. Ces poulies sont simples et proportionnées à la grosseur des manœuvres qui doivent y passer. Celles affectées aux cargues sont fixées, soit sur les vergues, soit sur les filières qui tiennent à la vergue. Cette dernière manière est la plus usitée aujourd'hui.

Les poulies des bras de hune se fixent comme celles des bras des basses vergues, soit à l'extrémité d'un pendeur, soit au moyen d'une estrope garnie d'une cosse qui enchaîne une autre cosse adaptée à l'estrope même de la poulie. Le pendeur ou l'estrope se capelle ensuite à chaque extrémité de la vergue, dans l'ordre indiqué ci-après.

Garnir les vergues de hune et les mettre en place.

Pour faciliter cette opération, nous supposerons, comme nous l'avons fait aux basses-vergues, que les vergues de hune qu'on veut garnir sont élevées horizontalement de deux ou trois pieds au-dessus du pont.

Sur le dessus de chaque vergue, et exactement au milieu, on frappe la poulie d'itague dont l'estrope s'aiguillette sur l'avant, le rouet dans la direction de la vergue; puis, de chaque côté de cette poulie, à une distance égale au douzième de la longueur de la vergue, on frappe, en dessous, les poulies de cargues-points du hunier, et un peu plus loin, celles des écoutes de perroquet; au milieu de chaque côté de la vergue, on frappe la poulie de cargue-bouline, sur l'avant, un peu au-dessus de la vergue.

Les poulies de cargues-fonds (*) sont frappées entre la

____

(*) Maintenant, sur les bâtimens de guerre, on supprime ces poulies, attendu que les cargues-fonds se rendent directement dans des poulies fixées aux barres de perroquet; ou plutôt elles sont rendues volantes au moyen de leurs estropes, que l'on termine à fouet. Quand il s'agit de carguer le hunier en rade, on défrappe ces.

poulie d'itague et les poulies de cargues-points, et quelquefois de chaque côté, sur l'estrope de la poulie d'i-
tague. Cependant, lorsque les cargues-boulines et les
cargues-fonds, dont nous parlerons au chapitre des
voiles, au lieu de remonter jusqu'aux barres de perroquet, doivent descendre directement sur le pont, ce
qui a lieu quelques fois sur les petits bâtiments, on remplace les poulies de ces cargues par d'autres poulies qui
prennent la dénomination de poulies en chapeau, qu'on
cloue sur le dessus de la vergue.

Nous avons supposé, dans ce qui précède, que les
vergues de hune sont percées à chaque extrémité d'un
clan servant au passage des écoutes de perroquet; mais
il arrive souvent que, pour ne pas affaiblir la vergue
par ces mortaises, on les remplace ainsi que le prescrit
le réglement, par des poulies; dans ce cas, elles sont à
talon et estropées de manière à former une bague qui
s'encoque au ton de la vergue, et qu'on fait descendre
de force jusqu'à l'épaulement ou origine du ton de la
vergue.

Toutes les poulies étant placées, on capelle à chaque

poulies de dessus la vergue, et elles montent alors avec la ralingue de
fond du hunier (où elles s'arrêtent en coulant le long des cargues-fonds)
jusqu'à joindre les barres de perroquet, s'il est nécessaire, ce qui
donne plus de facilité pour serrer la voile. De cette manière, on conçoit que l'on peut élever la ralingue de fonds du hunier aussi haut que
l'on veut par dessus la vergue, et c'est ce qui ne peut avoir lieu quand
les poulies de cargues-fonds sont à demeure à la vergue.

Nous devons ajouter que lorsqu'on défrappe les poulies de cargues-
fonds, on les retient ensemble par leurs estropes, afin que les deux
parties de la ralingue que l'on soulève ne puissent sensiblement s'écar-
·ter l'une de l'autre.

extrémité des vergues de hune, et de la manière indiquée pour les basses-vergues, d'abord les marchepieds, puis les pendeurs, ou les poulies de bras, et les balancines ; ensuite on y adapte un cercle de bout-dehors, lequel, comme aux basses-vergues, doit être précédé d'un autre cercle à charnière qui, étant placé plus en dedans, sert conjointement avec une rousture à maintenir le bout-dehors sur la vergue. On se dispense d'adapter ce second cercle sur les petits bâtiments.

La vergue étant sur le pont, et garnie de toutes ses poulies et manœuvres, on se sert, pour l'élever au-dessus du chouquet du bas-mât et la mettre en place, d'un cordage qui prend momentanément la dénomination de drisse-volante, et dont un bout, après avoir passé dans une des poulies d'itagues fixées au mât, se frappe au milieu de la vergue. Une partie de ce cordage est ensuite ellongée sur une des moitiés de la vergue, et y est retenue de distance en distance par deux ou trois genopes ; l'autre extrémité de la drisse-volante passe dans une poulie de retour placée sur le pont, et se garnit quelquefois au cabestan, afin qu'on puisse plus facilement hisser la vergue qui, dans ce mouvement, prend, par l'effet des genopes, une direction verticale.

Lorsque le milieu de la vergue est parvenu à la hauteur du chouquet du bas-mât et même auparavant, on passe les bras et les balancines dans leurs poulies respectives, et il ne s'agit plus alors qu'à faire balancer la vergue de manière qu'elle se trouve horizontalement sur le chouquet. A cet effet, on pèse sur la balancine de l'extrémité inférieure en mollissant la balancine opposée, et l'on coupe successivement les genopes La vergue étant

dans la position qu'elle doit avoir, on l'y maintient au
moyen de ses balancines et de ses bras, qu'on amarre également roide, et l'on s'occupe immédiatement à dépasser la drisse-volante, afin de la remplacer par l'itague ;
après quoi l'on retient la vergue au mât de hune au moyen
du racage.

Racage de vergue de hune.

Le racage consiste, pour chaque vergue de hune, en
deux ou trois rangs de pommes ou petites boules en bois,
enfilées en forme de chapelet et séparées l'une de l'autre
par autant de bigots (1). Les cordages qui servent à les
enfiler, et qu'on appelle bâtards de racage, se terminent
à l'une de leurs extrémités par un œillet, et en dedans
de celui-ci par un petit bourrelet qui arrête les pommes
de racage. Ces cordages doivent avoir trois ou quatre fois
la longueur du chapelet et être passés de manière que
l'œillet de l'un soit du côté opposé à celui de l'autre.

Pour adapter le racage, on le place de façon à entourer le mât sur l'arrière, et on le fixe en faisant venir
l'excédant de chaque bâtard en avant sur la vergue et le
passant réciproquement dans l'œillet de l'autre bâtard ;
redoublant ensuite ce cordage sur lui-même pour envelopper la vergue une deuxième fois sur l'avant, mais
dans un sens opposé, on le fait revenir en arrière du mât,
pour entourer les bigots ; puis lui faisant entourer aussi
la vergue, de l'autre côté du mât en dehors des tours

____

(1) Petites planches minces en forme de B.

que fait de ce côté l'autre bâtard , on le redouble encore
une fois sur les bigots , afin de le fixer aux tours déjà
faits par un amarrage ou une genope qui les bride tous
fortement près de la vergue.

On bride encore , au moyen d'un bon amarrage , le
milieu des tours que fait inversement chaque bâtard sur
les bigots, afin que le tout soit maintenu dans un état
de solidité convenable ; l'on cloue enfin sur l'avant de
la vergue un taquet entaillé au milieu de toute l'épaisseur de l'estrope de la poulie de sus-vergue ou d'itague
de hune , à l'effet d'y retenir cette estrope et d'empêcher
aussi les tours des bâtards de s'écarter l'un de l'autre sur
cette vergue.

Nous ferons remarquer que sur beaucoup de bâtiments
on remplace les racages , que nous venons de décrire, par
de simples cordages adaptés de la même manière qu'aux
vergues de perroquet.

SECTION IIIe.

DES AGRÈS DES VERGUES DE PERROQUET ET DE CACATOIS.

De même qu'on a appelé vergues de hune celles que
supportent les mâts de hune , de même aussi l'on appelle
vergues de perroquet celles qui se placent en travers des
mâts de ce nom. On comprend dans cette dénomination

la vergue de perruche, qui n'est autre chose que la vergue de perroquet du mât d'artimon.

Ces vergues, exactement semblables, ne diffèrent que
dans leurs dimensions, se gréent et se garnissent des
mêmes manœuvres, lesquelles se composent, pour chacune, d'une drisse, de deux marchepieds; de deux bras,
simples ou doubles ; de deux balancines, d'un racage.

Les poulies et estropes qui leur sont nécessaires sont :
l'estrope de vergue ; les poulies de cargues-points ; les
poulies de cargues-fonds ; et une petite ganse à chaque
bout de la vergue, au capelage.

Drisses de perroquet.

La drisse de perroquet est la manœuvre qui , étant
fixée sur le milieu de la vergue, sert à hisser ou à amener cette vergue. Elle peut être en simple ou en double.
Simple, elle consiste en un cordage qui se frappe directement au milieu de la vergue , passe ensuite dans un clan
pratiqué dans la noix du mât , descend en arrière de la
drisse de la vergue de hune jusque sur le pont, et s'a-
marre à la muraille sur un taquet ou à une cheville de
tournage. *Double* , elle se compose de deux cordages ,
dont l'un, appelé l'itague de drisse, se fixe directement
au milieu de la vergue et est garni à cet effet, à l'une
de ses extrémités, d'un croc destiné à saisir la cosse de
l'estrope de vergue dont nous parlerons plus bas. L'autre
extrémité de l'itague passe dans le clan du mât de perroquet, et l'on y estrope ensuite une poulie simple, dans

laquelle on faît passer l'autre cordage , qui prend particulièrement le nom de drisse.

Cette drisse fait dormant d'un côté du bâtiment à un piton chevillé à la muraille, en arrière de la drisse de la vergue de hune ; elle remonte ensuite dans la poulie qui est au bout de l'itague, descend sur le pont de l'autre côté, et vient passer dans une poulie de retour aiguilletée à un piton de la serre-gouttière vis-à-vis le dormant, et au-dessus de laquelle on l'amarre , soit à un taquet , soit à une cheville de tournage.

On conçoit que l'itague doit être assez longue pour que la vergue puisse descendre jusque sur le chouquet du mât de hune ; elle est ordinairement garnie en bitord , pour la préserver du frottement du rouet de la poulie (1).

Marchepieds des vergues de perroquet.

Les marchepieds, comme ceux des vergues de hune , se composent, pour chaque moitié de la vergue, d'un cordage terminé à chacune de ses extrémités par un petit œillet ou ganse , dont l'un sert à former une boucle qui s'encoque et se resserre sur le bout de la vergue, et l'autre à le fixer un peu au-delà du milieu de la même vergue. Chaque marchepied est en outre soutenu par un ou deux étriers, suivant la longueur de la vergue.

---

(1) Une autre manière de gréer les drisses de perroquet, consiste à faire le dormant de la drisse au capelage de perroquet , et à la diriger successivement dans une poulie frappée au milieu de la vergue et dans le clan pratiqué à la tête du mât, afin de la faire descendre ensuite jusque sur le pont.

Bras des vergues de perroquet.

Ces bras, lorsqu'ils sont en simple, se fixent directement sur le bout de la vergue, avant les balancines, au moyen d'un œillet pratiqué à l'une de leurs extrémités.

Les bras de la vergue du grand perroquet se dirigent, chacun de leur côté, vers les barres du mât de perroquet de fouque, passent dans une poulie simple aiguilletée au premier hauban de ce mât près du capelage, et descendent par le trou du chat jusque sur le pont, le long du premier hauban d'artimon. On les amarre à un chevillot du râtelier de tournage.

Les bras du petit perroquet passent de chaque côté dans une poulie aiguilletée sur le premier hauban du grand mât de hune près du capelage ; ils traversent ensuite le trou du chat de la grande hune, descendent le long du premier hauban du grand mât, et s'amarrent comme les précédents sur un chevillot du râtelier de tournage.

Enfin, les bras de la vergue de perruche passent de chaque côté dans une poulie aiguilletée sur le dernier hauban du grand mât de hune près le trelingage, descendent jusque sur le pont, et s'amarrent près des bras du perroquet de fougue.

Lorsque les bras sont en double, ce qui n'a lieu que sur les grands bâtimens, ils font dormant à peu de distance au-dessus des poulies aiguilletées, comme nous venons de le dire, sur les haubans de hune ; ils passent ensuite dans une poulie fixée à chaque bout de la vergue, soit directement, soit au moyen d'un pendeur, reviennent vers leur dormant afin de passer dans la poulie qui l'avoisine, et se dirigent pour le reste comme pour les bras en simple.

Balancines des vergues de perroquet.

Les balancines pour les vergues de perroquet sont toujours en simples; elles consistent chacune en un cordage qui, après avoir passé préalablement dans les ganses du bout de la vergue, se capelle à ce bout au moyen d'un œillet pratiqué à l'une de ses extrémités; elles passent ensuite de chaque côté dans une poulie-vierge ou baraquette fixée, près du capelage, dans les haubans des mâts de perroquet, et descendant le long du mât, en traversant le trou du chat, elles viennent s'amarrer le long des bas-haubans entre le premier et le deuxième, sur un chevillot du râtelier des manœuvres. Quelquefois ces balancines sont amarrées dans la hune.

Racage de vergue de perroquet.

Le racage de chacune des vergues de perroquet, dont beaucoup de bâtiments se servent aussi pour les vergues de hune, consiste uniquement en un cordage garni en bitord et en basane, lequel, étant plié en deux branches d'inégales longueurs, forme à son pli, au moyen d'un amarrage, une boucle ou collier destiné à saisir la vergue à peu près par son milieu; les deux branches étant ensuite réunies par un autre amarrage, fait à l'extrémité de la plus courte, et chacune des extrémités de ce cordage étant d'ailleurs terminée par un œillet, on entoure le mât de ces deux branches réunies, en faisant faire au bout simple, excédant, un nouveau tour sur la vergue, et l'aiguilletant par son œillet à celui de l'autre bout.

On se dispense quelquefois de faire un œillet à l'extrémité de là branche excédante, qui alors, devant être un peu plus longue, se fixe, après avoir entouré la vergue, par deux demi-clefs à l'œillet de l'autre branche.

Estrope de vergue de perroquet.

Nous avons dit que l'itague de chaque vergue de perroquet se fixe par son extrémité sur une cosse placée au milieu de la vergue. Cette cosse est retenue au moyen d'une estrope qui entoure la vergue, et sur laquelle on a fait un amarrage à plat pour resserrer la cosse entre le pli du cordage. Cette estrope, garnie en bitord ou en basane sur toute sa longueur, prend la dénomination d'estrope de vergue ; on peut la faire à aiguilletage, ou simplement comme une bague dans laquelle passe la vergue.

Poulies de cargues de perroquet.

Ces poulies sont destinées au passage des manœuvres dont elles portent le nom. Elles sont ordinairement estropées comme celles des vergues de hune et n'offrent rien de particulier.

Garnir les vergues de perroquet.

Les agrès des vergues de perroquet étant préparés, on les met en place dans l'ordre et de la manière suivante :

1° L'estrope de vergue se place au milieu de la vergue. Si elle est à aiguilletage, on l'y resserre le plus possible ; et si elle est en forme de bague, on la fait glisser de force jusqu'à ce qu'elle ait atteint le point déterminé ; elle est ensuite arrêtée de chaque côté par des petits taquets cloués sur la vergue.

2° Le racage, comme celui des autres vergues, devant, lorsque la vergue est en place, envelopper le mât par l'arrière, on le fixe sur la vergue en faisant passer celle-ci dans la boucle qu'il forme d'un côté, et en le faisant glisser jusqu'à ce qu'il soit rendu à quelques pouces de distance de l'estrope de vergue. On ne doit pas perdre de vue que la branche la plus longe du racage, après avoir fait un tour sur la vergue, près et de l'autre côté de l'estrope de vergue, doit se fixer sur la cosse de l'autre branche.

3° Les poulies de cargues-points, qu'on frappe de chaque côté de l'estrope de vergue, au sixième environ de la demi-longueur et au-dessus de la vergue.

4° La poulie de cargue-fond, aiguilletée sur le milieu de l'estrope et à l'avant de la vergue.

5° Les marchepieds, encoqués et aiguilletés de la même manière que les marchepieds des vergues de hune.

6° Enfin les bras et les balancines, que l'on capelle au bout de la vergue; mais ces dernières manœuvres, passées d'abord dans les poulies qui doivent les diriger, ne se placent que lorsque la vergue est hissée à la tête du mât de hune, ainsi que nous le verrons ci-après.

Gréer les vergues de perroquet.

Gréer les vergues de perroquet, c'est l'action de les mettre en place en avant de leurs mâts respectifs. A cet effet, supposons que la drisse soit à itague passée d'avance au mât : on commence par fixer cette itague en la frappant ou en la bossant par l'extrémité sur le ton du mât de hune ou sur les barres de perroquet; de manière que la poulie qu'elle porte à l'autre extrémité se trouve près du clan du mât de perroquet, et puisse servir ainsi à élever la vergue.

La drisse descendant de chaque côté du bâtiment jusque sur le pont, on frappe l'un de ses bouts au milieu de la vergue, et on l'élonge à partir de ce bout jusqu'à l'une des extrémités de la vergue, où elle est maintenue par une bonne genope. Agissant alors sur l'autre bout de la drisse, qui est passé dans une poulie de retour sur le pont, on enlève la vergue verticalement; et comme elle tend à s'engager sous la hune par son extrémité supérieure, on a l'attention de la déborder au large à mesure qu'elle monte; il en est de même lorsqu'elle arrive aux barres de perroquet. A cette hauteur on cesse de hisser la vergue, pour capeler d'abord les bras qu'on a passés dans leurs poulies de conduit, et ensuite les balancines. Ceci étant fait, on continue à élever la vergue en la dirigeant sur l'avant du mât de perroquet, jusqu'à ce que son milieu soit parvenu à la hauteur du chouquet du mât de hune ; alors on abraque la balancine du côté de la genope pour retenir la vergue appiquée le long du mât, puis on coupe cette genope, et l'on attend, dans cette position, que le maître de manœuvre ait donné le signal de mettre la vergue en croix, c'est-à-dire de la placer horizontalement sur le chouquet dans le sens de la longueur du bâtiment.

On exécute ce dernier mouvement en pesant fortement sur la balancine opposée à celle qui tient la vergue appiquée, et en mollissant celle-ci. Un matelot facilite encore ce mouvement, en agissant directement sur la vergue pour la faire basculer, ayant soin de l'arrêter sur le chouquet dès qu'elle se trouve dans une position à peu près horizontale, que le maître rectifie ensuite en faisant abraquer l'une des balancines et l'un des bras. Pendant cette opération, le même matelot fixe la vergue au mât, au moyen du racage, comme nous l'avons expliqué ci-dessus. Après quoi, il largue le bout de la drisse frappé sur la vergue, et le fait tomber sur le pont où on l'arrête. Il croche ensuite l'itague sur la cosse de l'estrope de vergue, et l'on termine enfin l'opération en abraquant le mou de la drisse.

Sur les bâtiments de guerre, cette manœuvre se fait en même temps sur les trois vergues de perroquet, et devient le plus souvent un exercice de tous les matins dès que le bâtiment est armé et sur la rade. Chaque vergue est d'abord hissée à son mât respectif, et y reste appiquée jusqu'au moment où le signal est donné, ce

qui a lieu ordinairement lorsque le bâtiment arbore
son pavillon. Alors des hommes disposés d'avance sur
les bras et sur les balancines, agissent avec adresse pour
opérer simultanément sur les trois vergues.

Dégréer les vergues de perroquet.

Cette manœuvre, contraire de la précédente, s'exécute communément le soir, c'est-à-dire que chaque
vergue est retirée du mât et mise entre les bas-haubans
du mât auquel elle appartient, l'extrémité inférieure
appuyée sur le porte-hauban, et la supérieure retenue
en dehors des enfléchures au moyen de quelques amarrages. Il est d'usage de placer la vergue du grand perroquet à tribord, et celle du petit, ainsi que la vergue
de perruche, à babord.

Pour exécuter cette opération, la vergue reposant sur
le chouquet du mât de hune, on commence par décrocher ou défrapper l'itague de drisse, pour la fixer par
cette extrémité sur le ton du mât ou sur la barre de
perroquet; puis, après avoir défrappé le bout de la
drisse retenue sur la serre-gouttière, on abraque l'autre
bout jusqu'à ce qu'on puisse frapper le premier sur la
cosse de l'estrope de vergue, après quoi on élonge une
partie de la drisse, et on la genope, comme on l'a
déja dit, sur la vergue, dont on largue ensuite le racage.

On dispose en même temps des hommes sur le courant de la drisse, ainsi que sur les balancines et sur les
bras; et tout étant ainsi disposé pour chaque vergue, le

maître donne l'ordre d'agir simultanément. Alors les hommes de la drisse pèsent dessus de toute leur force pour enlever la vergue, qui s'appique aussitôt par l'effet de cette drisse et de la balancine qui est du côté de la genope, et qu'on abraque en même temps qu'on mollit l'autre. Le matelot qui est resté sur les barres dirige le mouvement de la vergue, et prévient lorsqu'il faut filer de la drisse, des balancines et des bras, afin qu'elle puisse descendre le long des haubans de hune. Lorsque son extrémité supérieure est arrivée à la hauteur du chouquet, il fait tenir bon un instant pour décapeler les bras et les balancines, qu'il amarre sur les barres de perroquet ou sur les haubans près du capelage. On continue ensuite à faire descendre la vergue jusqu'à ce qu'elle soit enfin arrivée, par son extrémité inférieure, sur le porte-hauban, et on l'amarre ainsi qu'on l'a dit plus haut.

Précautions à prendre pour gréer et dégréer les perroquets, lorsqu'il y a du roulis ou du tangage.

Nous avons supposé, dans ces deux opérations, que les vergues de perroquet sont dégarnies de leurs voiles et que le bâtiment était tranquille, c'est-à-dire qu'il n'éprouvait aucun mouvement de roulis ou de tangage; mais dès qu'il est sous voiles, ces mouvemens se font plus ou moins sentir en raison de la force du vent; ce qui, joint au volume des voiles dont les vergues sont surchargées, tend soit à les écarter, soit à les rapprocher du mât lorsqu'on les hisse ou qu'on les amène. Pour éviter ces inconvéniens, on fait glisser la vergue le long du galhauban arrière du mât de hune, en l'y maintenant par ses extrémités au moyen de deux bosses ou aiguillettes garnies chacune d'une cosse qu'on a passée d'avance sur le galhauban, et qui le parcourt librement dans son étendue (1).

Lorsque la vergue est arrivée à la hauteur des barres de perroquet, on largue la bosse supérieure, et l'on fait en sorte de retenir le bout de la vergue à la main, tandis que l'on capelle les bras et les balancines; puis, lorsque le milieu de cette vergue est à la hauteur du chouquet, et qu'on l'a retenue en avant du mât par le racage, on largue la bosse inférieure et l'on achève l'opération, comme nous l'avons dit, en ayant soin de roidir les bras, afin que la vergue ne se porte pas en avant par l'effet du tangage, pendant qu'on frappe à demeure le racage. On frappe ensuite les écoutes et les boulines, ainsi qu'on l'expliquera au chapitre suivant.

L'action de dégréer demande encore plus d'attention parce qu'elle ne se fait ordinairement que pour soulager, dans un gros temps, la tête des mâts, ce qui suppose presque toujours de très-forts mouvemens de roulis ou de tangage. Alors plusieurs matelots intelligens se rendent sur les barres, font la genope sur la drisse, défrappent les écoutes, les boulines, dépassent de la vergue les cargues-points et les cargues-fonds, et se préparent à larguer tout d'un coup le racage au moment même où, pour appiquer la vergue, on agit simultanément sur

---

(1) A défaut d'aiguillettes, on emploie le racage pour saisir le milieu de la vergue au galhauban, le long duquel on la fait descendre.

la drisse, les balanciers et les bras. D'autres matelots placés dans les haubans de hune se saisissent aussitôt de la vergue, et la fixent promptement sur le galhauban, au moyen des bosses dont nous avons parlé. Filant alors de la drisse, on fait descendre la vergue jusque dans les bas-haubans, où enfin on l'amarre solidement.

Agrès des vergues de cacatois.

Nous avons dit, au chapitre des mâts, que ceux de perroquet étaient terminés par des flèches, ou surmontés par d'autres petits mâts appelés mâts de cacatois. Ces derniers, ou les flèches qu'ils remplacent, portent, comme les autres mâts particuliers, des vergues qui prennent le nom de vergues de cacatois.

Ces vergues, désignées entre elles par la dénomination de leurs mâts respectifs, ne diffèrent de celles de perroquet qu'en ce qu'elles sont d'une plus petite dimension et d'un usage moins fréquent. Elles se garnissent de même d'une drisse, de deux bras, de deux balancines et d'un racage, et ne sont mises en place à leurs mâts respectifs que pendant les beaux temps. Dans le cas contraire, on les met dans les bas-haubans, comme les vergues de perroquet, mais du côté opposé.

L'opération par laquelle ces vergues sont mises à leurs places ou en sont retirées, et qu'on appelle gréer ou dégréer les cacatois, s'exécutant de la même manière qu'aux vergues de perroquet, nous n'avons à décrire que les manœuvres suivantes, qui leur sont nécessaires.

Drisses de cacatois.

La drisse de chaque vergue de cacatois consiste en un cordage simple qui, étant frappé au milieu de la vergue, passe dans un clan pratiqué à l'extrémité de la flèche du mât de perroquet ou du mât de cacatois, et descend ensuite sur le pont, afin de s'amarrer sur la muraille en arrière des haubans, près du dormant de la drissé de perroquet. On conçoit que cette drisse doit être au moins égale au double de la distance de l'extrémité du mât au pont du bâtiment.

Bras de cacatois.

Ces bras, après avoir été capelés aux extrémités de la vergue, se dirigent ainsi qu'il suit :

Ceux du grand cacatois passent, chacun, soit dans une cosse, soit dans une petite poulie frappée au capelage des haubans du mât du petit perroquet, et descendent dans la hune de misaine, où ordinairement ils s'amarrent.

Les bras du petit cacatois se dirigent sur l'extrémité de la flèche du bout-dehors de beaupré, passent chacun dans une cosse ou une poulie qu'on y a aiguilletée, et viennent s'amarrer sur le gaillard-d'avant, vers le pied du mât de beaupré.

Enfin les bras de cacatois de perruche passent, chacun, dans une cosse frappée de chaque côté en arrière des barres ou du chouquet du grand mât de perroquet, et descendent dans la grande hune, où ils sont amarrés.

Balancines de cacatois.

Ces manœuvres se capellent aux extrémités des vergues après les bras, passent ensuite dans de petites poulies, ou des cosses fixées en dessous des pommes des mâts, et descendent dans les hunes, où elles sont amarrées.

Racage de cacatois.

Ce racage est fait absolument comme celui d'une vergue de perroquet, et se fixe au milieu de la vergue afin de la maintenir au mât lorsqu'il l'a entouré par l'arrière.

Remarque.

Sur les petits bâtiments, on se dispense souvent d'adapter aux vergues de cacatois des bras et des balancines, et même un racage, parce qu'alors ces vergues, ne se plaçant à leurs mâts respectifs qu'au moment où les voiles qu'elles supportent peuvent être déployées, se maintiennent horizontalement et se brassent par l'effet des ralingues de chûte, qui sont fixées par en-bas aux extrémités des vergues de perroquet ; mais alors on ne peut guère se servir de ces voiles que sur le largue ou le vent-arrière.

SECTION IVᵉ.

AGRÈS DES VERGUES APPELÉES LE GUI ET LA CORNE D'ARTIMON.

1° *Agrès du gui.*

Le gui se place horizontalement sur l'arrière du mât d'artimon , à cinq ou six pieds au-dessus du pont ; il se prolonge dans la direction longitudinale du bâtiment jusqu'au-delà du couronnement , dont il parcourt toute l'étendue en pivotant sur le mât par l'une de ses extrémités , terminée en fourche , qui emboîte à cet effet la demi-circonférence du mât , et qui a pour support un croissant cloué en dessous ; ou bien il s'adapte au moyen d'un pivot à charnière , qu'il porte à l'extrémité , et introduit dans une espèce de femelot en fer fixé au mât à la place du croissant.

L'autre extrémité de la vergue est soutenue par des cordages appelés balancines , qui , remontant jusqu'au capelage du mât et descendant ensuite vers le pont , se manœuvrent au moyen de palans qui y sont fixés de la même manière qu'aux balancines des basses-vergues.

Un autre cordage , destiné à retenir la vergue au milieu du couronnement , en lui permettant cependant , lorsqu'il en est besoin , de s'arrêter à droite et à gauche , porte le nom d'écoute de gui.

Enfin , un autre cordage opposé à l'action de l'écoute , et qui retient la vergue en dehors du bord , prend le nom de retenue , et se croche sur un palan fixé en dehors de la muraille, à l'arrière des porte-haub a   du grand mât.

Ainsi, nous traiterons successivement des balancines , de l'écoute et des retenues , qui sont les seules manœuvres nécessaires à cette vergue.

Balancines de gui.

Ces manœuvres se composent d'un seul cordage , au milieu duquel on forme une espèce de bague , au moyen d'un tour et demi arrêté par des amarrages. Cette bague étant encoquée au bout de la vergue , chaque branche du cordage monte vers la hune et passe dans une poulie aiguilletée au ton du mât ; descendant ensuite vers le pont , elle vient se fixer sur la poulie d'un palan dont la poulie inférieure se croche en dehors de la muraille , en arrière du dernier hauban de ce mât. Au quart environ de la partie saillante , vers le bout du gui , on fixe par son milieu un cordage d'une ou deux brasses de longueur , qu'on appelle étrier , garni à chacune de ses extrémités d'une cosse, dans laquelle on fait passer séparément les branches de la balancine. Cette cosse étant soutenue sur chaque branche par une pomme qui l'empêche de descendre, sert , en fixant l'étrier à la balancine , à faire rapprocher du centre de la vergue le point de suspension (1).

(1) On supprime aujourd'hui les étriers comme étant inutiles , rien n'empêchant d'ailleurs de fixer les balancines plus en dedans vers le couronnement.

Cette installation des balancines exigeant, pour que la brigantine soit bien établie et ne frotte pas contre la balancine de sous le vent, que cette dernière manœuvre soit molle, on ne met aujourd'hui dans beaucoup de bâtiments qu'un seul cordage simple, que l'on fixe à l'extrémité de la vergue, et qu'on fait passer à l'extrémité de la corne d'artimon, dans un clan qu'on y a pratiqué à cet effet ; de là, se dirigeant dans une poulie crochée au ton du mât d'artimon, près du chouquet, ce cordage descend le long du bas-mât, et aboutit à un palan croché sur le pont, à l'aide duquel on le manœuvre.

D'après cette installation, il faut, à la vérité, un tiers moins de force pour soulever la vergue ; mais, d'un autre côté, la tête du mât est d'un quart plus fatiguée que par l'ancienne installation, ainsi qu'il est aisé de s'en assurer en décomposant la résultante des efforts (1).

(1) Les balancines de gui se composent quelquefois de deux cordages séparés, qui, étant fixés chacun de leur côté, soit aux jottereaux, soit aux élongis du mât d'artimon, passent dans une galoche clouée sur le côté de la vergue près du couronnement ; sur le bout de chaque balancine, est un petit palan croché à une estrope à cosse près de la fourche ou du pivot de la vergue, qui sert à roidir la balancine, et par conséquent à élever la vergue de la hauteur voulue.

Sur les petits bâtimens, on ne met souvent qu'une seule balancine de gui, et alors on la fixe aux élongis par son extrémité supérieure ; l'autre extrémité porte une poulie qui, avec une autre poulie frappée au bout de la vergue, forme un palan dont le courant s'amarre à un petit taquet cloué sur la vergue.

On peut également faire le dormant de la balancine, soit au ton du mât d'artimon, soit à celui du mât de perroquet de fougue, et, après avoir fait passer cette manœuvre dans le clan de l'extrémité de la corne, la diriger comme on l'a dit dans la note qui précède.

Écoute de gui.

Cette écoute , que l'on place sur la vergue en un point qui correspond un peu en dedans du couronnement , est formée de cette manière :

Une poulie double , dont l'estrope est à bague a aiguilletage , se frappe au point déterminé de la vergue ; une autre poulie double , dont l'estrope est garnie d'une cosse , est adaptée en dedans du tableau à une espèce de main de fer appelée va-et-vient , qui y est clouée au milieu ; ces deux poulies , au moyen d'un cordage passé alternativement d'une poulie à l'autre , forment un palan qui prend le nom d'écoute.

Cette écoute ne saisissant la vergue que par son milieu , et tendant par conséquent à la rompre , on ajoute quelquefois de chaque côté un petit palan à itague qui , étant croché par cette itague au bout de la vergue , et par sa poulie inférieure à l'extrémité de la lisse du couronnement , sert à étayer la vergue du côté du vent.

On peut suppléer à ce palan , en frappant le garant de l'écoute à l'extrémité de la vergue , et au lieu de mettre la poulie inférieure en dedans du tableau , la placer sur la lisse du couronnement , ou même en dehors. On a reconnu que cette installation , toute simple qu'elle est, suffisait pour retenir la vergue et l'appuyer convenablement.

Retenues de gui.

Ces manœuvres se fixent sur la vergue , à trois ou

quatre pouces en dedans de la poulie d'écoute ; elles sont ordinairement au nombre de deux , et consistent chacune en un cordage portant une cosse à l'une de ses extrémités , et à l'autre un croc qui se fixe sur la vergue à une estrope à cosse qu'on y a adaptée. Lorsqu'on veut se servir de l'un ou de l'autre de ces cordages, on croche sur la cosse qui est à leur extrémité , un palan dont la poulie inférieure est crochée en dehors du bord à l'arrière des grands porte-haubans. Le courant du palan traversant la muraille , on a la faculté, en agissant dessus , de retenir le gui dans la direction opposée à l'effort de l'écoute, et de le maintenir stable , malgré les mouvements de roulis, dans la position qu'il convient de lui donner.

Nous terminerons cet article par faire remarquer que lorsque la brigantine n'est pas déployée , la vergue de gui est arrêtée sur le milieu du couronnement par un croissant ou chandelier en fer qui lui sert de support.

2° Agrès de la corne d'artimon.

Cette vergue s'appuie comme le gui, au moyen d'une fourche , sur le mât d'artimon, et se place dans la même direction , immédiatement au-dessous du trelingage ; mais au lieu de la maintenir horizontalement , on l'applique d'environ 45° , et on la retient dans cette position au moyen de manœuvres qui portent le nom de drisses, et d'un collier en cordage qui entoure le mât sur l'arrière , et dont les extrémités sont fixées sur la fourche par des nœuds qui les empêchent de se dépasser des trous dans lesquels, à cet effet, on les fait passer.

L'une des drisses prend le nom de grande drisse ou drisse du mât ; et l'autre, celui de pic ou de martinet.

Grande drisse.

Cette manœuvre se compose d'un palan à deux rouets, dont la poulie inférieure se croche sur un piton ou une main de fer placée près de la fourche de la vergue ; la poulie supérieure est aiguilletée au ton du mât en dessous des haubans, et répond entre les élongis. Le cordage qui doit servir de garant étant passé successivement de l'une à l'autre poulie, descend sur le pont, et s'amarre à un taquet au pied du mât.

Drisse du pic.

Cette drisse est un cordage qui passe successivement dans une poulie double crochée sur le chouquet du bas-mât d'artimon, et dans deux poulies simples frappées sur la corne, l'une au tiers à partir du bout supérieur, et l'autre au milieu, environ, de la longueur de cette vergue. Ce cordage fait dormant sur l'estrope de la poulie double, ou bien au capelage du mât de perroquet de fougue, traverse ensuite les poulies de la vergue et la poulie du chouquet, et descend sur le pont au pied du mât, du côté opposé à la première drisse. Comme l'on supprime quelquefois la poulie du milieu de la vergue, l'on conçoit que, dans ce cas, le dormant de la drisse doit être fait sur l'extrémité de la corne.

10

Il résulte de la disposition des manœuvres de la corne, que cette vergue peut être élevée et amenée à volonté, ce qui convient plus particulièrement aux petits bâtiments qui, pour soustraire la brigantine à l'action du
vent, l'abaissent jusque sur le gui, avec la corne sur laquelle elle est enverguée. Comme il n'en est pas de
même sur les grands bâtiments, où la brigantine est
ordinairement installée de manière à pouvoir être sous-
traite à l'action du vent, sans qu'on soit obligé d'amener la vergue, on peut alors remplacer les drisses par
des suspentes qui maintiennent cette vergue à demeure
au mât ; mais cette installation est aujourd'hui rarement
suivie.

Gardes de la corne.

Indépendamment des drisses, ou des suspentes qui
les remplacent, la corne d'artimon est garnie de deux
pendeurs à palan dont l'effet est d'empêcher, lorsqu'ils
sont roidis, que la vergue soit trop poussée en dehors
du bâtiment par la force du vent, et de la retenir en même-
temps contre les balancements du roulis. Chacun d'eux,
qu'on appelle garde de la corne, se fixe vers l'extrémité
supérieure de la vergue, et la poulie inférieure de leur
palan se croche de chaque côté, en dehors du bord au-
dessus des bouteilles.

On supprime aujourd'hui presque généralement les
palans de garde, à cause de leur mauvais effet dans l'ensemble du gréement ; et alors les pendeurs sont remplacés par un cordage qui, étant fixé par son milieu vers
l'extrémité de la corne, forme deux branches qui des-

tendent de chaque côté et s'amarrent roides en dedans du bord vers les extrémités du couronnement. Dans les grands bâtiments , chaque branche est remplacée par un cordage passé en double , au moyen d'une poulie aiguilletée sur la corne , et qui fait dormant en dehors du bord.

Nous ferons observer que les bricks ne portant pas de gardes à leurs cornes, on les remplace par un cordage appelé hale-bas , qui passe dans une poulie fixée à l'extrémité de la corne. Les bouts de ce cordage descendant ensuite sur le pont, sont liés par un nœud qui empêche cette monœuvre de se dépasser. Ce hale-bas a pour objet d'aider à abaisser la vergue , et de la ramener en dedans du bord. Dans le cas contraire, il sert à diriger cette vergue entre les deux balancines , et à empêcher qu'elle ne soit entièrement abandonnée à l'action du roulis lorsqu'on la hisse.

Drisses de corne à itague.

Sur les bricks et autres petits bâtiments , les drisses au moyen desquelles nous avons dit que la corne , qui alors prend simplement la dénomination de pic , est élevée , sont quelquefois à itagues. Dans ce cas, l'itague de la grande drisse se compose d'un cordage fixé par l'une de ses extrémités sur le piton où nous avons dit que la poulie inférieure de la drisse primitive est crochée. L'extrémité opposée , ayant passé dans une poulie simple , qui remplace au ton du mât la poulie de cette drisse , se fixe sur la poulie d'une caliorne dont la poulie inférieure se croche sur le pont , au pied du mât.

L'itague de la drisse du pic se fixe sur la vergue au moyen d'un court cordage, appelé patte-d'oie, dont les extrémités se frappent sur la vergue, aux points environ où les poulies simples de la drisse primitive doivent être placés. Ce cordage dans lequel on a laissé un peu de mou, est garni d'une cosse qui y est enfilée et qu'enveloppe le bout de l'itague épissé à cet effet sur lui-même. L'autre bout de l'itague est passé dans une poulie simple crochée au chouquet, laquelle remplace la poulie double nécessaire à la drisse primitive, et descend ensuite le long du mât pour se fixer sur la poulie d'un fort palan, dont la poulie inférieure se croche sur le pont près du mât, du côté opposé à celui de la grande drisse.

SECTION V^e.

DES AGRÈS DES VERGUES DE CIVADIÈRE.

Les vergues de civadière sont celles qui s'adaptent au mât de beaupré. L'une, placée en dessous de ce mât, immédiatement en avant des sous-barbes, est appelée proprement vergue de civadière ; l'autre, placée sous le bout-dehors qu'elle peut parcourir à volonté, s'appelle fausse vergue de civadière. Cette dernière n'est presque jamais mise en place.

Agrès de la vergue de civadière.

Cette vergue est retenue au beaupré au moyen d'un palan appelé palan de bout; elle est, comme les autres vergues, garnies de marchepieds, de bras et de balancines; et quoique quelquefois on y envergue une voile qui, dans certains cas, peut avoir son utilité, son objet principal, aujourd'hui, est la tenue du bout-dehors de beaupré, qu'elle maintient en servant d'arc-boutant aux haubans dont ce bout-dehors est garni (1).

Racage de la vergue de civadière.

Ce racage étant semblable à celui d'une vergue de perroquet, et s'installant de la même manière sur la civadière qui, par ce moyen, se trouve suspendue par son milieu au-dessous du beaupré, il serait superflu de répéter ici ce que nous avons dit à l'article dn racage de perroquet.

Palan de bout.

C'est un petit palan qui, ayant sa poulie inférieure crochée sur une cosse adaptée au milieu de la vergue de civadière sur l'avant, et son autre poulie crochée à un

_____

(1) La vergue de civadière est en outre, dans les occasions, un rechange important pour la vergue du grand hunier et la vergue barée dont elle a à peu près les dimensions. Par cette raison, ces trois vergues pourraient être entièrement dans les mêmes proportions.

piton en dessous de l'extrémité du beaupré, retient, conjointement avec le racage, cette vergue au mât. Lorsque le palan est roidi convenablement, on emploie le restant du garant à brider les tour que fait ce cordage, d'une poulie à l'autre. Nous ferons remarquer que le palan de bout est le plus souvent remplacé par un court cordage ayant un croc à chacune des ses extrémités, qui, alors, se crochent sous l'extrémité du beaupré. Ce cordage, plus léger que le palan, est garni en bitord.

Marchepieds de civadière.

Ces manœuvres se fixent à chaque extrémité comme celles des autres vergues, par un œillet que l'on resserre à l'origine du ton de la vergue; elles traversent ensuite la cosse des étriers, et s'aiguillettent un peu au-delà du milieu de cette vergue.

Bras de civadière.

Ces bras sont ordinairement en double sur les grands bâtiments, et en simple sur les petits. Dans le premier cas, ils font dormant de chaque côté sur le collet de l'étai de misaine, près de la pomme ou de l'épissure qui la remplace, passent ensuite dans la poulie du bout de la vergue, et reviennent dans une autre poulie frappée sous l'avant des barres de la hune de misaine; de là ils descendent sur le pont le long du premier hauban, afin de s'amarrer en dedans de la muraille à un des chevillots ou taquets de tournage des manœuvres.

Lorsque ces bras sont en simple, ils se fixent directement aux extrémités de la vergue au moyen d'un œillet, passent chacun dans une poulie aiguilletée de chaque côté du collet de l'étai, et descendent, comme les précédents, jusque sur le pont. On les amarre de même en dedans de la muraille du bâtiment.

Balancines de civadière.

Ces manœuvres, lorsqu'elles sont en double, font dormant de chaque côté du chouquet à un piton qui y est chevillé à cet effet; passant ensuite dans une poulie au bout de la vergue, elles reviennent dans une autre, aiguilletée au chouquet au-dessous du dormant; de là elles se dirigent le long du beaupré, pour s'amarrer sur le gaillard-d'avant à un des chevillots de tournage.

Lorsqu'elles sont en simple, elles se fixent directement sur chaque bout de la vergue, passent dans la poulie du chouquet, et viennent, comme les précédentes, le long du beaupré s'amarrer sur l'avant du gaillard-d'avant. Cette dernière manière est la plus usitée.

Garnir la vergue de civadière.

Avant d'élever la vergue de civadière, on place dessus, et dans l'ordre suivant, les manœuvres que nous venons de décrire : d'abord le racage, qui doit se trouver au milieu de la vergue; puis, à chaque extrémité, les marche-pieds, les bras, ou leurs poulies, s'ils sont en double, et enfin les balancines. Au tiers environ du bout de la vergue, on frappe deux cosses, à un ou deux pieds de distance l'une de l'autre, dans lesquelles doivent passer respectivement les deux haubans de chaque côté du bout-dehors de foc. Ces cosses devant être placées dans le sens de la longueur de la vergue, sont estropées au moyen de deux estropes mises à côté l'une de l'autre, de manière à former deux branches qui s'aiguillettent au-dessous de la vergue.

Agrès de la fausse vergue de civadière.

Cette vergue, lorsqu'on la grée, ce qui est fort rare aujourd'hui (1), s'adapte au bout-dehors du beaupré, sous lequel elle est maintenue par un racage semblable à celui d'une vergue de perroquet. Un petit palan qui lui sert de drisse, et dont la poulie inférieure est frappée au milieu de la vergue, et l'autre au capelage du bout-de-hors, donne la faculté de faire parcourir à cette vergue toute la partie saillante du bout-dehors. Elle est en outre garnie, comme la civadière, de marchepieds, de bras, et de balancines.

Les bras, toujours simples, après avoir été capelés au bout de la vergue, passent chacun de leur côté dans une cosse ou une petite poulie frappée au collet de l'étai de misaine, un peu au-dessus de la poulie des bras de la vergue de civadière ; ils descendent ensuite pour s'a-marrer au bas du premier hauban. Les balancines, égale-lement simples, passent chacune dans une cosse adaptée

(1) On pourrait néanmoins embarquer cette vergue pour servir de rechange aux vergues de perroquet.

entre l'œillet de capelage des haubans du bout-dehors de beaupré, afin de s'amarrer sur le gaillard-d'avant à côté des balancines de la vergue de civadière.

Nota. Les filières d'envergures ayant été considérées comme faisant partie des cordages des voiles, quoiqu'elles soient fixées d'avance sur les vergues, ont été décrites au chapitre suivant, à l'article des *basses voiles.*

CHAPITRE IV.

DES AGRÈS OU CORDAGES DES VOILES.

Il y a deux sortes de voiles : les voiles carrées, et les voiles en pointes, dites aussi voiles latines ou auriques (1).

Les voiles carrées sont distinguées entre elles par la dénomination de basses voiles, de huniers, de perroquets et de cacatois, selon les mâts ou les vergues qui les portent.

Chacune de ces voiles a la forme d'un trapèze régulier, dont le plus petit côté parallèle tient à la vergue, et s'appelle têtière ou envergure ; les côtés inclinés pren-

(1) D'après M. Willaumez, les voiles latines sont celles qui n'ont que trois ralingues, telles que les focs et quelques voiles d'étai ; et les voiles auriques celles qui en ont quatre, comme la brigantine et la plupart des voiles d'étai.

nent le nom de chûte , nom que l'on donne aussi à la hauteur de la voile quand elle est déployée. La base du trapèze ou le plus grand côté , au lieu d'être en ligne droite , forme un arc rentrant, dit échancrure, dont la flèche est entre la dixième et la quinzième partie de la hauteur totale de la voile.

Les bonnettes sont également comprises sous la dénomination générique de voiles carrées.

Les voiles latines ou auriques sont celles que l'on place dans le sens de la longueur du bâtiment, et que l'on désigne sous la dénomination de voiles d'étai, de foc, d'artimon et de brigantine.

Les voiles d'étai ont la forme d'un trapèze irrégulier dont les côtés parallèles se placent verticalement : le côté qui est vers l'avant et tient au mât , se nomme chûte d'avant; l'autre prend le nom de chûte d'arrière. Le côté supérieur, par lequel la voile est hissée, s'appelle têtière, envergure ou guindant, et le côté inférieur bordure ; ce dernier est souvent en arc saillant.

Ces voiles sont adaptées entre les mâts , soit aux étais, soit à des cordages appelés drailles , sur lesquels elles courent au moyen de bagues en fer , ou en bois , fixées de distance en distance sur la têtière (1).

Celles, de ces voiles qui sont placées entre le mât de misaine et le grand mât, prennent le nom de voiles d'étai du grand mât, et celles placées entre le grand mât et le mât d'artimon , le nom de voiles d'étai d'artimon.

---

(1) Quelques marins suppriment les anneaux ou bagues de foc , et les remplacent par un transfilage un peu lâche, fait avec un mince filin à demi usé.

Les focs ont à-peu-près la forme d'un triangle rectangle, dont l'hypoténuse est la têtière, le côté vertical la chûte, et le troisième côté, qui est aussi en arc saillant, la bordure de la voile (*).

Ils se placent entre le mât de misaine et le beaupré de la même manière que les voiles d'étai, au moyen de bagues ou anneaux, qui leur permettent de courir sur les drailles ou étais, toutes les fois qu'on les hisse ou qu'on les amène.

L'artimon diffère peu de la grande voile d'étai, c'est-à-dire, qu'il a la forme d'un trapèze irrégulier. La brigantine a celle d'un quadrilatère, et par conséquent n'a point de côtés parallèles. Les côtés de l'une et de l'autre de ces voiles prennent, d'ailleurs, les mêmes dénominations que ceux des voiles d'étai.

Toutes les voiles carrées et latines sont garnies de cordages très flexibles, appelés ralingues, que l'on coud tout autour des voiles, tant pour les empêcher de déchirer, que pour supporter les efforts des diverses manœuvres au moyen desquelles ces voiles doivent être exposées ou soustraites à l'action du vent.

Les ralingues forment, aux angles de la voile, des œillets destinés à fixer les cordages qui servent à la retenir et la manœuvrer. Ces œillets se nomment points ; ceux qui sont formés aux extrémités de la ralingue de têtière des voiles carrées, et auxquels on adapte une cosse, se nomment points d'envergure ou seulement empointures ; les autres sont nommés points de bordure,

____

(*) Aujourd'hui, ce côté est taillé en ligne droite comme les autres côtés; il en est de même aux voiles d'étai.

d'écoute ou d'amure, du nom des manœuvres qui y sont adaptées.

Aux voiles d'étai, le point supérieur de la ralingue de têtière s'appelle point de drisse, et l'inférieur point d'amure; mais pour distinguer ce dernier du point formé par la ralingue de chûte d'avant et la ralingue de bordure, lequel prend aussi le nom de point d'amure, on le désigne sous celui de point supérieur d'amure. Le point formé par la ralingue de bordure et par la ralingue de chûte d'arrière, se nomme point d'écoute.

Pour adapter aux voiles les divers cordages qui doivent les faire mouvoir, on forme encore, sur les ralingues de chûte et de bordure, de petits œillets appelés pattes ou herseaux. Chacun d'eux prend la dénomination de la manœuvre qui y est fixée, et se fait au moyen d'un toron qui, après avoir passé entre ceux de la ralingue, est tordu sur lui-même en forme d'estrope d'aviron.

On ne poussera pas plus avant la description des différentes parties dont se composent les voiles, cette description appartenant essentiellement à l'art de la voilerie, et il suffit pour l'intelligence de ce qui doit suivre d'avoir fait connaître le nom de celles de ces parties auxquelles les cordages ou manœuvres doivent être adaptés.

Ces cordages se distinguent par l'effet particulier qu'ils sont destinés à produire : ceux qui servent à élever les voiles sont nommés drisses. Les drisses des voiles carrées sont fixées, ainsi qu'on l'a dit au troisième chapitre, sur les vergues auxquelles ces voiles sont attachées; mais

les drisses des voiles d'étai et des focs le sont directement au point de drisse de la voile.

Les cordages qui servent à déployer et à étendre les
voiles par leur côté inférieur sont les *écoutes*, les
amures et les *boulines*; ces dernières ne s'appliquent
qu'aux voiles carrées.

Enfin, les cordages employés à reployer les voiles en
tout ou en partie, afin de les soustraire à l'action du
vent, sont appelés, suivant leur destination, *cargues*,
palanquins et *hale-bas*.

Il convient d'observer que les palanquins sont spé-
cialement affectés aux huniers, et que les halebas le sont
aux voiles d'étai et aux focs, parce que ces dernières
voiles, n'étant pas dans des positions à pouvoir s'abaisser d'elles-mêmes par leur propre poids, ont besoin du
secours de ces manœuvres pour être amenées entièrement.

SECTION PREMIERE.

AGRÈS DES BASSES VOILES.

Les basses voiles sont la grande voile et la misaine;
chacune d'elles est enverguée par sa ralingue de têtière (1), au moyen d'une filière formée par deux cordages

---

(1) Appelée aussi ralingue de faix.

capelés à chaque bout de la vergue, et qui, après avoir été réunis et roidis au milieu de celle-ci par un aiguilletage, sont retenus sur la partie supérieure de la vergue, soit par des crampes, soit par des gances en cuir clouées de deux pieds en deux pieds (1). La têtière de la voile est ensuite fixée sur cette filière, à chaque œil-de-pie, par des amarrages en fil de carret ou en bitord.

Les empointures ou points d'envergure supportant l'effort des ralingues de chûte, sont fixés d'une manière plus solide par des cordages, appelés rabans d'empointure, que l'on applique en double en pliant chaque raban sur lui-même et en épissant l'un de ses bouts à la moitié environ de la longueur du cordage. On passe ensuite le pli du raban dans la cosse du point d'envergure, et repassant le bout simple dans ce pli de l'autre côté de la voile, on forme ainsi une sorte de nœud coulant qui retient le raban à la ralingue.

Les empointures sont fixées de chaque côté et à égale distance du bout de la vergue, par trois ou quatre tours bien souqués que l'on fait, avec chaque raban, de la cosse d'empointure au ton de la vergue, de manière à roidir fortement la ralingue de têtière; on fait ensuite un pareil nombre de tours à la vergue directement au-dessus de la cosse, et on les bride au premier taquet de la vergue avec le restant du raban dont on arrête le bout par deux demi-clefs.

(1) Les clous, et surtout les crampes, faisant tort aux vergues, le réglement a défendu l'usage des filières; en conséquence, l'on doit enverguer la voile au moyen de rabans comme on les enverguait autrefois; mais ce réglement est encore peu suivi.

Écoutes des basses voiles.

Les écoutes sont des cordages qui servent à étendre les voiles et à les assujettir par en-bas, soit sur les vergues des voiles inférieures, soit sur le côté du bâtiment; elles sont ordinairement mises en double aux basses voiles des grands bâtiments, et sont commises en grelin (1).

Les écoutes de la grande voile font dormant, chacune de leur côté, à un piton placé en dehors du bâtiment, en avant des porte-haubans d'artimon; elles passent de là dans une poulie simple fixée au point d'écoute de la voile, puis, rentrant dans l'intérieur du bâtiment, un peu en avant du premier hauban d'artimon, elles traversent la muraille du gaillard-d'arrière sur un rouet adapté à cet effet, et s'amarrent à un taquet à oreille fixé contre le bord.

Sur les vaisseaux et les frégates, on frappe quelquefois, en arrière de chacun des porte-haubans d'artimon, une grosse poulie dont l'estrope est assez longue pour s'étendre jusqu'à l'avant du porte-haubans, sur le bord duquel elle est d'ailleurs retenue au moyen d'un support en fer. Chaque écoute, après avoir traversé la poulie du point de la voile, passe alors dans celle du

(1) Dans les parages où les coups de vent ne sont pas fréquens, la plupart des bâtimens mettent les écoutes et les amures en simple, et alors une seule de ces manœuvres fixée par son milieu au point d'écoute sert, de chaque côté, d'amure et d'écoute. Il est inutile de dire que l'on retire dans ce cas les poulies qui sont sur le point de la voile, excepté celle de la cargue-point.

porte-hauban et rentre dans le bord par un rouet, ou un trou garni de plomb, à travers la muraille du gaillard.

Les écoutes de la misaine font dormant à un piton ou boucle de fer placée, de l'un et de l'autre côté du bâtiment, en avant des grands porte-haubans ; elles passent ensuite dans la poulie qui est au point d'écoute de la voile, et de là dans l'intérieur du bâtiment au moyen d'un clan pratiqué un peu en avant du dormant de l'écoute.

Ces manœuvres sont garnies en bitord sur une partie de leur longueur, afin d'être préservées du frottement des bas-haubans qu'elles touchent à chaque instant (1).

Amures des basses voiles.

On appelle amures les cordages qui, lorsque le vent est oblique à la route, servent à haler et à fixer l'un des points inférieurs des basses voiles du côté du vent. Les amures sur les grands bâtiments sont, comme les écoutes, appliquées en double, quelquefois en simple, et commises en grelin.

Celles de la grande voile font dormant de chaque côté à un piton, ou une boucle de fer, placé en dehors du bord et un peu en arrière du porte-hauban de misaine, passent dans une poulie qui est au point de la voile, et

____

(1) On fait passer quelquefois le courant de ces écoutes dans la batterie supérieure, au moyen d'un clan adapté dans la muraille, afin de pouvoir border les basses voiles sans faire monter les hommes sur les gaillards.

de là dans une espèce de chaumard à rouet, appelé dogue d'amure, chevillé au-dessus du dormant; elles rentrent ensuite dans le bâtiment en passant sur un rouet encastré dans l'épaisseur de la muraille, de manière qu'on puisse les manœuvrer de dessus les passe-avants. Enfin, on amarre ces manœuvres à un fort taquet à corne placé près de la serre-gouttière, à peu de distance de l'ouverture par laquelle elles sont rentrées.

Dans la plupart des bâtiments de guerre, afin de ne pas laisser d'intervalles dans le bastingage, on supprime le dogue d'amure, et on le remplace par une poulie aiguilletée, de chaque côté en dedans du bord, sur la serre-gouttière du passe-avant (1). On fixe alors le dormant de l'amure sur un piton placé un peu en avant de cette poulie, dans laquelle on fait passer l'autre double de l'amure.

A bord des petits bâtiments, les amures étant presque toujours en simple, sont fixées dans le point d'écoute de la voile par un cul-de-porc double qu'on fait à l'une de leurs extrémités; elles passent ensuite dans le dogue d'amure, qui souvent n'est percé que d'un trou sans rouet, et rentrent dans l'intérieur du bâtiment par-dessus le plat-bord.

Les amures de la misaine font dormant sur l'extrémité des minots, pièces de bois qui font saillies en dehors de la poulaine du bâtiment. Chacune d'elles passe ensuite dans la poulie d'amure de la voile, revient dans une

(1) Ou plutôt on fait un trou à travers le passe-avant, pour y introduire l'estrope de la poulie, et l'aiguilleter à un fort piton à boucle qui y correspond sur la muraille de la batterie.

poulie à talon frappée ou encoquée sur le minot, en dedans du dormant, et, se dirigeant sur le gaillard-d'avant,
vient s'amarrer à un fort taquet à corne, cloué vers le
pied du mât de misaine.

Les minots, appelés aussi porte-lofs et pistolets, sont
assujettis, par leurs extrémités extérieures, au corps du
bâtiment par deux cordages qui prennent la dénomination de haubans de minot. L'un est croché à une boucle
chevillée dans la joue du bâtiment à la hauteur, environ,
des courbes appelées dauphins, et l'autre à la même
hauteur à une autre boucle chevillée dans le taille-mer.
Ces haubans sont garnis, à chacune de leurs extrémités
supérieures, d'un cap de mouton ou d'une cosse qui,
avec un autre cap de mouton, ou une cosse fixée sur le
bout extérieur du minot, sert, au moyen d'une ride, à
leur donner la tension convenable (1).

Poulies d'écoutes et d'amures.

Ces poulies, qui, de chaque côté de la voile, servent
au passage de l'écoute et de l'amure, sont fixées aux
bouts d'une estrope un peu longue que l'on plie ensuite
en deux branches d'inégale longueur ; faisant alors un
amarrage à peu de distance du pli, on forme un œillet
que l'on fait passer dans le point de la voile, et que l'on
arrête au moyen d'un burin en bois destiné à recevoir

(1) D'après le système de M. Willaumez, les minots devraient être
formés par un prolongement des bossoirs amincis à cet effet. Beaucoup
de petits bâtimens les ont ainsi depuis long-temps.

l'estrope et conséquemment les poulies qui y sont adaptées.

Lorsque l'amure est en simple, le point d'écoute ne devant porter qu'une seule poulie, on fait passer ce point de la voile dans l'œillet formé par l'estrope de la poulie, et on l'y retient au moyen du cul-de-porc de l'amure qui empêche également l'estrope de se dépasser.

Des boulines de basses voiles.

Les boulines sont des cordages destinés à haler la voile en avant, par l'une de ses ralingues de chûte, afin de la mieux disposer à recevoir le vent (1) lorsque le bâtiment fait route au plus près. Elles ne sont affectées qu'aux voiles carrées et sont fixées de chaque côté, sur les ralingues de chûte, à trois herseaux ou pattes placés à égale distance les uns des autres.

A cet effet, on fixe aux deux herseaux supérieurs, par des nœuds dits de bouline, les extrémités d'un court cordage que l'on fait d'abord passer dans une cosse estropée sur un autre cordage de même longueur. Ce dernier, après avoir passé lui-même dans une cosse fixée sur le bout de la bouline proprement dite, est frappé sur le herseau inférieur de la ralingue, de manière qu'en halant sur la bouline, on hale également la voile par les trois points où les herseaux sont placés. Les deux courts cordages qui y sont fixés prennent le nom de branches de boulines.

____

(1) En lui faisant faire un angle plus aigu avec la quille.

Les boulines de la grande voile se dirigent dans une poulie coupée, ou galoche, frappée sur le milieu du pont en avant du mât de misaine, et s'amarrent, soit à un taquet, soit à une cheville de tournage. La bouline qui n'est pas employée prend momentanément la dénomination de bouline de revers (1).

La grande voile des grands bâtiments exigeant pour être orientée un effort assez considérable, a ordinairement ses boulines en double; en conséquence, la branche qui s'adapte au herseau inférieur, au lieu de passer dans une cosse estropée à l'extrémité de la bouline, passe dans celle d'une poulie que traverse cette manœuvre, dont le dormant se fait alors sur le pont à peu de distance de la poulie coupée. Chaque fois que la bouline n'est pas employée, on la dépasse de la poulie de la voile.

Les boulines de la misaine sont toujours en simple et passent dans une poulie frappée sur le beaupré, entre l'estrope de moque de la première sous-barbe et l'estrope des caps-de-mouton des haubans de beaupré; se dirigeant ensuite le long de ce mât, elles viennent s'amarrer sur le gaillard-d'avant.

Des cargues des basses voiles.

Les cargues pour les voiles carrées se subdivisent en cargues-points, cargues-fonds, cargues-boulines et fausses cargues.

(1) La dénomination de boulines de revers est générale pour toutes les boulines qui, momentanément, ne sont pas employées à orienter les voiles; telles sont, en un mot, toutes les boulines de dessous le vent.

Les cargues-points sont celles qui servent à relever ou à carguer les points d'écoute sur l'arrière de la voile. Elles sont au nombre de deux pour chaque basse voile. Chacune d'elles se compose d'un cordage qui fait dormant à peu de distance du milieu de la vergue, et passe à l'arrière de la voile dans une poulie qui lui est affectée sur la vergue, chaque cargue se dirige le long du premier hauban du bas-mât jusque sur le pont, où, après l'avoir fait passer dans une poulie fixée sur la serre-gouttière, on l'amarre au-dessus à un chevillot de tournage.

Les cargues-fonds sont destinées à élever le fond de la voile sur l'avant de la vergue. Les basses voiles des grands bâtiments en ont deux de chaque côté, distinguées entre elles par la dénomination de cargue-d'en-dehors et de cargue-d'en-dedans ; les basses voiles des petits bâtiments n'en ont qu'une. Chacune de ces cargues est fixée par un nœud de bouline aux herseaux pratiqués à cet effet sur la ralingue de fond, passe d'abord en avant de la voile dans la poulie qui lui est destinée sur la vergue, et ensuite dans une poulie simple frappée sur l'un des traversins de l'avant de la hune ; de là elle descend le long du grand mât jusque sur le pont, où on l'amarre après l'avoir fait passer dans les poulies de retour ou de marionnettes placées au pied et à l'arrière de ce mât (1).

---

(1) Les deux cargues-fonds, du même côté, sont remplacées quelquefois par un seul cordage qui, passant d'abord sur l'un des deux rouets d'une poulie à violon, forme deux branches que l'on fait passer respectivement dans les poulies de cargues-fonds, et que l'on fixe sur

Les cargues-boulines sont celles au moyen desquelles on cargue les côtés de la voile en approchant de la vergue les ralingues de chûte ; elles sont en nombre égal à celui des cargues-fonds, et prennent comme celles-ci la dénomination de cargues-boulines d'en-dehors et d'en-dedans. La première cargue d'un côté est fixée par un nœud de bouline sur un herseau placé vers le milieu de la ralingue de chûte, et la deuxième sur le herseau du milieu des branches de boulines. Chacune d'elles ayant passé en avant de la voile dans la poulie qui lui est affectée, traverse une poulie simple frappée près de celle des cargues-fonds, et descend sur le pont, où sa direction est changée de verticale en horizontale au moyen des

les herseaux de la ralingue de fonds. Sur le second rouet de la poulie à violon est passé un autre cordage qui, pour la grande voile, fait dormant sur le pont, en arrière du mât de misaine, et revient ensuite dans une poulie de retour fixée près du dormant ; ce qui donne l'avantage de pouvoir, sans confusion, employer les hommes du gaillard-d'avant à carguer cette voile.

On peut aussi n'employer qu'une seule cargue-fonds de chaque côté aux basses voiles des grands bâtimens, en la gréant de la manière suivante :

Cette cargue fait dormant sur la ralingue de fond au herseau destiné à la cargue-fond d'en-dehors ; de là elle vient passer dans une cosse estropée à l'extrémité d'un bout de cordage de 6 pouces de longueur environ, dont l'autre extrémité est frappée au herseau de la cargue d'en-dedans ; elle remonte ensuite dans une poulie de retour, frappée sous la hune, d'où elle descend sur le pont. Il convient d'observer que, pour la misaine, la cargue doit passer de l'avant à l'arrière dans la poulie de la hune ; tandis que, pour la grande voile, elle doit passer de l'arrière à l'avant, afin d'aboutir sur le gaillard-d'avant. On voit, par cette installation, que l'on peut supprimer les poulies de cargues-fonds estropées sur la vergue, et carguer la voile jusqu'à ce que la toile touche la hune.

poulies deretour placées au pied du mât. On les amarre ensuite comme les précédentes , à des taquets de tournage cloués à proximité. Lorsqu'il n'y a qu'une seule cargue-bouline de chaque côté, elle se fixe sur le herseau du milieu de la ralingue de chûte (1).

La grande voile des vaisseaux et des frégates, étant d'une étendue considérable, ne serait pas suffisamment carguée par l'effet des seules cargues qu'on vient de décrire, et laisserait encore beaucoup de prise au vent, si l'on n'y ajoutait d'autres cargues ou égorgeoirs. Celles-ci font dormant sur la vergue de chaque côté du mât, au milieu de l'intervalle qui sépare les poulies de cargues-fonds ; se dirigeant ensuite en avant de la voile et en dessous de la ralingue de fond, elles remontent en arrière et passent chacune dans une poulie simple frappée sur la vergue près de leur dormant; de là elles descendent sur le pont, où on les amarre comme les autres cargues.

Les cargues étant passées d'avance dans leurs poulies, servent de la manière suivante à élever la basse voile qu'on veut enverguer.

____

(1) Au lieu de mettre les cargues-boulines en simple , quelques marins préfèrent les adapter en double. A cet effet , chaque cargue-bouline doit faire dormant sur la vergue , en arrière de la voile , à une distance de l'empointure égale à celle de cette empointure au point de la ralingue de chûte. Là , doit être une cosse dans laquelle on fait passer la cargue, afin de faire revenir cette manœuvre en avant de la voile, dans une poulie frappée sur la ralingue de fond à l'endroit qui correspond au dormant ; la cargue remonte ensuite dans la poulie frappée sous la hune , et descend au pied du mât pour s'y amarrer.

Enverguer une basse voile.

Cette voile, pliée ordinairement en rouleau, la têtière en dessus, se place sur le pont en avant et en travers du mât auquel elle appartient et s'élonge, autant que l'espace le permet, dans le sens qu'elle doit avoir sur la vergue ; la déroulant ensuite jusqu'à la ralingue de bordure, l'on affale toutes les cargues et on les frappe aux différents herseaux qui leur sont affectés, ayant soin en outre de passer les cargues-points, les amures et les écoutes, dans leurs poulies respectives.

On rapproche alors la ralingue de fond de la ralingue de têtière, et on les retient momentanément ensemble par les cargues que l'on genope sur la ralingue de têtière, en sorte que la voile se trouve comme carguée et ne laisse que peu de prise au vent. On frappe ensuite sur chaque empointure un cartahu passé dans une poulie fixée au bout de la vergue, et qui sert à y porter cette partie de la voile.

Ces dispositions terminées, on fait peser en même temps sur les cartahus et sur les cargues jusqu'à ce que la ralingue de têtière soit rendue dans toute sa longueur à la vergue. Alors les matelots se préparent à la fixer sur la filière de la vergue, et coupent à cet effet les genopes qui retiennent les cargues ; mais comme il est nécessaire que la ralingue soit bien tendue, on la fixe d'abord par une de ses extrémités sur la vergue, puis, à l'aide d'un palan croché sur l'autre, on la roidit autant qu'il est nécessaire, en faisant en sorte que chaque empointure se trouve à égale distance du bout de la vergue ; on fixe enfin les empointures et la têtière, et l'on défrappe les cartahus.

La voile étant carguée, s'il devient nécessaire de la soustraire au vent, on la serre pli à pli contre et sur l'avant de la vergue en laissant le moins de toile possible vers les extrémités, et, la réduisant ainsi à son plus petit volume, on la maintient dans cette situation au moyen de plusieurs cordages tressés qui, par quatre ou cinq tours bien souqués, embrassent à la fois la voile et la vergue. Cette opération s'appelle serrer la voile.

Ces cordages tressés, appelés rabans de ferlage, peuvent avoir un ou deux pouces de largeur, sont fixés soit sur la vergue, soit sur sa filière, par un nœud coulant formé en passant l'un des bouts du raban dans un œillet pratiqué à cet effet à l'autre bout. Ils sont au nombre de 6 à 8 répartis sur la vergue à distances égales. Lorsque la voile est déployée, chaque raban est raccourci par des demi-nœuds qui forment comme une espèce de chaîne qu'on laisse pendre en avant de la voile (1).

(1) Les rabans de ferlage sont remplacés aujourd'hui, sur beaucoup de bâtimens de guerre, par de courts bouts de sangle de 2 ou 3 pouces de largeur, qui, étant fixés par leur milieu sur la filière de la vergue, forment deux branches dont l'une, à l'extrémité de laquelle est un anneau en fer, tombe en arrière de la voile, et l'autre en avant. Lorsqu'il faut serrer la voile, on fait passer la branche de l'avant dans l'anneau de la branche de l'arrière, et l'on souque comme sur une courroie, pour resserrer étroitement la toile contre la vergue ; après quoi l'on engage le surplus de la tresse dans le tour qu'elle fait sur la vergue, de manière à ce qu'il ne puisse se desserrer.

SECTION IIe

AGRÈS DES HUNIERS.

On appelle huniers les voiles que supportent les mâts de hune ; on comprend aussi dans cette dénomination le perroquet de fougue, c'est-à-dire la voile que supporte la vergue du mât de hune d'artimon.

Les huniers étant envergués comme les basses voiles au moyen de filières et de rabans d'empointures, se déploient de même et se replient également à l'aide d'écoutes, de boulines et de cargues, auxquelles il faut ajouter les palanquins. Les huniers ont aussi des rabans de ferlage qui servent à les retenir serrés contre la vergue, et de plus une espèce d'arraignée, ou patte d'oie en tresse, fixée par ses branches sur la filière de la vergue, et qui, passant de l'arrière sur l'avant de la voile, lorsqu'elle est serrée, vient se fixer sur l'itague de drisse, afin de retenir le paquet de toile formé au milieu de la vergue.

Écoutes de huniers.

Ces écoutes s'adaptent, soit en double, soit en sim-

ple. Les écoutes doubles font dormant au bout de la vergue, au moyen d'un nœud de bouline, passent chacune
dans une poulie estropée par l'œillet même du point
de la voile, et se dirigent successivement dans la poulie
du bout de la vergue, et dans celle frappée sous le milieu
de cette vergue ; descendant ensuite en avant du mât,
elles passent dans les bittons, sur la tête desquels on
les amarre. Les écoutes simples sont fixées aux points
de la voile par un cul-de-porc, et se dirigent du reste
comme les précédentes. On peut d'ailleurs adopter indif-
féremment l'une ou l'autre installation, car s'il faut un
moindre effort pour border la voile avec des écoutes doubles qu'avec des simples, on conçoit qu'il en faut un
plus grand pour la carguer, et ce n'est guère que d'un
beau temps, ou lorsque l'on vient au mouillage, qu'on
peut obvier à ce dernier inconvénient en larguant le dormant de l'écoute, qui alors se dépasse promptement de
la poulie de la voile.

Quant à l'écoute simple, elle a l'avantage de s'alléger plus facilement dans les poulies, et de donner plus
de facilité pour abraquer le mou ; mais, d'un autre côté,
il faut plus de monde pour faire joindre les points au
bout de la vergue, et l'on n'y parvient ordinairement
qu'à l'aide d'un palan frappé momentanément sur les
écoutes (1).

---

(1) Aujourd'hui, sur beaucoup de bâtimens de commerce anglais, les écoutes des huniers sont formées de chaînes de fer ; elles ont
alors assez de longueur pour aboutir, lorsque le hunier est hissé, jusqu'à 5 à 6 pieds du pont, sur un palan qui y est fixé et qui sert à manœuvrer l'écoute.

Boulines de huniers.

Les boulines de huniers se frappent comme celles des basses voiles, au moyen de trois branches fixées sur des herseaux que l'on place à égales distances les uns des autres, depuis le milieu environ de chaque ralingue de chûte jusqu'à plusieurs pieds au-dessus du point d'écoute de la voile.

Les boulines du grand hunier passent, chacune de leur côté, dans une poulie simple frappée au-dessus du trelingage du mât de misaine, sur le hauban le plus en arrière de ce mât, ou bien sur son chouquet. Descendant ensuite le long de ce hauban, elles se dirigent dans une poulie de retour placée sur la serre-gouttière, et s'amarrent au-dessus de cette poulie, à un des chevillots de tournage des manœuvres (1).

Les boulines du petit hunier passant chacune dans une poulie qui est fixée sur le chouquet du beaupré, et, prolongeant ensuite ce mât, elles viennent de chaque côté, sur le gaillard-d'avant, s'amarrer à côté des boulines de misaine. On peut également les faire passer dans la poulie qui sert à l'étai du petit mât de hune, laquelle alors doit être à trois rouets ; mais si de cette manière elles sont mieux disposées pour orienter la voile, elles ont aussi l'inconvénient de fatiguer le bout-dehors de beaupré qui, lorsque les focs sont dehors, éprouve déjà un effort assez considérable.

(1) D'après le système de M. Willaumez, les boulines du grand hunier devraient passer dans des clans un peu déviés, pratiqués au bout des élongis du mât de misaine.

Les boulines du perroquet de fougue se dirigent dans les mêmes poulies doubles où sont passés les bras de la vergue de cette voile, ou bien dans une poulie fixée à la jonction du trélingage et du hauban de l'arrière du grand mât et s'amarrent près d'eux à un cabillot de tournage.

Cargues de huniers.

Les cargues de huniers se composent, comme celles des basses voiles, de cargues-points, de cargues-boulines et de cargues-fonds.

Les cargues-points font dormant sur la vergue de hune à l'arrière de la voile, et, passant chacune dans une poulie frappée à cet effet sur le point d'écoute, remontent dans celle qui est frappée sur la vergue près du dormant; descendant ensuite le long du deuxième hauban du bas-mât, en traversant le trou-du-chat, elles passent dans la poulie de retour fixée sur la serre-gouttière, et s'amarrent à un chevillot placé au-dessus de cette poulie.

Les cargues-fonds sont au nombre de deux pour chaque hunier. Chacune d'elles se frappe par un nœud de bouline, à un herseau placé au milieu de chaque moitié de la ralingue du fond, et passe en avant de la voile, dans la poulie qui lui est affectée sur la vergue ; se dirigeant ensuite dans une poulie double fixée de chaque côté sur l'avant des barres de perroquet, chaque cargue descend le long du bas-mât, en traversant le trou-du-chat, et passe enfin dans une marionnette ou une poulie de retour du pied de ce mât, au-dessus de laquelle on l'amarre à un chevillot de tournage.

Les cargues-fonds du perroquet de fougue ; dirigées comme celles des huniers , descendent le long des haubans d'artimon , au bas desquels elles s'amarrent après avoir passé dans une des poulies de retour aiguilletées à la serre-gouttière.

Sur les petits bâtimens, on se dispense quelquefois de faire remonter les cargues-fonds jusqu'aux barres de perroquet ; dans ce cas , on les fait passer dans les poulies à chapeau dont nous avons parlé au chapitre des vergues , et de là elles descendent sur le pont.

Les cargues-boulines sont aussi au nombre de deux : chacune d'elles se frappe sur le herseau supérieur des branches de boulines , passe en avant de la voile dans la poulie qui lui est affectée sur la vergue , et successsivement dans la poulie double des barres de perroquet que traverse déjà la cargue-fond ; descendant ensuite sur le pont , elle traverse une marionnette au pied du mât , et s'amarre au-dessus à un chevillot de tournage.

Des itagues et palanquins de ris.

Avant de parler de ces manœuvres , il convient de faire connaître ce qu'on entend par ris. Les ris sont d'étroites bandes de toile cousues dans toute la largeur des voiles, et parallèlement à la têtière , afin de les fortifier dans l'endroit où passent de menus cordages en tresse, appelés garcettes , qui ont pour objet de reployer sur la vergue la partie de la voile qu'on veut soustraire à l'action du vent.

Les huniers des grands bâtiments ont ordinairement

quatre bandes de ris, espacées entre elles d'un huitième, environ, de la hauteur de la voile ; chacune de ces bandes est percée d'œils-de-pie, dans lesquels on fait passer les garcettes que l'on arrête par le milieu, au moyen de deux nœuds faits au ras de la toile, de l'un et l'autre côté. Les extrémités de ces bandes devant se fixer sur la vergue, de la même manière que les points d'envergure, ont aussi, sur les ralingues de chûte, des herseaux garnis de cosses auxquels on fixe des rabans dits d'empointure de ris, absolument pareils à ceux d'envergure.

Lorsqu'on veut prendre des ris aux huniers, c'est-à-dire, serrer une partie quelconque de la voile, on se sert de cordages appelés palanquins, lesquels sont destinés à rapprocher de la vergue les empointures de ris. Le palanquin de chaque côté se compose ordinairement d'une itague qui fait dormant, par un nœud de bouline, à un herseau placé sur la ralingue de chûte, immédiatement au-dessous de celui affecté au ris inférieur ; l'autre extrémité de l'itague, après avoir passé dans un clan pratiqué au bout de la vergue et dans la baraquette, ou poulie vierge, fixée entre le premier et le deuxième hauban du mât de hune, aboutit à un petit palan que l'on croche dessus et qui est fixé par sa poulie inférieure au ton du bas-mât. Le garant de ce palan, descendant par le trou du chat le long du deuxième hauban, passe dans une poulie de retour de la serre-gouttière, et s'amarre au-dessus à un chevillot de tournage.

Sur quelques bâtiments, au lieu de se servir d'itagues, on estrope une poulie simple dans la ralingue même du hunier, et on y passe un cordage qui, alors, faisant dormant au bout de la vergue , passe dans le clau de cette vergue , et revient dans la baraquette , afin de descendre ensuite sur le pont (1).

Les manœuvres des huniers sont , comme celles des basses-vergues , passées d'avance dans les poulies de la vergue , et elles y sont arrêtées par un nœud fait à l'une de leurs extrémités jusqu'à ce qu'on envergue les huniers.

Enverguer un hunier.

Le hunier qu'on veut enverguer et qu'on suppose sortir de la voilerie , où il est roulé sur lui-même dans le sens de sa hauteur, est d'abord plié sur le pont en trois ou quatre doubles , afin de former un paquet qu'on saisit au milieu avec un élingue ; puis on l'élève jusqu'à la hune au moyen de sa drisse, dont, à cet effet, on a genopé l'itague à un point quelconque, de manière que la poulie supérieure soit au moins à la hauteur du chouquet du bas-mât. La poulie inférieure de la drisse étant crochée sur l'élingue qui entoure le hunier , l'on frappe sur l'estrope de cette poulie un cartahu qui , étant roidi à quelque distance sur l'arrière du mât , sert à faire parer le hunier

(1) L'une et l'autre installation des palanquins ayant l'inconvénient d'empêcher que le hunier ne s'amène facilement, M. Willaumez fait passer différemment ses manœuvres ; il place en-dessous et au bout de la vergue une poulie simple dans laquelle passe l'itague du palanquin ; ce cordage arrive, en se prolongeant, dans une poulie double qui remplace la poulie simple de la cargue-point, et se fixe à un palan croché sur la vergue, près du racage : le garant du palan descend e - suite sur le pont, au pied du mât.

des élongis, et à le mettre sur l'avant de la hune; là, le déployant autant qu'il est possible dans le sens où il doit être envergué, l'on frappe d'abord les itagues des palanquins sur les herseaux à ce destinés, et on les genope ensuite sur les points d'envergure, tandis que d'autres matelots dégagent les ralingues de fond et de chûte, et y frappent les cargues qu'ils genopent sur la ralingue de têtière, aux points qui correspondent à-peu-près aux poulies de la vergue. Les points inférieurs étant également dégagés des plis de la voile, on y fixe les écoutes, et il ne reste plus, après avoir passé les branches inférieures des boulines dans les cosses des boulines proprement dites, qu'à peser en même temps sur les palanquins et sur les cargues pour étendre la têtière le long de la vergue, et la fixer ainsi qu'il a été expliqué pour les basses-voiles. Cette opération, exigeant une certaine précision, est ordinairement confiée aux meilleurs matelots.

Le hunier étant envergué, on le serre en le pliant sur sa vergue et en pressant la toile avec les rabans de ferlage, comme on l'a dit à l'article des basses-voiles (*).

SECTION IIIe.

DES AGRÈS DE PERROQUET ET DE CACATOIS.

On désigne par la dénomination de perroquets, les

____

(*) Presque généralement aujourd'hui, on ne hisse plus les huniers en paquet comme on vient de le dire; on les élève de dessus le pont,

voiles placées sur les vergues que supportent les mâts de perroquet. On les distingue entre elles par les noms de grand perroquet, de petit perroquet, et de perruche.

Chaque perroquet s'envergue de la même manière que les autres voiles carrées, au moyen de filières fixées d'avance sur la vergue, et de rabans, dits d'empointure, qui fixent les angles supérieurs.

Les manœuvres nécessaires pour les exposer ou les soustraire à l'action du vent, se composent d'écoutes, de boulines, de cargues-points, et de cargues-fonds.

Écoutes de perroquet.

Ces écoutes sont ordinairement en simple; elles se frappent sur chaque point inférieur de la voile au moyen d'un nœud d'écoute, et passent chacune, soit dans un clan pratiqué à l'extrémité de la vergue, soit dans une poulie qu'on y a encoquée ou aiguilletée à cet effet; se prolongeant ensuite au-dessous de la vergue, elles se rendent dans la poulie double de cargue-point ou dans

---

ainsi qu'on l'a décrit pour les basses-voiles, ou plutôt on les hisse par le milieu au moyen de leurs cargues-fonds, dont les poulies sont fixées aux barres de perroquet, ou bien d'un cartahu qui les remplace : de cette sorte, les deux parties de hunier se doublent, et lorsque le milieu est arrivé près des barres, on porte les doubles de chaque côté jusqu'au bout de la vergue, en amenant à mesure les cargues afin qu'on puisse étendre, le long de la vergue, le hunier qui reste toujours empaqueté. Alors on fixe les empointures et la ralingue de têtière sur la vergue, et l'on achève l'opération en frappant les autres cargues, les écoutes et les palanquins, sur les herseaux qui leur sont destinés.

une poulie simple qu'on frappe à côté vers le racage. Elles se dirigent ensuite par le trou-du-chat, le long du troisième hauban du bas-mât, dans une poulie de retour fixée sur la serre-gouttière, et s'amarrent à un chevillot de tournage au-dessus de cette poulie.

Des cargues de perroquet.

Ces cargues se composent de deux cargues-points et d'une cargue-fond.

Les cargues-points diffèrent de celles des huniers, en ce qu'elles sont en simple ; elles se frappent chacune aux points d'écoutes, passent en arrière de la voile dans les poulies qui leur sont destinées sous la vergue, et descendent le long du troisième hauban du bas-mât, afin de s'amarrer à côté des écoutes de perroquet.

Quant à la cargue-fond, elle est à patte d'oie, c'est-à-dire qu'elle est terminée à l'une de ses extrémités par de courtes branches que l'on frappe sur des herseaux placés au milieu environ de chaque moitié de la ralingue de fond. L'autre extrémité passe, en avant de la voile, dans une cosse ou une poulie fixée au milieu de la vergue, et se dirigeant ensuite dans une petite poulie aiguilletée au capelage du mât de perroquet, descend sur le pont le long d'un des bas-haubans.

Des boulines de perroquet.

Ces boulines, comme celles des huniers, se fixent au

moyen de cosses, sur des branches frappées aux pattes des ralingues de chûte de la voile.

Les boulines du grand perroquet se dirigent chacune dans une poulie fixée, soit au chouquet, soit aux barres du petit mât de perroquet, et, descendant le long des bas-haubans du mât de misaine, s'amarrent près des boulines du grand hunier sur un chevillot de tournage.

Les boulines du petit perroquet passent dans une poulie ou une cosse fixée au capelage du bout-dehors du foc, et, se prolongeant le long de ce mât, viennent s'amarrer sur le gaillard-d'avant, près des boulines du petit hunier.

Les boulines de perruche passent dans une poulie frappée au hauban arrière du grand mât de hune, au-dessus du trelingage, et, descendant jusque sur le pont, s'amarrent au bas des haubans du grand mât, près des boulines du perroquet de fougue.

Ainsi que nous l'avons dit au chapitre précédent, on place dans les beaux temps, au-dessus des vergues de perroquet, d'autres vergues appelées de cacatois; les voiles qui y sont enverguées prennent la même dénomination et se manœuvrent comme les perroquets, au moyen d'écoutes, de cargues et de boulines.

Les écoutes de cacatois, fixées comme celles de perroquet, aux points inférieurs de la voile, passent chacune dans un clan pratiqué à chaque extrémité des vergues de perroquet, et successivement dans la poulie de cargue-point de perroquet, qui, à cet effet, est double; elles descendent de là jusque dans la hune, où on les amarre.

Les cargues-points, seules cargues affectées aux caca-

tois, passent de la même manière que celles de perroquet, et s'amarrent aussi dans la hune à côté des
écoutes.

Enfin les boulines, après avoir été fixées sur les ralingues de chûte de leurs voiles respectives, se dirigent
comme les bras des vergues de cacatois, et s'amarrent
dans les hunes. Il faut en excepter cependant les boulines du petit cacatois, qui se dirigent sur l'extrémité
de la flèche du bout-dehors de foc.

Sur les bâtimens où l'on supprime les balancines
et les bras des vergues de cacatois, on supprime également les boulines et les cargues de ces voiles, qui prennent alors le nom de perroquets volans. Dans ce cas,
les écoutes sont remplacées par un bout de quaranténier
ou de ligne, au moyen duquel les points inférieurs de
la voile sont fixés sur les extrémités des vergues de perroquet.

On soustrait les perroquets volans à l'action du vent
en les amenant, soit momentanément en avant des
perroquets, soit entièrement dans les hunes ou sur le
pont, après avoir, à cet effet, défrappé leurs points
d'écoutes.

Cette installation, au reste, peut très-bien convenir
lorsque le bâtiment court vent arrière ou vent largue,
parce qu'alors ces voiles s'orientent d'elles-mêmes par
la seule impulsion du vent ; mais comme il n'en est pas
de même lorsque le bâtiment court au plus près, il en
résulte qu'on est contraint de les amener, ce qui n'a
pas lieu lorsqu'elles sont garnies de leurs manœuvres.

Au-dessus des cacatois et sur la flèche des mâts de ce
nom, beaucoup de bâtimens de guerre ont encore une

petite voile appelée papillon, qu'on peut mettre dehors de très-beau temps et de vent largue. Ces voiles sont fixées sur une vergue dont la drisse passe dans un clan au-dessous de la pomme, et s'orientent, du reste, comme les perroquets volans.

SECTION IV⁰.

DES BONNETTES ET DE LEURS AGRÈS.

Les bonnettes sont de petites voiles quadrangulaires qui s'apparcillent à côté des voiles carrées, afin d'aug-menter la surface de ces dernières, lorsque le bâtiment court largue ou vent arrière.

On les distingue par la dénomination générique des voiles auxquelles elles appartiennent : ainsi, on appelle bonnettes basses celles qui se placent aux côtés verti-caux de la grande voile et de la misaine ; bonnettes de hunier, de perroquet ou de cacatois, celles qui se pla-cent aux côtés des huniers, des perroquets et des caca-tois.

Bonnettes basses.

Chacune des bonnettes basses s'envergue à moitié par la ralingue de têtière, sur une petite vergue au milieu de laquelle on frappe une drisse. Cette drisse, après avoir passé sur le rouet de l'extrémité du bout-dehors de la basse vergue, traverse une poulie fixée soit au chouquet du bas-mât, soit à l'extrémité d'un pendeur frappé au capelage du mât de hune, et, descendant ensuite dans une poulie de retour fixée sur le pont, vient s'amarrer au pied du mât.

La partie non enverguée de la ralingue de têtière est retenue par une autre drisse frappée au point intérieur de cette ralingue, et qui, après avoir passé successivement dans une poulie aiguilletée vers l'extrémité de la basse vergue, et dans une autre poulie placée plus en dedans, vient, comme la précédente, s'amarrer au pied du mât. La première de ces drisses s'appelle *drisse d'en-dehors*, et la deuxième *drisse d'en-dedans*; toutes deux servent à fixer la têtière de la bonnette tendue le long du bout-dehors, que l'on pousse à cet effet de manière qu'il déborde la vergue de toute la largeur de la bonnette.

La ralingue de fond est assujétie au moyen d'une espèce de vergue, appelée arc-boutant ferré, qui est crochée par l'un de ses bouts à l'extrémité d'une latte de fer percée, tenant à l'avant du porte-hauban. Cette vergue est maintenue dans la direction du bout-dehors par un cordage capelé ou aiguilleté au milieu, et formant deux branches ou bras, que l'on fixe au corps du bâtiment, l'un en avant, l'autre en arrière. Un autre cordage, frappé au même point que ces bras, passe dans une poulie aiguilletée au chouquet du bas-mât, et, descendant sur le pont, sert de balancine à l'arc-boutant.

Les extrémités de la ralingue du fond de la bonnette

sont fixées sur la vergue par deux cordages, dont l'un, appelé l'amure, est frappé sur l'extrémité extérieure de cette ralingue, et, passant dans une poulie aiguilletée au bout de l'arc-boutant, revient par dessus le plat bord s'amarrer en dedans du bâtiment. L'autre cordage ou l'écoute, étant frappé par son milieu sur l'extrémité intérieure de la ralingue de bordure, forme deux branches qui s'amarrent en dedans du bord, l'une en avant, l'autre en arrière de la bonnette.

Lorsqu'on ne fait pas usage des bonnettes basses, les arcs-boutans ferrés sont retenus le long des porte-haubans, au moyen d'un demi-cercle en fer adapté à l'arrière de chaque porte-hauban.

Ces arcs-boutans formant, comme on le voit, un appareil assez compliqué, beaucoup de marins les suppriment, et y suppléent par une vergue sur laquelle on fixe les deux tiers de la ralingue de fond, et qu'on retient sur l'arrière par un cordage appelé patte-d'oie. Ce cordage, fixé par une cosse sur un autre cordage court, dont les bouts sont frappés aux extrémités de la vergue de bonnette, rentre dans le bord en traversant la muraille, et vient s'amarrer au-dessus du pont.

Comme dans l'installation précédente, la bonnette porte aussi une écoute double qui sert à la fixer au bâtiment et à la rentrer dans l'intérieur lorsqu'on veut l'amener ; on fait cette dernière opération en filant les drisses, celle d'en-dehors la première, et en embraquant à mesure sur les ralingues de chûte, afin que la voile ne traîne pas le long du bord.

Une autre manœuvre, appelée *lève-nez*, est fixée sur le milieu de la vergue inférieure, et descendant sur le pont, en passant dans une poulie frappée sur la vergue supérieure, elle sert efficacement à replier la voile sur elle-même, et à élever la vergue aussi haut qu'il est nécessaire.

La bonnette étant amenée sur le pont, on défrappe ses manœuvres, et, après l'avoir serrée pli à pli contre sa vergue, afin qu'elle n'ait que le moins d'encombrement possible, on la place ordinairement sur la drome, ou bien on la saisit au premier hauban de misaine ou contre le mât.

Lorsqu'il vente bon frais, on est souvent obligé, pour maintenir les bouts-dehors des bonnettes basses, de frapper à leurs extrémités extérieures un cordage qui les appelle sur l'arrière, en sens contraire de l'effort de la bonnette. Ce cordage se dirige sur l'arrière au travers de la muraille, ou d'une galoche appliquée sur le plat-bord, et s'amarre bien roide en dedans du bord. Ce cordage prend le nom de bras de bout-dehors.

Quelquefois, pour plus de sûreté, on fixe encore à l'extrémité du bout-dehors un autre cordage qu'on fait passer dans une poulie aiguilletée au ton du bas-mât, ou à celui du mât de hune, et qui, en descendant sur le pont, sert ainsi de balancine et de soutien au bout-dehors dans le sens vertical.

Bonnettes de hunier, de perroquet et de cacatois.

Les bonnettes de hunier, de perroquet et de cacatois, qu'on désigne souvent par la dénomination générale de bonnettes hautes, s'enverguent chacune, par leur ralingue de têtière, sur une petite vergue, au milieu de laquelle on frappe une drisse qui sert à les hisser.

Chaque drisse de bonnette de hunier, passant à cet effet dans une poulie fixée au bout de la vergue, et successivement dans une autre poulie placée au chouquet du mât de hune, descend ensuite sur le pont, où on l'amarre.

Les drisses des bonnettes de perroquet et de cacatois sont passées de la même manière que les précédentes, mais elles ne descendent que dans la hune.

Les bonnettes hautes étant hissées, leurs ralingues de bordure sont étendues sur les bouts-dehors des vergues inférieures, au moyen d'une amure et d'une écoute ; l'amure porte le point extérieur à l'extrémité du bout-dehors, et l'écoute fixe le point intérieur vers le bout de la vergue.

Les amures étant frappées passent chacune, soit dans une poulie, soit dans un clan pratiqué à l'extrémité des bouts-dehors, et se dirigent ensuite de la manière suivante :

Les amures des bonnettes du grand hunier se rendent de chaque côté vers l'arrière du bâtiment, et, traversant la muraille près du couronnement, s'amarrent en dedans du bord à un taquet. Il en est de même des bonnettes du perroquet de fougue.

Les amures des bonnettes du petit hunier traversent, en avant des haubans du grand mât, soit la muraille du bâtiment, soit une galoche adaptée sur le plat-bord, et s'amarrent, comme les précédentes, à un taquet cloué contre le bord.

Les amures des bonnettes de perroquet, après avoir

passé dans le clan du bout-dehors, se dirigent ordinairement dans les hunes, où elles sont amarrées.

Les écoutes des bonnettes des huniers se composent d'un cordage qui est appliqué en double au point de la voile. L'un des doubles ou branches de ce cordage passe dans une poulie frappée vers l'extrémité de la vergue du bas-mât, et se rend ensuite, soit dans la hune, soit sur le pont; l'autre s'y rend sans l'intermédiaire d'une poulie, afin de pouvoir y ramener la voile lorsqu'on la hale bas : à cet effet, on abraque cette dernière branche, et l'on file la première ainsi que la drisse de la voile.

Les écoutes des bonnettes de perroquet et de cacatois sont, comme les amures, des cordages simples qui, étant fixés aux points d'écoutes, descendent directement dans les hunes ou sur le pont, et servent en même temps de hale-bas. Il suffit en effet de les abraquer et de filer l'amure et la drisse pour que ces bonnettes descendent, soit dans les hunes, soit sur le pont, où on les dépose.

Lorsque la direction ou la force du vent ne permet plus de mettre dehors les bonnettes, leurs drisses et leurs amures en sont défrappées. Les drisses s'amarrent alors par le bout défrappé, sur un des haubans de bas-mât ou de mât de hune, et les amures se rouent, soit aux extrémités des vergues, soit au milieu, où elles sont saisies par des amarrages en bitord. Il est inutile de dire qu'on rentre aussi les bouts-dehors.

On ajoute souvent aux bonnettes de hunier une espèce de hale-bas qui sert à les amener sur leurs bouts-dehors et à les y retenir comme carguées. A cet effet, le cordage, après avoir fait dormant au bout extérieur de la vergue de bonnette, passe dans un ou deux margouillets frappés sur la ralingue d'en-dehors de la voile, et, traversant une poulie aiguilletée au point d'amure de la bonnette, il se dirige et s'amarre, soit dans la hune, soit sur le pont.

SECTION V^e.

AGRÈS DES VOILES D'ÉTAI DU GRAND MAT.

Les voiles d'étai du grand mât, c'est-à-dire celles qui sont placées entre le grand mât et le mât de misaine, sont la pouillouse, la grande voile d'étai, la contre-voile d'étai et la voile d'étai de perroquet. Chacune de ces voiles se manœuvre au moyen d'une drisse, d'un hale-bas, et de deux écoutes.

Pouillouse.

La pouillouse est tenue sur une draille fixée au ton du grand mât, et qui, après avoir passé, soit dans une poulie, soit dans une cosse aiguilletée au mât de misaine, à un ou deux pieds au-dessus du grand étai, descend et se roidit sur le pont, à un piton placé au pied du mât (*).

(*) M. l'amiral Willaumez donne le nom de grande voile d'étai à celle connue sous le nom de pouillouse, et de voile d'étai de hune à la grande voile d'étai. Nous avons désigné ces voiles par leurs anciens noms, afin de nous conformer à l'usage encore suivi.

Le point d'amure supérieur se fixe par un aiguilletage à l'estrope de la poulie dans laquelle passe la draille, et le point inférieur, sur le piton qui sert à la
roidir.

La drisse de cette voile est un cordage qui fait dormant d'un côté au ton du grand mât, et qui, passant
successivement dans une poulie estropée ou crochée au
point de drisse de la voile, et dans une autre poulie aiguilletée au collet du grand étai, descend et s'amarre
sur le pont à tribord du mât.

Le hale-bas se frappe également sur le point de drisse
de la voile, et, après avoir passé dans les bagues ou
anneaux de la ralingue d'envergure, il se rend dans
une poulie aiguilletée au point supérieur d'amure, d'où
il se dirige ensuite sur le pont (1).

Tous les hale-bas des voiles d'étai étant passés et se
dirigeant comme ceux de la pouillouse, on s'abtiendra
d'en parler aux articles suivans.

L'écoute consiste ordinairement en un palan qui se
croche au point d'écoute de la voile, et ensuite, par sa
poulie inférieure, à une boucle placée sur la serre-
gouttière, en avant des grands haubans.

A bord des bâtiments du commerce, la pouillouse se
grée souvent, soit sur l'étai, soit sur le faux étai; et comme on y fait un fréquent usage de cette voile, elle y reste
constamment enverguée, ce qui n'a pas lieu sur les bâti-

---

(1) Il semble préférable de ne faire passer les hale-bas que dans deux
cosses ou bagues supplémentaires, frappées sur la ralingue de têtière,
à distances égales entre le point d'amure et celui de drisse, parce
qu'alors ils ne peuvent s'engager entre la ralingue et la draille, ce qui
a souvent lieu quand ils sont passés de la manière ordinaire.

ments de guerre, attendu qu'on ne l'envergue ordinairement que lorsqu'il y a apparence d'un coup de vent. Lorsque la voile est amenée, on la ramasse en paquet dans un filet suspendu momentanément sous l'étai ou sous la draille.

Grande voile d'étai.

On désigne par cette dénomination, la voile adaptée au faux étai du grand mât de hune.

Le point supérieur d'amure de cette voile est fixé par un aiguilletage sur le collier du faux étai, et son point inférieur, soit au mât de misaine, soit, du côté du vent, au deuxième hauban du bas-mât. On se sert, dans ce dernier cas, d'un cordage qui, étant appliqué par son milieu sur le point de la voile, forme deux branches dont chacune passe dans une poulie ou une cosse aiguilletée sur le deuxième hauban, de chaque côté, et descend ensuite sur le pont.

La drisse est simple ou double, suivant la volonté de l'agréeur. Dans le premier cas, elle se frappe sur le point de drisse de la voile, passe à tribord dans une galoche ou une poulie aiguilletée ou capelée au ton du grand mât de hune, et descend, du même côté, dans une poulie de retour fixée au pied du grand mât, au-dessus de laquelle on l'amarre.

Dans le deuxième cas, la drisse fait dormant sur le collet de l'étai du grand mât de hune, et, en passant successivement dans une poulie aiguilletée au point de drisse de la voile et dans la galoche ou la poulie fixée au ton du mât, elle se dirige comme la première.

Les écoutes sont ordinairement en double ; elles se composent d'un cordage appelé pendeur d'écoute, lequel, étant fixé par son milieu au point d'écoute de la voile, forme deux branches qui se dirigent de chaque côté du bâtiment. Au bout de chacune de ces branches, on estrope une poulie simple dans laquelle passe un autre cordage plus mince, qui fait dormant contre le bord, en avant des grands haubans, et s'amarre près du dormant à un taquet cloué à proximité.

La grande voile d'étai porte aussi une cargue qui sert à la soustraire momentanément au vent, sans qu'on soit obligé de l'amener. Cette cargue, fixée par son milieu au point d'écoute, ou un peu plus haut sur la ralingue de chûte, passe de chaque côté de la voile, dans des poulies frappées au collier du faux étai, et descend ensuite sur le pont, au pied du mât.

On serre cette voile à l'arrière du mât en la pliant le long de la ralingue d'amure, sur laquelle on la retient par des amarrages en fil de carret ou en bitord. Souvent aussi, on la ramasse en paquet sur les branches de trelingage (1).

Contre-voile d'étai.

La contre-voile d'étai est celle qui se place immédiatement au-dessus de la grande voile d'étai. Elle se grée

(1) Sur quelques bâtimens, on envergue la grande voile d'étai sur une corne établie au moyen d'un mâtereau élevé derrière le mât de misaine ; un des bouts de ce mâtereau repose sur le pont, et l'autre est retenu entre les élongis. La corne est assujettie à ce mâtereau, comme celle du mât d'artimon, par des drisses qui la retiennent dans l'inclinaison convenable.

sur une draille qui est capelée au moyen d'un grand œillet, au ton du grand mât de hune. Ce cordage, après
avoir enfilé tous les anneaux de la têtière de la voile, se
dirige dans une poulie fixée à un collier ou racage mobile,
passé au petit mât de hune, et sur lequel est aiguilleté le
point d'amure supérieur de la voile; se dirigeant ensuite
dans une poulie frappée aux barres de perroquet, la draille
redescend en arrière du mât de hune, et se fixe à un palan
croché dans la hune, et dont le garant descend sur le
pont, de sorte qu'en halant sur le garant, on fait monter
en même temps, le long du mât de hune, le collier et la
draille, et par conséquent la voile qui y est fixée.

Cette draille peut encore s'installer de la manière
suivante : fixant l'un des bouts de la draille sur le collier mobile que nous venons d'indiquer, on fait passer
l'autre bout dans une poulie, ou dans une galoche, aiguilletée au ton du petit mât de hune en dessous des
haubans, et on le fait descendre ensuite sur le pont, où
on l'amarre au pied du mât. Dans ce dernier cas, le collier monte au moyen d'un petit palan formé par une
poulie aiguilletée au collier, et par une autre poulie aiguilletée aux barres de perroquet. Il descend, dans tous
les cas, par le propre poids de la voile, lorsqu'on largue
la draille et le palan.

Au lieu de faire monter la draille le long du mât de
hune, on peut aussi la faire monter le long d'un gros
cordage qui, étant aiguilleté aux barres de perroquet à
l'arrière du mât de hune, se ride sur le chouquet du
bas-mât. A cet effet, on substitue au collier une poulie
qui, au moyen d'une cosse dont son estrope est garnie,

court librement sur le cordage que l'on désigne sous la dénomination de mât de corde.

La drisse est fixée sur le point de drisse de la voile, et se dirige sur les barres du grand mât de perroquet dans une poulie aiguilletée, à tribord, au-dessous du capelage des haubans; de là, elle descend du même côté sur le pont, afin de s'amarrer au pied du grand mât, comme la drisse de la grande voile d'étai.

L'amure consiste en un petit cordage, qui, étant fixé par son milieu sur le point d'amure inférieur de la voile, forme deux branches qui passent, chacune, dans une cosse frappée sur le premier hauban, de chaque côté du petit mât de hune, et descendent ensuite dans la hune, où elles s'amarrent.

Quelquefois cette manœuvre se fixe par son extrémité sur le point de la voile, et, passant dans une cosse ou une poulie fixée sur le chouquet, elle vient s'amarrer dans la hune.

Les écoutes se composent, chacune, d'un cordage fixé par son milieu sur le point d'écoute de la voile, de manière à former deux branches qu'on fait descendre et qu'on amarre sur le pont à côté des écoutes de la grande voile d'étai.

Lorsqu'on ne veut amener que momentanément la contre-voile d'étai, on se contente de la haler-bas, le long de la draille à laquelle elle reste suspendue, près du petit mât de hune; dans le cas contraire, on l'amène jusqu'à l'arrière du mât de misaine, en filant la draille, et on la serre contre cette partie du mât, en l'y transfilant avec ses écoutes.

Fausse voile d'étai.

Cette voile s'adapte au-dessus de la contre-voile d'é-
tai, et court le long d'une draille qui, étant fixée par
l'une de ses extrémités au capelage du grand mât de
perroquet, passe ensuite dans une poulie aiguilletée au
chouquet du mât du petit perroquet, et descend dans la
hune de misaine, où on la roidit (*).

La drisse, après avoir été fixée sur le point de drisse
de la voile, passe dans une poulie aiguilletée à tribord,
au capelage du grand mât de perroquet, et elle descend
ensuite sur le pont, où elle s'amarre au pied du grand
mât.

L'amure consiste, comme celle de la contre-voile d'é-
tai, en un cordage fixé, par son milieu, au point d'a-
mure inférieur de la voile, et dont les branches passent,
chacune, dans une poulie ou une cosse aiguilletée, de
chaque côté et en dessous du trelingage, sur le premier
hauban du petit mât de hune. Elles descendent ensuite
dans la hune, où on les amarre.

Les écoutes se composent du même cordage, formant
deux branches, lesquelles passent de chaque côté de l'é-
tai, et viennent s'amarrer contre le bord, un peu en
avant du grand mât.

La fausse voile d'étai étant amenée, on la serre
comme la précédente, contre le ton du petit mât de
hune.

(*) D'après M. Willaumez, on devrait supprimer cette voile, attendu
qu'elle couvre la contre-voile d'étai; de ces deux voiles, il préfère
n'en faire qu'une et l'enverguer sur une corne.

Voile d'étai de perroquet.

La voile d'étai de perroquet se place au-dessus de la fausse voile d'étai, au moyen d'une draille qu'on fixe au capelage du grand mât de perroquet ; et cette draille descend dans la hune de misaine, en passant successivement dans une poulie aiguilletée à un collier mobile adapté au petit mât de perroquet, et dans une autre poulie frappée au capelage du même mât (1).

La drisse de cette voile passe dans une poulie aiguilletée au capelage du grand mât de perroquet, du côté opposé à celle qui sert à la drisse de la fausse voile d'étai, et descendant ensuite sur le pont, elle s'amarre, près cette dernière, à l'arrière du grand mât.

L'amure consiste en un menu cordage, qui, du point d'amure inférieur de la voile, passe dans une cosse ou une poulie aiguilletée au chouquet du petit mât de perroquet, et elle vient s'amarrer dans la hune.

Les écoutes sont, comme celles de la fausse voile d'étai, composées d'un cordage formant deux branches qui descendent et s'amarrent sur le pont.

La voile d'étai de perroquet se serre comme la fausse voile d'étai, en arrière du ton du petit mât de hune ; et, à cet effet, on file la draille, afin que le collier puisse descendre jusqu'au chouquet de ce mât.

(1) Souvent l'étai de perroquet sert lui-même de draille à la voile.

Voile d'étai de cacatois.

Au-dessus de la voile d'étai de perroquet, sur les bâtiments de guerre, on adapte souvent une autre petite voile, appelée voile d'étai de cacatois; celle-ci ne tient point à une draille, et s'installe au moyen d'une drisse qui, se dirigeant dans une petite poulie ou une cosse aiguilletée, soit à l'extrémité de la flèche du grand mât de perroquet, soit à la tête du mât de cacatois, descend ensuite dans la hune, ou sur le pont. Le point d'amure supérieur de cette voile est fixé, soit à la flèche du perroquet, soit au mât de cacatois, par un menu cordage qui descend et vient s'amarrer dans la hune en passant dans une cosse aiguilletée à l'extrémité de la flèche.

Le point d'amure inférieur se fixe, comme celui d'écoute, par un cordage formant deux branches qui se rendent dans la hune, mais dont l'une passe préalablement dans une cosse aiguilletée au capelage du petit mât de perroquet.

Enfin, le point d'écoute porte aussi deux écoutes composées d'un seul cordage, formant deux branches qui descendent dans la grande hune.

Lorsqu'on veut amener la voile d'étai de cacatois, on file la drisse, les écoutes et la branche de l'amure dirigée dans la cosse du chouquet, et l'on abraque sur l'autre branche qui, alors, sert à ramener la voile dans la hune de misaine, où elle reste ployée, jusqu'à ce qu'on veuille de nouveau en faire usage.

SECTION VIe.

AGRÈS DES VOILES D'ÉTAI DU MAT D'ARTIMON.

Les voiles d'étai du mât d'artimon, c'est-à-dire celles qui sont placées entre ce mât et le grand mât, se composent de la voile d'étai d'artimon, dite *foc d'artimon*, du diablotin, de la fausse voile d'étai de perroquet de fougue, et de la voile d'étai de perruche.

De la voile d'étai d'artimon, dite foc d'artimon.

Cette voile s'envergue sur une draille à demeure, dont une extrémité se capelle ou s'aiguillette au ton du mât d'artimon; l'autre extrémité passe dans la cosse d'une estrope aiguilletée au grand mât, soit à quelques pieds au-dessus de l'étai, soit immédiatement au-dessous, et descend ensuite sur le pont, afin d'être fixée sur un piton placé à l'arrière du mât.

La drisse de cette voile est presque toujours en double; elle fait dormant à babord, au capelage des haubans d'artimon, et passe dans une poulie aiguilletée ou crochée au point de drisse de la voile; se dirigeant ensuite dans une autre poulie aiguilletée à tribord, au capelage des mêmes haubans, elle descend le long du premier hauban, et, passant dans une poulie de retour de la serre-gouttière, elle vient s'amarrer sur le pont à un chevillot, ou à un taquet de tournage.

Lorsque cette drisse est simple, elle se frappe directement sur le point de drisse de la voile, passe dans la poulie aiguilletée à tribord, au capelage des haubans, et vient s'amarrer sur le pont comme la précédente.

L'écoute consiste en un cordage qui, étant plié sur lui-même à peu de distance de l'une de ses extrémités, forme, par un amarrage fait sur les doubles ou branches, un œillet au moyen duquel on l'aiguillette au point d'écoute.

Lorsqu'on veut border la voile, on fait passer la branche la plus longue de cette écoute dans une poulie aiguilletée à la muraille du bâtiment, un peu en avant des haubans d'artimon ; puis, la faisant revenir dans une cosse adaptée à l'extrémité de l'autre branche, on la roidit jusqu'à ce que la voile soit convenablement tendue. On l'amarre ensuite à un taquet cloué à proximité ; ou bien on lui fait faire plusieurs demi-clefs sur les doubles ou branches de l'écoute.

Les amures se composent, chacune, d'un menu cordage fixé aux points d'amure de la voile, et au moyen duquel on aiguillette ces points, de manière que la ralingue de chûte soit bien tendue le long du grand mât.

Lorsque la draille de la voile d'étai d'artimon est installée au-dessus de l'étai, il est nécessaire d'adapter à cette voile une cargue qui sert non-seulement à la carguer, mais même, dans les virements de bord, à faire passer son point d'écoute par-dessus l'étai. En conséquence, cette cargue, fixée, d'abord, sur le point d'écoute, passe dans une poulie aiguilletée au collier de la draille, et, descendant sur le pont, elle vient s'amarrer près du hale-bas.

Diablotin.

Le diablotin est la voile qui court le long du faux étai du mât de perroquet de fougue.

La drisse se compose d'un cordage frappé au point de drisse de la voile, lequel, après avoir passé dans une poulie ou dans une galoche fixée à bâbord, au ton du mât de perroquet de fougue, descend sur le pont, le long des haubans d'artimon, et vient s'amarrer sur un taquet de tournage.

L'écoute est un cordage fixé, par son milieu, au point d'écoute de la voile, et qui forme deux branches que l'on amarre de l'un et de l'autre côté à la muraille du bâtiment, un peu en avant des haubans d'artimon.

L'amure du point supérieur de la ralingue de chûte consiste, comme celle des autres voiles d'étai, en un bout de quaranténier avec lequel on aiguillette ce point d'amure au collier, ou à l'estrope qui sert à fixer la draille sur le mât.

L'amure du point inférieur de la même ralingue se compose, comme celle de la contre-voile d'étai, d'un cordage dont les doubles ou branches passent de chaque côté, au-dessous du point d'amure, dans une cosse fixée au deuxième hauban du grand mât (1).

Fausse voile d'étai du mât de perroquet de fougue.

Cette voile s'envergue, comme la contre-voile d'étai

---

(1) Quand la grande voile d'étai est installée, conformément à la note précédente, le diablotin s'installe de la même manière à l'arrière du grand mât.

du grand mât, sur une draille qui, étant fixée par un bout au mât de perroquet de fougue, se dirige dans une poulie estropée à un collier qui monte et descend à volonté le long du grand mât de hune. Cette draille, après avoir remonté dans une poulie aiguilletée aux élongis de perroquet, descend sur le pont, et s'amarre au pied du grand mât.

On pourrait également faire passer cette draille comme on l'a indiqué pour la draille de la contre-voile d'étai.

Les écoutes consistent, comme les précédentes, en un cordage formant deux branches, qui descendent de l'un et de l'autre côté sur le pont, et s'amarrent un peu en avant des haubans d'artimon.

Les amures s'installent absolument de la même manière que celles de la contre-voile d'étai.

La drisse passe dans une petite poulie aiguilletée à tribord, au ton du mât de perroquet de fougue, et descend ensuite sur le pont le long des haubans d'artimon.

Enfin, cette voile se serre, comme la contre-voile d'étai du grand mât, le long du ton de ce mât.

Voile d'étai de perruche.

Cette voile se place au-dessus de la fausse voile d'étai de perrroquet de fougue, sur une draille fixée, soit à l'extrémité de la flèche du mât de perruche, soit au capelage du mât de cacatois qui remplace cette flèche. La draille passe ensuite dans une cosse ou dans une poulie aiguilletée au chouquet du grand mât de perroquet , et descend de là dans la hune, où elle est roidie et amarrée (1).

La drisse, les écoutes et les amures de cette voile, sont frappés comme celles de la fausse voile d'étai du grand mât de hune, et servent de la même manière, soit à orienter la voile soit à l'amener en arrière du ton du grand mât de hune, où on la serre.

SECTION VIIe.

DES FOCS.

Les focs se composent communément du petit foc, du grand foc et du clin-foc; cependant, les bâtiments de guerre en ajoutent quelquefois deux autres, dont l'un porte le nom de faux-foc, et l'autre celui de trinquette ou tourmentin. Ce dernier, dont on ne fait usage que dans les mauvais temps, s'envergue sur l'étai de misaine (2).

Du petit foc.

Le petit foc s'adapte sur le faux étai du petit mât de hune.

(1) Souvent l'étai de perruche tient lieu de draille à la voile d'étai de perruche.

(2) M. Willaumez ajoute encore deux autres focs, dont l'un porte le nom de foc védette ou volant, et l'autre de foc en l'air. Ce suplément de focs n'est point encore admis par les réglemens.

La drisse de ce foc est ordinairement en simple. Cette manœuvre, fixée sur le point de drisse de la voile, se dirige à babord, dans une poulie ou une galoche placée au-dessous du capelage des haubans du petit mât de hune ; elle descend ensuite sur le pont, un peu en arrière des haubans de misaine, et passe dans une poulie de retour aiguilletée sur la serre-gouttière.

Les écoutes consistent en un cordage fixé par son milieu sur le point d'écoute de la voile, et forment deux branches qui passent, l'une à tribord et l'autre à babord de l'étai de misaine. Ces branches se dirigent ensuite dans des poulies aiguilletées contre le bord, en avant des haubans de misaine, et s'amarrent à des taquets cloués à proximité.

L'amure n'est autre chose qu'un bout de quaranténier, au moyen duquel on aiguillette le point d'amure de la voile sur la draille et au ras du beaupré.

Enfin, le hale-bas, après avoir passé successivement dans les bagues ou anneaux fixés sur la ralingue d'envergure, et dans une poulie aiguilletée au point d'amure de la voile, prolonge le beaupré et vient s'amarrer sur l'avant du bâtiment.

Du grand foc.

Le grand foc est tenu sur une draille fixée à un grand anneau de fer, appelé rocambeau, qui monte et descend le long du bout-dehors de beaupré.

A cet effet, la draille étant d'abord fixée au capelage du petit mât de hune, passe sur un rouet en fer adapté au rocambeau ; puis, se dirigeant vers l'extrémité du bout-dehors, dans un clan qui y est pratiqué, revient en dessous se frapper sur un palan dont la poulie inférieure est crochée à l'étrave près du beaupré. Le garant de ce palan se prolonge jusqu'en dedans du bâtiment, afin qu'on puisse roidir la draille, qui fait alors avancer le rocambeau vers l'extrémité du bout-dehors.

Un autre cordage, appelé hale-à-bord, que l'on aiguillette au rocambeau, sert, en se rendant sur le pont, à le faire revenir près du chouquet du beaupré.

La draille, au lieu de faire dormant à la tête du petit mât de hune, peut se fixer sur le rocambeau, à une espèce d'anneau qui y est adapté : l'autre bout de la draille passe alors dans une poulie ou galoche aiguilletée au petit mât de hune, au-dessous du capelage des haubans, et descend ensuite sur le pont, où on la roidit convenablement. On fait avancer le rocambeau sur le bout-dehors, au moyen d'un autre cordage, appelé amure, qui, étant fixé par deux demi-clefs sur ce rocambeau, passe dans le clan du bout-dehors, afin d'aboutir ensuite à un palan croché, comme dans le cas précédent, sur l'étrave du bâtiment près du beaupré.

Quelle que soit la manière dont la draille est passée, le point d'amure du foc est toujours fixé sur le rocambeau, à chaque côté duquel on adapte souvent un cordage qu'on fait passer dans une cosse aiguilletée sur la vergue de civadière, et qui vient aboutir à un palan croché sur la muraille, un peu en avant du bossoir. Ce cordage, qu'on peut appeler hauban de foc, suit tous les mouvemens du rocambeau, et contribue puissamment à assujettir le bout-dehors, en le retenant directement au point où se transmet l'effort de la voile.

La drisse du grand foc est presque toujours en double sur les grands bâtiments, et en simple sur les petits. La drisse double fait dormant à babord au ton du petit mât de hune, et passe successivement dans une poulie estropée ou crochée au point de drisse de la voile, et dans une autre poulie ou dans une galoche aiguilletée à tribord du même mât, au-dessus du capelage. Elle se dirige, de là, dans une poulie de retour fixée sur le pont, en arrière des haubans de misaine, et s'amarre au-dessus de cette poulie, à un chevillot ou un taquet de tournage.

La drisse en simple, au lieu de faire dormant au ton du petit mât de hune, se fixe immédiatement sur le point de drisse de la voile, et se dirige, du reste, comme la précédente.

Le hale-bas n'offre rien de particulier : il vient s'amarrer sur l'avant du bâtiment, après avoir passé dans une poulie aiguilletée au rocambeau du bâton de foc.

Les écoutes du grand foc diffèrent de celles du petit foc, en ce qu'elles sont à pendeurs comme les écoutes de la grande voile d'étai ; chacune des écoutes, proprement dites, fait dormant un peu en arrière du bossoir, et, après avoir passé dans la poulie de son pendeur, revient dans une poulie aiguilletée, près de celle qui sert à l'écoute du petit foc.

Lorsqu'on veut amener momentanément le grand foc, on le fait ordinairement au moyen de son hale-bas et sans toucher à sa draille. Le foc reste alors suspendu par son point d'amure et par ses écoutes, au-dessous du bout-dehors ; mais, pour peu que le vent soit fort, on exposerait cette voile à se déchirer, si l'on ne se hâtait de la ramasser à mesure qu'elle baisse. Dans ce cas, on file la draille et l'on ramène le rocambeau sur le chouquet, afin que le foc puisse être plié dans le filet de garde-corps (1). Quelquefois aussi on serre ce foc sur le bout-dehors, ce qu'on fait sans filer la draille, en étendant la toile pli à pli, depuis le rocambeau jusqu'au chouquet du beaupré, et en l'entourant de plusieurs tours d'un raban.

Du clin-foc.

Le clin-foc se grée au moyen d'une draille qui, étant fixée sous le capelage du petit mât de perroquet, passe, comme la draille du grand foc, dans un rocambeau qui court sur la flèche du mât de foc, ou à défaut, sur le bout-dehors du clin-foc ; passant ensuite dans un clan pratiqué à l'extrémité du bout-dehors, la draille se prolonge le long du beaupré, jusque sur l'avant du bâtiment, où on l'amarre.

Le point d'amure du clin-foc étant fixé sur le rocambeau, avance avec lui, jusqu'à l'extrémité du bout-dehors, lorsqu'on roidit la draille, et il en est ramené, au moyen d'un hale-à-bord, également fixé sur le rocambeau.

La drisse de ce foc, fixée sur le point de drisse, passe dans une poulie ou une cosse aiguilletée sous le capelage du petit mât de perroquet, et elle descend sur le pont,

______

(1) On supprime aujourd'hui ce filet, attendu que l'on peut serrer les focs sur le mât même.

où on l'amarre près de la drisse du grand foc. Son écoute
est formée, comme celle du petit foc, d'un cordage composé de deux branches égales qui se rendent, de l'un et
de l'autre côté, sur l'avant du bâtiment ; son hale-bas
est passé comme celui des autres focs.

Du faux-foc.

Le faux-foc est parcillement fixé à un rocambeau qui,
au moyen d'une amure, porte la voile au point qui lui
est assigné sur le bout-dehors, entre le petit et le grand
foc ; ce foc est ordinairement sans draille, et se hisse
tout simplement, au moyen d'une drisse qui passe dans
une poulie aiguilletée au capelage du petit mât de hune;
on l'amène en halant sur les écoutes, lesquelles sont
d'ailleurs comme celles du petit foc.

De la trinquette ou tourmentin.

Ce foc, qui ne s'emploie guère que lorsque le bâtiment est à la cape, est gréé sur le faux étai de misaine,
ou sur une forte draille fixée à demeure le long de cet
étai. Ses manœuvres étant frappées et passées comme
celles du petit foc, nous nous dispenserons de les décrire ; nous ferons seulement observer que, devant résister à de plus grands efforts que les premières, elles
doivent être nécessairement d'une plus forte dimension.

SECTION VIIIe.

DE L'ARTIMON ET DE LA BRIGANTINE.

De l'artimon.

L'artimon est une voile enverguée sur la corne d'artimon, et qui se borde sur l'arrière du bâtiment, au moyen d'un palan croché au milieu de la muraille intérieure du tableau (1).

Le point d'amure de cette voile est fixé sur le mât d'artimon, à la hauteur du gui, appelé aussi la bome, par plusieurs tours d'un menu cordage ; la plus petite ralingue de chûte est lacée à ce même mât au moyen d'un cordage qui passe successivement dans des œillets pratiqués à cet effet le long de la bordure de chûte de la voile.

Pour soustraire l'artimon à l'action du vent, on ne l'amène pas comme les autres voiles ; on fait seulement usage de trois ou quatre cargues qui relèvent la toile et la tiennent serrée sous la vergue et contre le mât. A cet effet, les cargues sont fixées, par leur milieu, à des her-

---

(1) Souvent l'artimon se borde sur le gui que l'on pousse alors plus ou moins sous le vent, et que l'on retient comme on l'a vu plus haut. De cette manière, la voile oriente mieux, mais elle a l'inconvénient de fatiguer davantage la tête du mât d'artimon.

seaux placés à égale distance les uns des autres, sur la plus grande ralingue de chûte, et forment deux branches qui passent, de l'un et de l'autre côté de la voile, dans des poulies correspondantes, fixées sur la vergue et sur le mât. Les branches du même côté qui se dirigent sur la corne, passant ensuite dans une poulie à plusieurs rouets fixée près de la fourche ou croissant de cette vergue, descendent, ainsi que les autres cargues, jusqu'au pied du mât, où on les amarre à des chevillots de tournage.

Lorsqu'il s'agit d'exposer cette voile au vent, on abraque sur le palan d'écoute et l'on file les cargues ; mais comme le frottement qu'éprouvent ces dernières les rend quelquefois difficiles à affaler, on y adapte de petits cordages, appelés hale-breux, lesquels étant fixés de l'un et de l'autre côté sur des margouillets passés aux cargues, se réunissent à un cordage principal qui se dirige dans une poulie placée au bout de la vergue et descend sur le pont. Halant alors sur ce cordage, on fait monter les cargues qui, de cette sorte, prennent du mou et cessent de brider la voile. Nous ferons observer que lorsque les cargues sont bien passées et que les poulies y sont bien proportionnées, les halebreux deviennent inutiles.

De la brigantine.

Cette voile, qui ne diffère de l'artimon qu'en ce qu'elle est plus grande et se borde sur l'extrémité du gui, s'envergue quelquefois sur la corne, comme l'artimon, qu'alors elle remplace ; ou bien elle se grée au moyen de trois cartahus ou drisses , qui la retiennent de la manière que nous décrirons plus bas.

Dans l'un et l'autre cas , le point d'amure de la brigantine se fixe du côté du vent par un palan croché, d'une part, à la cosse du point d'amure , et de l'autre, à une boucle fixée sur le pont, un peu en avant du mât. Le point d'écoute se borde à l'extrémité du gui, au moyen d'un cordage que l'on frappe sur cette extrémité; passant ensuite dans une poulie crochée ou aiguilletée au point de la voile, et successivement dans un clan pratiqué au bout du gui, ce cordage revient en dedans du couronnement s'amarrer à un taquet cloué sur la vergue.

Dans la première installation , c'est-à-dire, lorsque cette voile est enverguée, la plus petite ralingue de chûte est lacée au mât comme celle de l'artimon , et des cargues sont passées de la même manière que celles de cette dernière voile ; mais elle a de plus une cargue point , c'est-à-dire une manœuvre qui , étant frappée par son milieu sur le point d'écoute , et qui , passant ensuite de chaque côté dans une poulie aiguilletée à la fourche de la vergue , sert à retrousser la voile diagonalement contre le mât.

Pour gréer la brigantine au moyen de cartahus , on passe d'abord ces cordages dans des galoches clouées , l'une, à l'extrémité supérieure de la corne , l'autre, à l'extrémité inférieure, et la troisième au milieu de cette vergue (1); en les frappant ensuite aux empointures et

(1) On doit, autant que possible, ne rien clouer sur les vergues. En général, on peut remplacer le clouage par de bonnes coutures, ce qui n'endommage pas les vergues.

au milieu de la ralingue de têtière, on fait monter cette ralingue jusqu'à la vergue, où on la fixe pendant tout le temps que la voile doit rester exposée au vent. Lorsqu'on veut l'amener, il suffit de larguer les cartahus et de ramener la voile en dedans du bâtiment, à mesure qu'elle descend par son propre poids. Il convient d'ailleurs d'observer que, dans cette installation, la brigantine ne reste pas à demeure, et qu'elle ne se grée qu'au moment même où l'on veut s'en servir. Il est conséquemment inutile d'y adapter des cargues.

Indépendamment des deux modes d'installation que nous venons de décrire, il en est un troisième qui paraît préférable : il consiste à faire courir la têtière de la voile sur une draille qui, étant fixée à l'extrémité supérieure de la corne, passe dans une poulie aiguilletée sous la fourche de cette vergue, et descend ensuite au pied du mât où on la roidit.

La voile étant lacée au mât, bordée et amurée comme dans la première installation, se hisse au moyen d'une drisse que l'on fait passer dans une poulie aiguilletée au bout de la vergue ; traversant ensuite une autre poulie aiguilletée au capelage du mât de perroquet de fougue, cette drisse descend dans une poulie de retour fixée sur le pont, et vient s'amarrer au pied du mât.

La brigantine ainsi installée s'amène sur l'arrière du mât d'artimon, au moyen d'un hale-bas frappé au point de drisse de la voile, et qui, après avoir traversé toutes les bagues de la ralingue de têtière, passe dans une poulie aiguilletée sur la fourche de la vergue, et descend ensuite sur le pont.

Les bricks ne portant pas d'artimon, la brigantine

est toujours, à bord de ces bâtimens, enverguée sur la corne. La partie supérieure de la ralingue de chûte d'avant, tient au mât par des cercles qui permettent à la voile de monter ou descendre avec la vergue; et son point d'écoute, au lieu d'être bordé au bout de la bome par une écoute, y est fixé à demeure par un raban d'empointure. La partie inférieure de la ralingue se lace au mât, afin qu'en mollissant le lacet, on puisse carguer la partie correspondante de la voile.

La cargue, frappée sur le point d'amure de la voile, monte vers la fourche de la corne, et, passant dans une poulie qui est aiguilletée, elle revient sur le même point où on l'amarre, en y laissant toutefois une ou deux brasses de mou.

La brigantine étant une des voiles que les bricks conservent même de gros temps, on y met deux ou trois bandes de ris, afin de pouvoir soustraire une partie de la voile à l'impulsion du vent. Ces bandes, qui sont placées parallèlement à la ralingue de fond, sont garnies de garcettes ou de petits bouts de quaranténier, appelés hanets, au moyen desquels on retient la voile plissée sur elle-même jusqu'à la bande de ris qui sert de limite à la partie qu'on veut retrancher. Chacune de ces bandes est d'ailleurs terminée, à l'une et à l'autre ralingue de chûte, par un herseau qui sert à fixer la ralingue sur la bome et sur le mât.

Pour prendre des ris à cette voile, il est nécessaire d'amener la corne, et on la hisse ensuite, jusqu'à ce que les deux ralingues de chûte soient roides.

Au lieu de se servir de rabans pour fixer les empoin-

tures de ris sur la partie extérieure de la bome , on se
sert de cordages , appelés itagues de ris , qu'on adapte
de la manière suivante :

Des trous ayant été percés horizontalement dans la
bome , à l'aplomb des herseaux de la plus grande ralingue de chûte , on y fait passer des cordages dont
chacun est arrêté par un cul-de-porc , et passe ensuite
dans le herseau qui lui correspond sur la ralingue. Ce
cordage revient de l'autre côté de la voile, dans une galoche clouée sur la bome , à côté du trou où il est retenu ; ensuite il se dirige vers le couronnement , afin
qu'on puisse y crocher un palan qui , lorsqu'on le roidit, sert à fixer, sur la bome, l'empointure du ris qu'on
veut prendre.

Nous ferons observer que la plupart des grands bricks
font monter la corne et la brigantine le long d'un mâtereau bien suivé , élevé à l'arrière du mât, dont une
extrémité repose sur le pont, et l'autre est retenue entre
les élongis. La corne , la brigantine et la bome , s'adaptent sur ce mâtereau , comme nous avons dit qu'elles
sont adaptées au mât principal. Quelques bâtimens à
trois mâts emploient aussi ce procédé , qui facilite le
mouvement de la corne et de la brigantine le long du
mât.

CHAPITRE V.

DES CORDAGES DES ANCRES.

La description des ancres se trouvant dans tous les dictionnaires de marine, et la manière d'en faire usage appartenant essentiellement aux traités de manœuvre, nous nous bornerons, dans ce chapitre, à faire connaître les agrès et apparaux dont elles doivent être garnies, ou qui en dépendent.

Cependant, avant de traiter de ces agrès, nous croyons devoir entrer dans quelques détails sur le nombre, la dénomination et l'emplacement des ancres dont les vaisseaux et autres bâtimens de guerre sont ordinairement pu rvus.

Le réglement sur l'approvisionnement et l'armement des bâtimens de guerre, prescrit d'embarquer neuf ancres sur les vaisseaux à trois ponts, huit sur les vaisseaux de 80 et de 74, et sept sur les frégates et les grandes corvettes.

Une longue pratique avait fait admettre comme règle générale, que le poids de chaque ancre devait être à peu près égal à la moitié du poids de son câble, ayant lui-même 120 brasses de longueur et 6 lignes, ou 1/2 pouce, de circonférence par pied de largeur du bâtiment; mais M. Thévenard a pensé qu'il fallait, pour les vais-

seaux et les frégates , le porter aux 2/3 , et cette fixation
a été adoptée ; au reste , le poids des ancres à embarquer
sur les bâtimens de divers rangs a été déterminé par un
réglement , ainsi qu'il suit :

ANCRES.								
1re.	2e	3e.	4.e	5.e	6e.	7e.	8.e	9.e
k.	k.	k.	k.	k.	k.	k.	k.	k.
Vaisseaux à 3 ponts 4,500	4,500	4,500	4,500	4,000	1,350	1,350	1,250	600
— de 80. 4,000	4,000	4,000	4,000	3,400	1,250	1,100	450	»
— de 74 3,400	3,400	3,200	3,000	2,700	1,000	900	450	»
Frégates de 44 2,100	2,100	2,000	1,800	600	560	400	450	»
Corvettes de 24 à 26 1,700	1,700	1,600	1,450	500	450	200	»	»
— de 18 à 20 1,100	1,050	900	300	300	165	»	»	»
Bricks de 16 à 18... 750	750	650	300	250	»	»	»	»
Cutters de 12 à 16. 750	750	650	300	250	»	»	»	»
Lougres de 10 à 12. 450	450	200	200	»	»	»	»	»

Ces ancres prennent différentes dénominations , d'a-
près l'emploi auquel elles sont plus particulièrement
affectées. La première se nomme grande ancre , ou ancre
d'espérance (1) ; viennent ensuite les deux ancres qui
doivent rester suspendues aux bossoirs , et dont l'une
est particulièrement désignée sous le nom d'ancre d'affourche. La quatrième et la cinquième , sur les vaisseaux
et les frégates , sont appelées ancres de veille. Toutes ces

(1) La longueur totale de la verge des ancres de bossoirs est entre
les 4/9e et les 3/8e de la plus grande largeur du bâtiment.

grosses ancres sont encore désignées collectivement par la dénomination d'ancres de bossoirs.

Les autres ancres n'étant destinées qu'à haler le bâtiment pour le faire changer de place ou de position , sont nommées ancres à jet , parce que cette opération ne se fait qu'en les mouillant successivement , afin d'offrir un point d'appui pour le halage. Elles sont , comme on le voit par le tableau ci-dessus , beaucoup moins pesantes que les premières.

La grande ancre , n'étant employée que dans les cas extraordinaires et pour dernière ressource , est le plus souvent déjallée et placée à l'entrée du grand panneau ; sa tige ou verge est posée verticalement le long de l'épontille arrière , et ses bras , tournés dans le sens de la largeur du bâtiment , sont appuyés sur le premier pont. Dans cette position , on la fixe à l'épontille par de fortes bridures qui l'assujettissent très-solidement sans ôter cependant la faculté de la retirer promptement , pour la préparer à être mouillée si les circonstances l'exigeaient.

Les 2me et 3me ancres sont ordinairement suspendues aux bossoirs , l'une à tribord , l'autre à babord ; mais lorsque le bâtiment est sous voiles et qu'il doit rester long-temps éloigné des côtes , il convient de les disposer d'une manière plus solide et moins fatigante pour le bâtiment : à cet effet , on pose un des bras sur le plat-bord du gaillard-d'avant , et l'on saisit la verge à différents endroits par un bon nombre de tours de cordages passés , soit à des boucles chevillées dans la muraille , soit aux têtes d'allonges , ou patins , qui font saillie sur le plat-bord , le jas se trouvant ainsi dans une position verticale.

Quelquefois on déjalle ces ancres, et alors, on les embarque entièrement sur le gaillard-d'avant, ou bien on les laisse en dehors de la muraille, en posant l'oreille d'une des pattes sur le plat-bord, et en assujettissant la verge horizontalement, par de fortes bridures.

La quatrième ancre, que l'on nomme aussi ancre de veille, se place ordinairement contre le porte-hauban de misaine, la tige élongée vers l'arrière, et l'un des bras posés horizontalement, entre les caps-de-mouton et sur le porte-hauban, de manière que la verge puisse s'en rapprocher le plus possible ; on la maintient dans cette position par des bridures faites, soit aux boucles, soit à des mains de fer placées en dehors du bord (1).

Lorsqu'on veut disposer cette ancre à être mouillée, on dégage le bras de dessus le porte-hauban, et alors on la suspend, soit au-dessous du porte-hauban même, soit au bossoir, dont l'ancre est déjà mouillée.

La cinquième ancre peut être placée de la même manière du côté opposé à l'ancre de veille, à laquelle elle sert de contre-poids. Mais on pense avec raison que l'avant du bâtiment est assez surchargé, par l'effet de trois ancres, d'un poids déja considérable, et cette considération détermine souvent à placer cette ancre sur les grands porte-haubans, toujours du côté opposé à l'ancre de veille.

Les ancres à jet peuvent se placer, les unes, sur les porte-haubans de misaine, les autres, sur les grands

(1) Lorsque le bâtiment prend la mer, il convient, pour ne pas trop surcharger l'avant, de placer une grande ancre de chaque côté sur les grands porte-haubans.

porte-haubans; elles n'ont au reste aucune place déterminée, et l'on fait seulement en sorte d'égaliser le poids,
afin qu'un côté ne soit pas plus chargé que l'autre.

Nous allons passer maintenant à la description des
agrès, ou cordages nécessaires à la manœuvre des ancres; ces agrès sont : les câbles, — les traversières d'ancres, — les orins, — la tournevire et ses garcettes, —
les bosses de câbles, — les garants de capon, — les bosses de bout, — et les serre-bosses.

Câbles.

Les plus importants des cordages des ancres sont,
sans contredit, les câbles. Le salut du bâtiment pouvant
en dépendre, on conçoit combien il est nécessaire d'ap-
porter d'attention à leur confection et à la qualité du
chanvre dont ils sont fabriqués. Nous ferons remarquer
qu'ils sont commis deux fois, c'est-à-dire, composés de
trois cordages déjà commis en aussière, et que leur longueur ordinaire est de cent vingt brasses.

Tous les cordages commis de cette manière, et dont la
grosseur est au-dessous de douze pouces, moitié de celle
des plus gros câbles, prennent généralement la dénomination de grelins; cependant on leur donne le nom
de câbles lorsqu'ils servent comme tels, à des bâtiments
d'un rang inférieur. Ainsi, par exemple, un cordage
de dix pouces, qui n'est que grelin pour un vaisseau,
devient câble pour un bâtiment de vingt à vingt-deux
pieds de maître-bau.

La grosseur des câbles est calculée sur le maître-bau

du bâtiment, d'après une règle qu'une longue pratique paraît seule avoir déterminée, et qui donne pour grosseur aux premiers câbles, six lignes par pied de la largeur du bâtiment; mais M. Thévenard, que nous avons déjà cité, leur donne un pouce de moins, pour les vaisseaux et les frégates, et cette fixation est aussi celle adoptée par le réglement.

Les câbles sont étalingués, c'est-à-dire amarrés solidement sur les ancres, par l'une de leurs extrémités, tandis qu'ils sont retenus à bord au moyen d'un tour qu'on leur fait faire sur la bitte, et de plusieurs bosses que l'on place, à diverses distances, sur le pont. Cependant chaque câble n'est pas étalingué isolément, et l'on a reconnu qu'il valait mieux en joindre deux, ou même trois, bout à bout par une épissure, afin de former une grande longueur de câble qu'on appelle première ou grande touée. On nomme deuxième touée, celle qui est formée par la réunion des deux autres câbles.

La première touée s'étalingue, ordinairement, à l'ancre du bossoir de tribord, la deuxième est réservée pour l'ancre de veille; le sixième câble, appelé câble d'affourche, s'étalingue seul, à l'ancre du bossoir de babord, afin de pouvoir le dépasser plus facilement de l'écubier, lorsqu'on veut défaire les tours que l'évitage du bâtiment occasionne aux câbles qui le tiennent affourché (1).

(1) Aujourd'hui, presque tous les bâtimens de guerre et du commerce sont pourvus d'une chaîne, dite cable en fer, de 180 brasses de longueur, laquelle peut se séparer de 36 brasses en 36 brasses, au moyen d'une petite cheville qui retient le boulon de la menille de séparation; et afin que cette chaine ne puisse se tordre par les divers

Quand la grande touée n'est composée que de deux câbles, il en reste un de disponible pour une quatrième ancre ; mais on ne l'étalingue, ordinairement, que lorsque le mauvais temps fait présager la nécessité de mouiller cette ancre.

L'emplacement des câbles roués, ou pliés dans la cale, n'est pas positivement déterminé. Le plus communément on les met de chaque côté du grand panneau sur une plate-forme volante qu'on établit en-dessus du dernier plan d'eau. Ils occupent alors, en longueur, l'espace compris entre l'avant du grand panneau et la cloison de la cale au vin, et en largeur, celui qui existe entre l'archi-pompe et la muraille du bâtiment. On donne à cet emplacement le nom de fosse aux câbles.

La première touée se place, ordinairement, à tribord ; la deuxième, à babord. Cette opération, qui se fait en rouant ou lovant les câbles, est confiée aux meilleurs matelots, parce qu'elle demande une adresse particu-

tours que fait le bâtiment, il y a de 9 en 9 brasses des émerillons qui lui permettent de tourner dans tous les sens. Pour faire usage de cette espèce de câble, les bittes sont garnies de fer à l'endroit où la chaîne doit l'entourer ; il en est de même de l'écubier au travers duquel elle passe.

Le diamètre, ou grosseur des chainons, est environ d'autant de lignes que le câble en chanvre du bâtiment a de pouces de circonférence.

Ces chaînes sont arrêtées au bâtiment par un tour qu'elles font à la bitte comme les câbles ordinaires, et par des espèces de tenailles en fer, appelées *stopper* ou frein, qui tiennent lieu de bosses, que l'on peut encore, pour plus de solidité, frapper aussi sur la chaîne.

Elles se logent par leur propre poids dans un puits pratiqué à cet effet à côté de l'archipoupe du bâtiment. Pour avoir le poids en tonneaux d'une chaine de câble de 160 brasses, il faut quarrer le diamètre

lière qui ne s'acquiert que par une longue habitude. On a soin, en la commençant, de dégager le premier bout du câble pour le fixer au grand mât, ou bien à de fortes boucles qui tiennent aux porques. Les plis ou tours se font de gauche à droite, c'est-à-dire, dans le sens de la torsion du câble, afin d'éviter les coques qu'il ne manquerait pas de faire, en se dévidant dans la cale, lorsqu'on serait dans le cas de le filer promptement.

Lorsque le bâtiment est sous voiles, le câble d'affourche se place par dessus les autres câbles; mais aussitôt qu'on est en rade, ou aux approches des côtes, il est prudent de l'en retirer, afin que rien ne puisse empê-

d'un chaînon mesuré en millimètres, et diviser ce carré par 140; c'est la règle générale admise dans les forges de Guerigny.

D'après cette règle, une brasse de chaîne pèse à peu près le double d'une brasse de câble qui y correspond.

Les câbles-chaînes sont classés par numéros :

Le N° 1 est affecté aux amarres de poste, pèse.	22000 kil.
2 aux vaisseaux à trois ponts et de 80. .	22369
3 vaisseaux de 74, et frégates de 60 can.	19328
4 frégates de 54.	16438
5 frégates de 44.	13862
6 flûtes de 800 tonneaux.	11435
7 *id.* de 350 à 400.	9232
8 bricks de 16 à 18 canons.	7331
9 goëlette-bricks	5581
10 avisos et mouches	4115
11	2833

Le premier numéro a pour grosseur de maillon 60 millimètres de diamètre; cette grosseur diminue successivement de 4 millimètres pour les autres numéros. Toutes les chaînes ont 180 brasses de longueur; ainsi, par exemple, la chaîne d'une frégate de 24 a 48 millimètres de diamètre.

cher de filer promptement ces derniers s'il en était besoin.

Les câbles étant convenablement roués dans la cale, on fait sortir par le grand panneau le bout qui doit être étalingué, et, après l'avoir passé dans l'écubier, on procède en dehors du bord à l'étalinguer, sur l'ancre qui doit être déjà suspendue au bossoir, ou, pour plus de commodité, placée dans une chaloupe ou un ponton vers l'avant du bâtiment. Le câble étant étalingué, on le garnit de vieille toile depuis l'étalingure jusqu'au panneau, afin de le préserver du frottement. En général, les câbles demandent des soins particuliers pour leur conservation; le maître d'équipage doit s'en occuper sans cesse, et avoir surtout la plus grande attention de ne faire descendre dans la cale la partie du câble qui aura été mouillée, surtout par l'eau douce, qu'après l'avoir laissée sécher. Sans cette précaution, les câbles s'échaufferaient et deviendraient en peu de temps hors de service.

Il convient encore d'observer que, lorsqu'on fait usage des câbles, il est nécessaire de les couvrir de paillets, depuis les bittes jusqu'à la flottaison, afin de les préserver du frottement de l'écubier et de la guibre.

Il n'est pas moins nécessaire de garantir les câbles du frottement de l'organeau des ancres sur lesquelles ils sont étalingués; et tel est le but des emboudinures, qui se font au moyen de bouts de cordages à demi-usés, et que l'on entortille en hélice, autour de l'organeau. A cet effet, on le couvre d'abord d'une bande de toile goudronnée, sur laquelle on tourne les bouts de cordages obliquement, en les serrant autant qu'il est possible, et de manière à garnir toute la circonférence de l'organeau jusqu'au trou de la verge de l'ancre dans lequel il est passé. Cette garniture est solidement fixée par quatre roustures ou guirlandes, dont deux sont placées auprès de la verge, de l'un et de l'autre côté, et les deux autres à des distances égales des premières, de sorte que la partie de l'organeau, sur laquelle le câble doit être étalingué, reste entièrement libre.

Des traversières.

L'objet des traversières est de donner de la facilité pour traverser les ancres, c'est-à-dire, pour ramener leurs verges vers le bord du bâtiment, les bras en arrière du bossoir et tournées verticalement.

Cette opération peut se faire, il est vrai, au moyen de la candelette du mât de misaine, que des matelots intelligents crochent directement sur l'oreille de l'ancre que l'on veut traverser; mais ce procédé n'étant pas sans danger, surtout lorsque la mer est grosse, beaucoup de marins préfèrent l'usage des traversières.

Celles-ci consistent chacune en un cordage, garni de bitord, plié en double, dont les bouts sont réunis par une épissure, et dans le pli duquel est adaptée une cosse destinée à recevoir le croc de candelette.

Chaque traversière, dont la longueur doit être égale à celle de la verge, est passée sur un des bras de l'ancre et y est maintenue par un amarrage. Un second amarrage fait au milieu, sur les doubles de la traversière, est destiné à en prévenir l'écartement.

Lorsque l'ancre est traversée, on aiguillette le bout

des traversières vers le milieu du jas de l'ancre, et on les laisse dans cette position jusqu'à ce qu'on veuille de nouveau en faire usage.

A bord des bâtiments de moyenne grandeur, on supplée à cet appareil, par un fort et large croc, dit de traversière, qu'on adapte à l'extrémité d'un cordage de grosseur proportionnée au poids de l'ancre, et dont la longueur excède un peu celle de la verge. L'autre extrémité porte une cosse dans laquelle doit passer le croc de la candelette du mât de misaine, ou d'un palan volant.

Un autre cordage de plus faible dimension est fixé à la tige du croc, et sert à le diriger sur le bras de l'ancre qu'on veut traverser.

Orins et bouées.

L'orin est un cordage à l'extrémité duquel on amarre une bouée destinée à marquer la place d'une ancre mouillée. On s'en sert aussi pour lever cette dernière lorsque, par quelques circonstances que se soit, on ne doit pas la lever par son câble. L'extrémité opposée à celle sur laquelle est amarrée la bouée, se frappe à la croisée de l'ancre, sur la partie appelée le diamant, au moyen d'un nœud en sautoir qui prend la dénomination d'étalingure d'orin.

Les orins sont commis de la même manière que les câbles, et ont un peu plus de la moitié de la grosseur de ces derniers ; ils ne reçoivent d'ailleurs aucune préparation à l'atelier de la garniture, et il suffit d'en surlier les bouts afin qu'ils ne se détordent pas.

Les bouées doivent avoir, au plus haut degré, la propriété de flotter, afin que, restant sur l'eau d'une manière apparente, elles puissent résister et au poids de l'orin et à l'action du courant, qui tendent concurremment à les faire couler. Il y a beaucoup de sortes de bouées ; mais nous ne parlerons, ici, que de celles dont on fait communément usage à bord des bâtiments. Celles-ci, soit qu'on les fasse en liège, soit qu'on les fasse en barils, c'est-à-dire en douvelles, ont à peu près la forme de deux cônes réunis par leur base, ou seulement d'un cône à large base. Les unes et les autres sont garnies d'estropes.

Chaque estrope de bouée se compose de deux cordages pliés en deux, qui, réunis au moyen d'un amarrage fait un peu au-dessous du pli, forment une ganse ou œillet que l'on garnit en bitord, et se divisent ensuite en quatre branches terminées, chacune, par un petit œillet.

Les bouées à deux sommets ont, de l'un et de l'autre côté, une estrope semblable dont les branches, également écartées les unes des autres, descendent de chaque sommet, un peu au-dessous du grand diamètre de la bouée, et s'y fixent au moyen d'un cordage de même grosseur, qui passe successivement dans chacun des œillets pratiqués à leur extrémité, et s'épisse ensuite sur lui-même, en entourant la bouée diamétralement.

Les bouées purement coniques n'ont qu'une seule estrope dont les branches sont aiguilletées en dessous de la base, et que l'on maintient à des distances égales, par un cordage au moyen duquel elles sont liées à la moitié, environ, de la hauteur de la bouée.

Tournevire et ses garcettes.

La tournevire est un cordage employé à lever les ancres, lorsque la grosseur et le peu de flexibilité de leurs câbles ne permettent pas de garnir ces derniers au cabestan.

Les détails de cette opération appartenant essentiellement au traité de manœuvre, nous nous bornerons à dire que la tournevire s'applique sur le câble au moyen de plusieurs tours de garcettes, qui lient momentanément l'une à l'autre, sur une certaine partie de leur longueur, et dont on tient les bouts; mais, comme le grand effort qu'il faut transmettre aux câbles pourrait faire riper ou glisser les garcettes sur la tournevire, on pratique de distance en distance, sur cette dernière, des bourrelets destinés à les arrêter, et auxquels on donne le nom de pommes ou fusées. Lorsque la tournevire est garnie au cabestan, on réunit ses deux extrémités au moyen d'une aiguillette passée alternativement dans les œillets qui y sont pratiqués. Cet amarrage s'appelle le mariage de la tournevire.

Les pommes et les œillets exigent un travail considérable, et qu'il est assez difficile d'expliquer autrement qu'en l'exécutant (*) : nous allons cependant tâcher

______

(*) Aujourd'hui, on remplace les pommes de tournevire par d'espèces de bourrelets appelés *bonnets turcs* : chacun d'eux se fait au moyen de deux bouts de quarenténier que l'on passe en travers, perpendiculairement l'un à l'autre dans la tournevire, et que l'on entrelace ensuite plusieurs, fois autour du cordage à la façon des *culs-de-porcs.*

d'en donner une idée, en présentant chaque partie de l'opération dans l'ordre où on l'exécute.

Pour faire les pommes de la tournevire, il faut d'abord que ce cordage, qui est ordinairement commis en câble et à quatre torons, soit élongé en tout ou en partie et roidi, à l'aide d'un palan ou d'un cabestan, à la hauteur convenable pour y travailler commodément. On marque dessus l'emplacement de chaque pomme, et après avoir congréé, en bitord ou en ligne, la partie qu'elle doit occuper, on recouvre cette partie d'un garni de bitord.

Le garni achevé, les bouts de bitord ou de ligne excédans du congréage, sont relevés et couchés deux à deux sur le garni, où, après les avoir fortement serrés, on les arrête provisoirement. On les couvre alors d'une deuxième couche de garni, appliquée comme la première, mais à laquelle on donne deux où trois tours de moins de chaque côté.

On répète cette opération en donnant toujours deux ou trois tours de moins, de l'un ou de l'autre côté, à chaque nouvelle couche de garni, jusqu'à ce qu'on ait atteint la grosseur déterminée de la pomme, c'est-à-dire une grosseur double environ de la tournevire. Ce résultat étant obtenu, on arrête les bouts restant du congréage, en les faisant passer plusieurs fois transversalement sur l'espèce de pelote résultant de ce travail, et en engageant l'excédant dans la masse des tours. On frappe ensuite avec un maillet sur toute la circonférence de cette pelote, afin d'en aplanir les aspérités, et on la recouvre d'un tissu qu'on fait de la manière suivante :

On passe dans une aiguille à voile recourbée un bout de bitord d'une longueur convenable, avec lequel on faufile le premier tour du garni, de manière que chaque point forme une demi-clef avec celui qui le précède, en le serrant autant qu'il est possible. Ce premier tour achevé, on en commence un second, et l'on continue la même opération sur le contour de la pomme, en passant le bitord dans les demi-clefs déjà faites, jusqu'à ce que, de tour à tour, on ait recouvert toute la superficie.

Il est nécessaire d'enduire fréquemment de suif le bitord employé à faire ces sortes de points, afin de le passer plus facilement.

Ces pommes, dont la forme est à-peu-près celle d'un œuf, sont ordinairement placées à une brasse les unes des autres, et leur longueur est à-peu-près égale à la circonférence ou grosseur de la tournevire, qui, elle-même, doit avoir la moitié de la grosseur du plus fort câble du bâtiment.

Les œillets pratiqués à chaque extrémité de la tournevire se font, comme tous les autres œillets, en épissant le bout sur lui-même ; mais cette épissure est terminée, ainsi que pour les câbles, par un tissu particuculier, que l'on fait de la manière suivante (*) :

Les torons ayant été passés successivement et enlacés les uns dans les autres, les bouts excédans sont employés

(*) Depuis quelque temps, on ne termine plus ainsi l'épissure des câbles, à cause de l'impossibilité où l'on est de les dépisser promptement dans un moment pressé. On remplace le tissu en réduisant chaque toron en une longue *queue de rat* que l'on congrée ensuite sur le câble, et que l'on maintient au moyen de quelques guirlandes.

15.

à former un garni à la suite de l'épissure. Pour cet effet, chaque toron est d'abord détordu et réduit en un faisceau de fils de caret dont deux ou trois, tirés de chaque faisceau, servent à former autant de cordons qu'il y a de torons, et à congréer la tournevire.

On tire ensuite des mêmes faisceaux un certain nombre de fils de caret destinés à former une quantité de petites tresses suffisantes pour que, placées l'une à côté de l'autre, dans le sens de la longueur du cordage, elles puissent couvrir toute sa circonférence ; et, après avoir détordu et réduit en filamens les fils de caret restans, on les amincit à l'aide de la pointe d'un couteau, de manière que l'épaisseur de chaque faisceau diminue progressivement jusqu'à son extrémité, où elle doit être en quelque sorte insensible. On étend alors ces filamens bien également sur la superficie du cordage, et, après les avoir arrêtés par quelques tours de fils de caret, on commence ainsi qu'il suit, et au moyen des tresses dont nous avons parlé, le tissu qui doit les recouvrir.

Ces tresses étant supposées en nombre pair, on sépare d'abord toutes celles qui portent un numéro impair, et on les jette en arrière, tandis que l'on étend les autres à égales distances sur la partie qu'on veut couvrir, en les serrant fortement sur la circonférence du cordage, au moyen d'une petite rousture, ou ligature en merlin, que l'on fait le plus près possible de leur racine ; cette rousture faite, on relève les bouts excédans, et l'on abaisse à leur tour les tresses qui portent les numéros impairs. Continuant ainsi d'abaisser et de relever les tresses paires et impaires, et de les lier chaque fois par une rousture, jusqu'à ce que la partie du garni soit recouverte, on fixe alors les extrémités des tresses sur la tournevire, soit par une guirlande, soit par plusieurs tours bien serrés de ligne ou de quaranténier ; c'est ce qu'on appelle garnir en queue-de-rat.

L'usage des pommes sur la tournevire n'est point généralement adopté : on a pensé, avec raison, qu'elles nuisaient au mouvement du cabestan ; en outre, elles s'aplatissent et se détachent promptement du cordage, ce qui les rend en peu de temps hors de service.

On a pensé aussi qu'il était préférable de se ménager la faculté de pouvoir employer ce cordage à tout autre usage, si les circonstances l'exigeaient, et cette considération doit nécessairement en exclure les pommes, qui, d'ailleurs, ne sont pas indispensables pour lever l'ancre. On peut en effet y suppléer, ainsi que le font les Anglais, par un double tour d'un menu cordage dont les extrémités, après avoir fait un demi-nœud sur le tournevire, s'engagent dans les hélices du cordage à la façon du congréage.

Les garcettes de tournevire ne sont autre chose que des tresses plates, en bitord, de douze à dix-huit pieds de longueur, et qui sont composées de sept, neuf, même de onze cordons. Il est peu de marins qui ne sachent pas les faire; cependant il est bon d'observer que, comme le tressage en fait diminuer la longueur d'un quart environ, si l'on voulait faire une garcette de douze pieds, il faudrait nécessairement donner seize pieds à chaque cordon.

Des bosses de câble.

Les bosses de câble sont des bouts de cordage dont

la grosseur est à-peu-près égale à la moitié de celle des câbles, et qui sont destinés à les retenir sur le pont, ainsi que nous l'avons dit plus haut.

Elles sont distribuées, de distance en distance, jusqu'au grand panneau, et fixées à de fortes boucles chevillées dans la direction du câble. On en place également en avant sur les courbes des bittes.

L'une des extrémités des bosses se fixe sur la boucle, qui, à cet effet, porte une cosse que la bosse enveloppe de la même manière que les haubans enveloppent les caps-de-mouton, et qui est également retenue par un amarrage en étrive et un autre à plat. L'autre extrémité est terminée par un nœud, dit *cul-de-porc*, pour l'empêcher de glisser entre les tours de l'aiguillette qui sert à l'accoler et à la retenir au câble. Cette aiguillette se compose de deux ou trois brasses d'un cordage de faible dimension, mis en double sur une partie de sa longueur, et qui s'adapte près du cul-de-porc, au moyen d'un nœud coulant qu'on fait, en passant ce cordage entre ses doubles.

Les bosses sont garnies en bitord sur une longueur d'environ deux ou trois pieds, à partir du cul-de-porc; et, lorsqu'on veut en faire usage, on les élonge sur le câble et on les y fixe en entourant le câble et la bosse par un bon nombre de tours d'aiguillettes, qu'on resserre le plus possible. On arrête le bout de l'aiguillette, soit par des demi-clefs, soit par un amarrage en bitord.

Indépendamment de ces bosses, qu'on appelle à bouton ou à aiguillette, on a dans la cale plusieurs autres bosses amovibles, destinées à arrêter les plis du câble, dans le cas où il viendrait à filer avec trop de force pour qu'on eût le temps d'y frapper les premières. Ces bosses, que l'on place soit sur les porques, soit dans tout autre endroit solide de la cale, de manière à les avoir toujours prêtes au besoin, sont appelées bosses à fouet. Elles sont tressées dans une grande partie de leur longueur et terminées en pointe. Ce tressage, dont le but est de rendre les bosses plus flexibles, et conséquemment plus propres à s'entortiller autour du câble, se fait de la manière ordinaire, au moyen de fils de caret qui composent les torons du cordage que l'on a détordu à cet effet.

Les bosses à fouet portent ordinairement un croc au gros bout, et sont employées non-seulement pour les câbles, mais aussi pour tout cordage qu'on veut retenir tendu ; aussi en met-on ordinairement dans plusieurs endroits du bâtiment, afin d'en avoir toujours à portée pour les besoins prévus et imprévus.

Nous ferons mention ici d'une sorte de bosse qui est très-efficace pour retenir le câble dans un gros temps : elle consiste en un filin de la grosseur des autrse bosses, mais beaucoup plus long, épissé sur la cosse d'un piton placé en avant sur la courbe des bittes. Cette bosse, qui se termine en tresse et que l'on roidit fortement sur le câble, en arrière de la bitte, revient sur l'avant se fouetter sur la partie du câble qui va à l'écubier. On conçoit que, par cette disposition, plus l'effort est violent sur le câble, plus la bosse tend à le serrer sur la bitte.

Caliorne de capon.

Cette caliorne n'est autre chose que l'appareil formé

à chaque bossoir pour y suspendre ou caponner , **au moyen** d'un cordage qui porte le nom de garant de capon , l'ancre qu'on vient de lever. Ce cordage passe alternativement sur les rouets d'une poulie double **ou** triple , ferrée, portant un fort croc, et sur ceux adaptés au bout du bossoir ; il est ensuite dirigé dans une galoche sur la partie intérieure du bossoir ; de manière à venir s'élonger sur les passe-avants , ce qui donne ainsi la faculté d'y mettre autant d'hommes qu'il en **est besoin** pour le mouvement de l'ancre.

Bosse-debout.

L'ancre étant hissée au bossoir, on se sert, pour l'y maintenir suspendue, d'un fort cordage appelé bosse-debout, dont chaque bossoir est garni. A cet effet, ce cordage , terminé à l'une de ses extrémités par un cul-de-porc, est garni en bitord jusqu'au tiers environ de sa longueur, et recouvert en basane sur une étendue d'un ou deux pieds à partir du nœud ; cette dernière précaution a pour but de garantir du frottement la partie de la bosse qui passe dans le trou du bossoir, et qui y est arrêtée par le cul-de-porc.

Lorsqu'on veut fixer l'ancre au bossoir , on passe la bosse debout dans l'organeau, de dedans en dehors, et, en la ramenant dans la cannelure pratiquée à l'extrémité du bossoir, on la roidit fortement et on l'arrête au moyen de plusieurs tours sur un taquet chevillé, soit sur le pont, dans la direction du bossoir, soit sur la muraille près de ce dernier. On décroche ensuite la poulie de capon, de sorte que la bosse-debout supporte le poids de l'ancre.

Serre-bosse.

La serre-bosse est destinée à suspendre la partie inférieure de l'ancre aux têtes d'allonges du gaillard-d'avant, lorsqu'elle est traversée. Elle consiste en un cordage, de même grosseur que la bosse-debout, terminé, à l'une de ses extrémités, par un petit œillet dans lequel on fait passer l'autre extrémité, de manière à former un nœud coulant que l'on capelle à la tête d'allonge, à laquelle la verge de l'ancre doit être suspendue. Ce cordage, passant ensuite sous le bras et sous la vergue de l'ancre, vient se fixer par plusieurs tours sur la tête d'allonge qui avoisine celle où il fait dormant (*), et l'ancre étant ainsi retenue, dans la position où on l'a mise au moyen de la candelette, on décroche celle-ci de la traversière.

Lorsqu'on veut disposer l'ancre à être mouillée, ce que l'on appelle faire pencau, on file en douceur la serre-bosse et on la dépasse entièrement de l'ancre, qui, par son poids, reprend alors la position verticale, et reste suspendue par la bosse-debout jusqu'au commandement de *mouille*. On largue alors la bosse-debout, en la dégageant vivement du taquet qui la retient, ayant soin de se défier du coup de fouet qu'occasionne la rapidité avec laquelle elle s'échappe de l'ornaneau de l'ancre.

(*) Sur les bâtimens de guerre, dont les bastingages sont aujourd'hui prolongés jusqu'au beaupré, on pratique une ouverture carrée dans la muraille pour le passage des serres-bosses.

Pour éviter cet inconvénient, on préfère généralement, à bord des grands bâtiments, larguer le bout qui est fixé à l'extrémité du bossoir : alors, au lieu d'arrêter ce bout par un cul-de-porc, on le dirige par la cannelure du bossoir, vers un piton chevillé à la partie antérieure de ce dernier et sur lequel on l'aiguillette. L'autre bout de la bosse passe alors dans une galoche chevillée sur le côté du bossoir, en sorte que pour mouiller, il suffit de couper l'aiguilletage.

Des grelins et aussières de halage.

Les grelins ne sont, comme on l'a dit, que des diminutifs de câbles; mais on appelle grelins de halage ceux que l'on destine particulièrement à haler le bâtiment, et que l'on frappe à cet effet, soit sur des ancres à jet, soit sur tout autre point fixe, tels que bouées, corps-morts, etc. Ces grelins, dont le nombre et la grosseur sont fixés par le réglement, se terminent, à chaque bout, en queue-de-rat, afin de pouvoir passer plus facilement dans les galoches, ou les poulies, dont souvent l'opération du halage nécessite l'emploi.

On donne également le nom particulier *d'aussières de halage*, aux aussières destinées au même usage; et, comme les grelins dont nous venons de parler, elles sont terminées en queue-de-rat. Elles n'ont rien d'ailleurs qui les distingue des aussières qui s'emploient au gréement du bâtiment, si ce n'est qu'on les laisse dans toute leur longueur, qui est de cent vingt brasses.

CHAPITRE VI.

DES CORDAGES OU AUTRES MANŒUVRES ACCES-SOIRES DU GRÉEMENT.

Ce chapitre comprend : 1° les différents palans employés à l'usage journalier du bâtiment, et connus sous la dénomination particulière de palans d'armement, de dimanche, de cale, de porte-manteau et de roulis.

2° Les cordages nécessaires au gouvernail, qui se composent des bragues, des sauve-gardes et de la drosse.

3° Les manœuvres de précaution, de sûreté et de combat; telles que les faux haubans ou pataras, les faux bras, les fausses amures, les fausses écoutes, les braguets, etc.

Des palans d'armement, etc.

Les palans d'armement sont employés à roidir les agrès, à embarquer, soulever ou tirer toute espèce de fardeaux, y compris les mâts et les vergues, et à suppléer généralement à l'insuffisance des efforts manuels.

Ils sont, ordinairement, composés d'une poulie double et d'une poulie simple, et n'ont rien qui les distingue des divers palans dont nous avons déjà eu occasion de parler, si ce n'est leurs dimensions.

Quelques-uns de ces palans portent un croc à chaque

poulie ; les autres n'en portent qu'à leurs poulies inférieures, parce qu'alors leurs poulies supérieures sont estropées à fouet, c'est-à-dire avec un cordage que l'on détord sur une partie de sa longueur , pour être tressé et diminué de grosseur vers le bout. Les premiers portent le nom de palans à croc , les seconds de palans à fouet.

Les palans de dimanche sont de petits palans portatifs dont on garnit ordinairement les hunes , et qui ne sont employés qu'à des opérations qui demandent peu d'efforts. Les uns sont à croc , les autres à fouet comme les palans d'armement.

Les palans de cale ne sont autre chose que des palans d'armement affectés particulièrement au service de la cale.

Les palans de porte-manteau sont ceux qui , placés à l'extrémité des arcs-boutants de poupe, servent à y suspendre un léger canot que l'on désigne sous le nom de porte-manteau. Ils sont composés , chacun , d'une poulie double , ou simple , portant un croc. Le garant passe successivement des rouets de cette poulie sur ceux dont l'extrémité saillante de l'arc-boutant est garnie , et il doit être assez long pour qu'on puisse placer, sur le courant, autant d'hommes qu'il est nécessaire , afin d'élever promptement l'embarcation lorsqu'elle est à la mer.

Les palans de roulis sont des palans qu'on établit momentanément sur les vergues de hune , pour les empêcher de prendre du jeu dans les grands roulis. Ils se crochent , tant sur la vergue que sur une estrope qui entoure le mât de hune en dessous du racage, et leurs garants descendent sur le pont ou dans la hune. On ne les met ordinairement en place que sous le vent de la vergue.

Aux basses vergues, ce sont les palans-de-bout de vergues qui tiennent lieu de palans de roulis; leurs pendeurs étant accrochés au bout de la vergue , leurs poulies inférieures se crochent sur une estrope à cosse au bas des jottereaux ; et leurs garants, après avoir passé dans une poulie qui y est aiguilletée un peu plus bas , descendent sur le pont.

Cordages du gouvernail.

Les bragues sont destinées à empêcher, autant qu'il est possible, que le gouvernail ne se dégage , par un choc quelconque, des ferrures qui l'assujettisent à l'étambot. Chaque brague se compose d'un bout de cordage qui passe successivement dans deux boucles chevillées , l'une à la mèche du gouvernail, l'autre du même côté, à l'étambot du bâtiment , et dont on réunit les bouts , par une épissure, de manière à ne laisser au gouvernail que le jeu nécessaire. On en met de chaque côté, à bord des grands bâtiments , mais sur les petits, on n'en emploie qu'une, et celle-ci , au lieu de passer dans des boucles comme les précédentes, passe dans des trous pratiqués, l'un dans la mèche du gouvernail, l'autre un peu plus haut , dans l'étambot.

Les sauve-gardes du gouvernail , sont deux cordages que l'on adapte à deux bouts de chaine, en cuivre ou en fer , fixés de chaque côté du safran du gouvernail , un peu au-dessus de la partie submergée , et qui , se dirigeant ensuite, l'un à tribord et l'autre à babord, au moyen de crampes placées le long de la voûte du bâtiment, viennent s'amarrer au-dessus des bouteilles.

Bien que l'objet principal des sauve-gardes soit de retenir le gouvernail dans le cas où il serait démonté, on voit qu'on pourrait s'en servir pour le faire mouvoir, si la barre seule venait à se rompre, et qu'on gouvernerait de cette sorte le bâtiment, en attendant qu'on eût mis une autre barre en place.

Drosses.

A bord des petits bâtimens, la barre se meut ordinairement à la main, à l'aide d'un garant de palan qui passe successivement dans une poulie aiguilletée de chaque côté, à la muraille du bâtiment, et sur des rouets adaptés au bout de la barre. Sur les grands bâtiments, elle se manœuvre au moyen d'un treuil horizontal, ou cylindre, auquel on adapte une roue, et que l'on établit sur le gaillard, en avant du mât d'artimon. A cet effet, un cordage blanc, c'est-à-dire non goudronné, appelé drosse de gouvernail, est appliqué par son milieu sur le treuil et l'enveloppe de cinq à six tours. Les branches de ce cordage, descendant ensuite perpendiculairement, en traversant les ponts jusque dans la sainte-barbe, passent dans des galoches fixées, tribord et babord, aux murailles du bâtiment, et viennent se fixer sur le bout de la barre, qui s'appuie et roule sur un arc de cercle, appelé tamisaille, cloué aux baux du pont.

Lorsqu'on tourne la roue du treuil, la drosse s'enveloppe d'un côté, tandis qu'elle se développe de l'autre, et occasionne ainsi un mouvement horizontal à la barre du gouvernail, qui, par ce procédé, devient très-facile à mouvoir.

La position de la barre est indiquée par un petit morceau de bois carré, appelé axiomètre, qui, au moyen d'une ligne adaptée, comme la drosse, sur un petit cylindre ayant le même axe que celui du treuil, se meut dans une coulisse placée devant le timonier, et suit exactement les mouvemens que la drosse imprime à la barre du gouvernail (*).

Quoique ce procédé soit très-commode, on a cessé presque généralement d'en faire usage, parce que les tours de la drosse sur le cylindre suffisent pour indiquer ce dont la barre du gouvernail a été avancée, de l'un ou de l'autre côté du bâtiment ; d'ailleurs, une marque de convention sur un des rayons de la roue, suffit toujours pour savoir où est la barre.

Il convient d'observer que, parmi les bâtiments qui gouvernent à la roue, il en est qui ont leur barre de gouvernail au-dessus du pont supérieur ; dans ce cas, les deux branches de la drosse, après avoir passé dans

(*) Sur les bâtimens de guerre, l'axiomètre est remplacé aujourd'hui par une espèce de cadran en cuivre, placé dans les prolongemens d'un des montans sur lesquels s'appuie l'axe du cylindre, ou tambour de la roue. En conséquence, cet axe est prolongé vers l'avant de deux ou trois pouces, et terminé par des adents qui s'engrènent dans une roue dentée de six à sept pouces de diamètre, et au pivot de laquelle est une aiguille qui marque sur le cadran le mouvement que l'on imprime à la barre du gouvernail. Tout le mécanisme est recouvert de manière à ne laisser voir que le cadran et l'aiguille, qui indique par son inclinaison la position de la barre du gouvernail.

des galoches ou des poulies fixées sur le pont, sous le treuil, traversent d'autres galoches ou poulies, fixées tribord et babord à la muraille du bâtiment, et viennent ensuite sur le bout de la barre.

Des manœuvres de sûreté et de combat.

Les faux haubans ou pataras sont des haubans supplémentaires destinés à renforcer les bas-haubans, et que l'on grée dans les coups de vent pour assurer la tenue des bas-mâts. On les grée même quelquefois avant de prendre la mer, lorsqu'on prévoit des mauvais temps.

Les faux haubans se composent, comme les haubans ordinaires, d'un cordage formant deux branches à l'extrémité desquelles on adapte un cap-de-mouton, et que l'on fait passer entre le pied du mât de hune et le ton du bas-mât, de manière à saisir ce dernier, sur lequel on le fixe par un amarrage à plat qui réunit les deux branches au ras du ton. Ces branches, descendant ensuite du même côté jusqu'aux porte-haubans, sont roidies au moyen de caps-de-mouton, que l'on croche ou que l'on aiguillette à de fortes boucles chevillées entre les chaînes des haubans, dans les préceintes.

Les faux bras sont des cordages que l'on grée aux extrémités d'une vergue, soit pour diminuer l'effort des bras dans un coup de vent, soit pour les remplacer provisoirement dans un combat, lorsqu'ils viennent à être coupés par les boulets.

Sur les bâtiments de guerre, les basses vergues et les vergues de hune ont chacune deux faux bras, qui sont gréés de la manière suivante :

Ceux de la vergue de misaine sont en double ; ils font dormant, chacun, à un piton chevillé à la muraille extérieure du bâtiment un peu en avant des grands haubans, et, après avoir passé dans une poulie aiguilletée au bout de la vergue, ils viennent, en traversant la muraille, un peu au-dessus du dormant, se manœuvrer et s'amarrer en dedans du bord.

Les faux bras de la grande vergue sont également en double ; on les dirige, chacun, sur l'avant de la vergue, en leur faisant faire dormant au hauban arrière du mât de misaine, près du trelingage ; passant ensuite dans une poulie aiguilletée au bout de la vergue, ils traversent une poulie aiguilletée au-dessous du dormant, et descendent, de là, sur le pont où on les amarre.

Les faux bras des vergues de hune peuvent aussi être en double, mais ordinairement ils sont en simple. Dans ce dernier cas, ceux de la vergue du grand hunier, après avoir été capelés ou aiguilletés aux bouts de la vergue, passent, chacun de leur côté, dans une poulie aiguilletée près du trelingage sur le hauban arrière du petit mât de hune, et descendent de là sur le pont.

Ceux de la vergue du petit hunier se dirigent sur l'extrémité du bout-dehors de foc, passent dans une poulie qui y est aiguilletée, et viennent ensuite sur le gaillard-d'avant.

Les faux bras de basses vergues sont ordinairement mis en place dès le commencement de la campagne ; mais ceux des vergues de hune ne s'adaptent guère que lorsqu'on fait les préparatifs de combat.

Les fausses amures sont des cordages destinés, dans un mauvais temps, à renforcer les amures des basses voiles , ou , dans un combat , à les remplacer lorsqu'elles viennent à être coupées. Elles sont en simple et frappées sur le point d'amure de ces voiles; passant ensuite dans des poulies fixées à côté de celles qui servent aux amures ordinaires , elles se dirigent et se manœuvrent comme ces dernières.

Les fausses écoutes sont pareillement destinées à renforcer ou à remplacer les écoutes; on les fixe sur les points d'écoute , et on les fait passer ensuite dans des poulies , ou des galoches , frappées près de celles qui servent aux écoutes.

Les braguets sont des cordages destinés à retenir les mâts de hune dans le cas où les guinderesses viendraient à se rompre , lorsqu'on met ces mâts en clef. Chaque braguet fait dormant , d'un côté , au capelage du bas-mât , et, passant dans l'engoujure pratiquée sous la caisse du mât qu'on veut guinder , il revient de l'autre côté du capelage , dans une poulie qui est aiguilletée; de là, il descend afin de se frapper sur la poulie supérieure d'une caliorne qui sert à l'abraquer , à mesure que le mât de hune s'élève. Aussitôt que le mât de hune est en clef , on dépasse le braguet.

L'étai de tangage est un étai supplémentaire qu'on adapte , dans les mauvais temps , au mât de misaine , afin de l'affermir contre les violentes secousses de tangage , que sa position sur l'avant du bâtiment lui fait éprouver.

Cet étai , de la grosseur environ des haubans , est terminé , à l'une de ses extrémités , par un petit œillet , formé par le bout replié et épissé sur lui-même , et au moyen duquel on l'aiguillette sur l'avant au ton du mât.

L'aiguilletage étant exécuté, on bride l'étai au mât, en dessous de la vergue de misaine, et l'on fixe ensuite son extrémité inférieure près de l'étrave, au moyen d'un garant qui passe successivement dans une poulie double, ou triple, adaptée au bout de l'étai, et dans une autre poulie semblable frappée sur le beaupré.

Par suite de cette disposition, la misaine doit nécessairement se manœuvrer en avant de l'étai de tangage, et, pour le préserver, on garnit toujours cet étai d'un paillet lardé.

Les fausses balancines sont des cordages qui servent, momentanément, à renforcer les balancines, lorsqu'on craint que celles-ci ne soient pas assez fortes pour supporter la tension qu'elles doivent éprouver.

On n'en adapte ordinairement qu'aux basses vergues, et dans le cas seulement où, par le moyen de ces vergues, on doit élever des fardeaux assez considérables, tels que chaloupes, canots, ancres, canons, etc; alors on capelle, à l'extrémité de la vergue, le cordage appelé fausse balancine, et on le roidit à l'aide d'un fort palan, dont l'une des poulies est crochée à une cosse adaptée à l'extrémité supérieure de la balancine, et l'autre au ton du mât près du chouquet, ou sur le chouquet même.

Lorsqu'on a lieu de craindre que cet appareil ne soit pas assez fort, on se sert d'un cordage avec lequel on fait plusieurs tours du ton du mât au point de la vergue où est fixée la caliorne, en les bridant de manière à former un faisceau.

Nous terminerons ce chapitre par indiquer les dispositions que l'on fait dans le gréement, lors des préparatifs d'un combat.

Ces dispositions consistent principalement :

A enchaîner les basses-vergues aux mâts, au moyen de leurs fausses suspentes en fer ou de chaînes que l'on embarque à bord de chaque bâtiment de guerre ;

A bosser les écoutes des huniers au bout des vergues, par des courtes-bosses qui, étant fixées à chaque extrémité de la vergue, se frappent ensuite sur les points d'écoutes des huniers ;

A genoper encore, de distance en distance, les écoutes des huniers sur les basses-vergues, pour retenir le hunier bordé, quand bien même les bouts de la vergue viendraient à être coupés ;

A bosser au capelage les itagues et les balancines des huniers ;

A mettre un cabillot sur le courant de l'itague des balancines des basses vergues, en dessous de la poulie du chouquet ;

A genoper toutes les manœuvres sur les bords de la hune, afin de les empêcher de tomber de toute leur longueur, si elles sont coupées, particulièrement les cargues des huniers et des perroquets, les drisses des voiles d'étai et des focs ;

A adapter des pommes ou des cabillots sur les dormants des bras et des faux bras, afin de les empêcher de se dépasser de la poulie du bout de la vergue, s'ils viennent à être coupés entre la vergue et le point où ils font dormant ;

A mettre des serpenteaux sur les haubans, c'est-à-dire, de menus cordages qui croisent les haubans et les galhaubans dans toute leur longueur, en les genopant sur chaque hauban, afin d'en retenir le bout et l'empêcher de tomber, en cas de rupture ;

A placer un bourrelet ou fort collier en corde sous chaque racage, pour empêcher la vergue de tomber quand les itagues sont coupées (ces bourrelets doivent être étroitement serrés au mât, afin que le poids de la vergue ne les fasse glisser ou riper).

A passer les faux bras, les fausses écoutes, les fausses amures, dans lesquelles manœuvres on doit donner du mou, afin qu'elles ne soient pas coupées en même temps que les manœuvres principales qu'elles doivent remplacer ;

Enfin, à disposer, sur le pont et dans les hunes, des palans, des poulies, des pièces de filin propres à remplacer les manœuvres courantes qui viendraient à être coupées ; des bosses de toute espèce, du merlin, de la ligne, du suif, des épissoires, et principalement tout ce qui est nécessaire pour réparer promptement les avaries que peut éprouver le gréement.

CHAPITRE VII.

INSTALLATION ET GRÉEMENT DES EMBARCATIONS.

Le nombre des embarcations dont sont pourvus les bàtimens de guerre est déterminé ainsi qu'il suit par le réglement d'approvisionnement.

SAVOIR :

Pour les vaisseaux et les frégates........
- 1 Chaloupe.
- 1 Grand canot.
- 1 Moyen idem.
- 1 Petit idem.
- 1 Canot de table.

Corvettes à 3 mâts..
- 1 Chaloupe.
- 1 Grand canot.
- 1 Moyen idem.
- 1 Canot de table.

Bricks, avisos, flûtes et gabarres....
- 1 Chaloupe.
- 1 Grand canot.
- 1 Moyen idem.

Ces embarcations se plaçaient autrefois au milieu du pont de la batterie supérieure, entre le grand mât et le mât de misaine. A cet effet, on posait d'abord la chaloupe sur deux ou trois chantiers, dévidés, suivant la forme de sa carène ; on mettait ensuite le grand canot dans cette chaloupe, dont on retirait les bancs, et on l'y accorait de chaque côté par des coins. On plaçait de la même manière le moyen canot dans le grand, et enfin le canot de table dans le moyen. Ces embarcations ainsi posées, étaient assujéties contre les mouvemens de roulis par quatre ou six cordages appelés risses, que l'on adapte encore aujourd'hui de la manière suivante, pour celles de ces embarcations que l'on place isolément sur le pont.

Chaque risse étant un bout de cordage garni d'un croc à l'une de ses extrémités, et d'une cosse ou d'un cap-de-mouton à l'autre, s'accroche à l'une des boucles chevillées de chaque côté sur les hilloires du pont, on fait passer ensuite ce cordage sous la chaloupe et on le ramène de l'autre côté par dessus le dernier canot, afin de le faire joindre, bien roide, par une aiguillette, ou une ride, à la risse correspondante passée de la même manière de l'autre côté de la chaloupe.

Mais cette méthode, de placer ainsi les embarcations les unes dans les autres, présentant de graves inconvéniens, tels que d'encombrer la batterie supérieure, d'exposer ces embarcations à être percées toutes ensemble par des boulets pendant un combat, et de produire beaucoup d'éclats, de se fatiguer par le poids successif qu'elles supportent, et enfin de n'être pas prêtes à aller à l'eau subitement, on a abandonné ce mode, du moins sur les grands bâtimens de guerre, et on le remplace aujourd'hui en mettant la chaloupe, et le grand canot, sur des barreaux établis entre les passavens, et en les assujétissant isolément par des chantiers et des risses, ainsi que l'on vient de le décrire. L'on place ensuite deux autres canots au-dessus des porte-haubans d'artimon, tribord et babord, en les suspendant chacun au moyen de deux arcs-boutans, aux extrémités desquels sont adaptés, comme aux arcs-boutans de poupe, des palans qui, étant crochés aux boucles du canot, servent à le hisser ou à l'amener.

La tête de chaque arc-boutant, dont le pied est d'ailleurs à charnière et fixé à la muraille du bâtiment, est retenue à la hauteur convenable par un cordage à patte d'oie, servant de balancine, frappé au capelage du mât d'artimon, et bridé quelquefois au milieu de ce mât. D'autres cordages, fixés également à la tête de l'arc-boutant, se dirigent l'un vers l'avant, l'autre vers l'arrière du bâtiment, afin de servir de bras aux arcs-boutans qui, de cette sorte étant retenus dans tous les sens, offrent un appui solide au canot qu'ils supportent.

Enfin, le canot affecté au commandant du vaisseau, d'une forme plus élégante et d'une construction plus légère, est suspendu en dehors aux arcs-boutans de poupe, par les palans que nous avons désignés sous la dénomination de palans de porte-manteau. Ce canot est toujours disposé à être mis très-promptement à la mer, pour sauver les hommes qui pourraient y tomber, et ceux des côtés le sont également pour toutes les circonstances qui réclameraient leur emploi subit.

Gréement des embarcations.

Les embarcations devant aller à la rame, et être

embarquées et débarquées très-fréquemment, on conçoit que leur système de gréement et de voilure doit présenter le plus de légèreté possible ; aussi a-t-on adopté généralement celui à voiles latines, composé d'une mizaine, d'une grande-voile et d'un tape-cul.

Chacune de ces voiles est adaptée sur un mât que l'on peut facilement mettre en place et retirer au moyen d'un collier de fer à charnière qui le retient à l'un des bancs de l'embarcation. L'un de ces mâts est placé à peu de distance de l'étrave, et porte le nom de mât de mizaine ; l'autre, placé un peu en arrière du milieu de l'embarcation, porte le nom de grand mât ; enfin, le troisième, appelé mât de tape-cul, est placé en dedans du tableau au moyen de deux cercles ou blains qui le retiennent par le pied.

Pour s'adapter au mât, chaque voile est enverguée par son côté supérieur sur une vergue qui s'accroche, au tiers environ, de sa longeur, à un rocambeau passé d'avance au mât, et auquel est fixée une drisse qui sert à hisser la voile. Cette drisse, passant à cet effet dans un clan pratiqué à la tête du mât, descend jusqu'au pied du même mât afin qu'on puisse l'amarrer à un taquet qui y est cloué. Sur les grandes embarcations, cette drisse se compose d'une itague que l'on fixe sur le rocambeau, au moyen d'un cul-de-porc fait à l'une de ses extrémités, passée d'avance dans un anneau pratiqué sur le côté du rocambeau ; l'autre extrémité de la drisse, ayant passé dans le clan du mât, porte une poulie que traverse un plus menu cordage, dont un bout fait dormant au plat-bord de l'embarcation, et l'autre s'amarre à un taquet qui y est cloué. Ce cordage, qui porte particulièrement le nom de drisse, est toujours placé du côté du vent, afin de pouvoir faire l'office d'un hauban pour retenir le mât.

Chaque voile s'amure au pied de son mât particulier par l'effet d'une cosse qui, étant adaptée dans le point d'amure de la voile, s'accroche soit au pied du mât, soit au banc qui lui sert d'étambrai. Elle se borde ensuite au moyen d'une écoute fixée au point de la voile en formant deux branches que l'on fait passer, l'une à tribord, et l'autre à babord, dans un clan pratiqué au plat-bord de l'embarcation, vers l'arrière.

Quant au tape-cul, son mât étant tout-à-fait sur l'arrière, il se borde sur l'extrémité d'un bout-dehors qui s'adapte par un tenon en dehors du tableau du canot, ou bien qui se pousse de dedans en dehors par une ouverture pratiquée à cet effet. L'extrémité extérieure de ce bout-dehors étant percée d'un clan, on y fait passer l'écoute de tape-cul, afin de la faire revenir en dedans de l'embarcation pour l'amarrer au pied du mât.

Les voiles des embarcations sont de plus garnies, chacune, d'une cargue au moyen de laquelle on les supprime très-promptement sans embarrasser l'intérieur du canot. Cette cargue est presque toujours à fourche, c'est-à-dire, qu'elle forme deux branches passant de chaque côté de la voile et se fixant au milieu environ de la ralingue de dessous le vent; un second cordage, qui s'épisse au point de jonction des deux branches, et qui passe ensuite dans une cosse frappée au bout inférieur de la vergue, sert à abraquer ces deux branches, et par conséquent, lorsqu'on file l'écoute, à replier la voile sur elle-même le long du mât et de la vergue.

Quelquefois, on ajoute encore un foc au système de voilure que l'on vient de décrire; il est alors adapté sur un bout-dehors qui fait saillie, au moyen d'un cercle de fer chevillé à la partie de l'étrave qui déborde le plat-bord, et d'une rousture qui en assujettit le pied au premier banc de l'avant. Ce foc, étant garni d'une drisse, d'une amure et d'une écoute, on fait passer respectivement ces manœuvres dans des clans pratiqués à cet effet à la tête du mât de mizaine, à l'extrémité du bout-dehors de foc, et au plat-bord de l'embarcation. Lorsqu'on veut se débarasser de cette voile, il ne s'agit que de filer la drisse et l'amure et d'abraquer l'écoute, afin de ramener la voile en dedans de l'embarcation et la serrer.

D'après ce système de voilure, on voit qu'il est extrêmement facile de dégréer les embarcations; il suffit pour cela d'amener les vergues et de les décrocher de leur rocambot. On plie ensuite les voiles contre leurs vergues respectives, et on les pose, ainsi que les mâts, dans l'intérieur de l'embarcation, près du bord, dans le sens de leur longueur. Lorsque leur encombrement nuit aux rameurs, on fait usage de deux chandeliers en fer qui, étant terminés en fourches à leurs extrémités supérieures, supportent les mâts et les vergues, qui forment ainsi une petite drome élevée de 3 ou 4 pieds au dessus des bancs de l'embarcation. Ces chandeliers, implantés à cet effet, l'un au milieu du banc de l'avant, l'autre au milieu du banc de l'arrière, sont appelés chandeliers de nage.

Indépendamment de tout ce qui sert au gréement,

chaque embarcation est encore munie d'un câblot qui, étalingué sur un grappin, sert au besoin à la retenir mouillée, partout où la profondeur de l'eau peut le permettre. Un autre cordage en aussière, appelé sabaille, destiné à retenir l'arrière du canot, en complette l'armement.

Lorsque, sur une plage où la mer brise avec quelque violence, on veut débarquer avec précaution les personnes ou les objets que contient l'embarcation, on mouille d'abord le grappin à quelque distance du rivage, puis, filant le câblot jusqu'à ce que l'arrière du canot touche légèrement le fond, on fait sauter à terre plusieurs hommes qui, au moyen de la sabaille, retiennent fortement l'embarcation par l'arrière. On conçoit que, par ce procédé, le câblot étant roide, l'embarcation ne peut venir en travers aux brisants, et qu'on peut la remettre à flot aussitôt qu'on s'aperçoit qu'il y aurait du danger à la laisser toucher le fond. Il est sans doute superflu d'entrer dans de plus grands détails sur cette opération, qui ne demande qu'un peu d'adresse de la part des matelots du canot.

RAPPORTS APPROXIMATIFS,

DES QUANTITÉS ET VALEURS DE DIVERSES MATIÈRES NÉCESSAIRES A LA CONSTRUCTION ET AU GRÉEMENT DES BATIMENS.

Nous avons pensé que nous ne pouvions mieux terminer le *Manuel de Gréement*, qu'en donnant aux jeunes navigateurs les moyens de déterminer, au moins approximativement, les quantités et les valeurs des principales matières nécessaires à la construction et au gréement des bâtiments ; en conséquence, nous avons établi ci-après les rapports de ces diverses quantités, relativement, soit au produit de deux ou des trois dimensions, soit au carré ou au cube de la plus grande largeur du bâtiment, selon qu'elles-mêmes varient dans deux ou trois dimensions, en sorte qu'il suffira d'une simple multiplication et division pour faire l'aperçu des dépenses qu'elles peuvent occasionner (*).

(*) La plupart de ces rapports sont déduits, dans cette deuxième édition, des résultats que présentent les tarifs révisés en 1826, d'après lesquels on établit les dépenses annuelles du matériel de la flotte.

Ces rapports approximatifs sont suivis de diverses remarques sur les cordages (*), qui peuvent avoir leur
utilité dans beaucoup de cas.

Le nombre de stères de bois de chêne brut nécessaire à la construction est égal au produit des trois dimensions (1) du bâtiment, mesurées en pieds, divisé
par 80 pour les bricks, par 100 pour les corvettes à
gaillards, par 84 pour les frégates, et par 82 pour les
vaisseaux ; ou bien est égal au cube du maître-bau (2),
divisé par 38 pour les bricks et les corvettes ; par 32
pour les frégates, et par 28 pour les vaisseaux. Le bois
nécessaire à l'armement est compris dans ces évaluations.

La quantité de bois *travaillé* n'est que la moitié de
celle de bois *brut* employé : un tiers de cette quantité
entre pour membrure ; un tiers pour bordage ; un tiers
pour quille, barrots, courbes, etc.

Le nombre de stères de bois de sapin en billons, bor-
dages et planches, est égal, environ, au quart du bois de
chêne, pour les petits bâtiments, au sixième pour les
frégates, et au septième pour les vaisseaux.

(*) Extraites de l'Art de la Corderie, par Duhamel.

(1) Ces dimensions sont : la plus grande *largeur* prise en dehors de
la membrure, la *longaeur* de râblure en râblure, et le *creux* depuis la
quille jusqu'au niveau du plât-bord ; le tout mesuré en pieds.

(2) On entend par *maître bau* la plus grande largeur du bâtiment
prise en dehors de la membrure.

La main-d'œuvre de charpente revient à environ 23 fr. par stère de bois but.

Le nombre de gournables est égal à 10 fois le cube du maître-bau, pour les petits bâtiments et les corvettes ; à 11 fois 1/4, pour les frégates et les vaisseaux à deux ponts, et à 14 fois pour les vaisseaux à trois ponts.

La main-d'œuvre du perçage et clouage est à raison de 8 fr. par stère de bois brut.

Le nombre de kilog. de fer de toute espèce pour construction et armement, est égal, environ, aux 3/4 du cube du maître-bau pour les bricks, à une fois ce cube pour les corvettes et frégates, et à une fois 1/3 pour les vaisseaux. Les clous entrent pour un peu moins du tiers dans cette évaluation. On estime le déchet à un dixième.

Le nombre de kilog. de cuivre, compris le doublage, est égal à 1/3 du cube du maître-bau pour les bricks et corvettes, aux 2/5 pour les frégates et les vaisseaux à deux ponts, et à la moitié pour les vaisseaux à trois ponts. Dans cette évaluation, le cuivre à doublage entre pour une quantité qu'on peut évaluer à cinq fois et demi le carré du maître-bau.

Le poids des clous est égal au 9e de celui du cuivre en feuille.

Le prix d'un doublage en sapin, pour les bâtimens de commerce, revient, avec tous les accessoires, à environ 1 fr. par pied carré de surface recouverte.

Le nombre de kilog. d'étoupe pour calfatage de la coque, est égal au 1/4 du cube du maître-bau pour les bricks, les corvettes et les frégates, et au 1/5 pour les vaisseaux.

La main-d'œuvre pour calfatage de la coque et le doublage en cuivre, est exprimée, *en francs,* par 1/8 du cube du maître-bau pour les bricks et corvettes, et par 1/7 pour les frégates et les vaisseaux. La main-d'œuvre à l'armement ne revient qu'à 1/9 de cette évaluation.

La valeur totale des bâtiments de guerre tout armés, au matériel, est exprimée, *en francs,* par 15 fois le cube du maître-bau pour les bricks, par 17 fois 1/2 pour les corvettes et les frégates, par 19 fois 1/2 pour les vaisseaux à deux ponts, et par 21 fois pour les vaisseaux à trois ponts. Cette valeur donne à peu près 23,000 fr. par canon, pour les vaisseaux et les grandes frégates, 20,000 fr. pour les petites frégates, et 15,000 fr. pour les corvettes et les bricks.

On peut encore l'évaluer pour les bâtiments de guerre, au 1/4 de la 4ᵉ puissance du maître-bau.

La valeur de la coque seule, à l'achèvement de la construction, revient à un peu moins de la moitié de celle du bâtiment entièrement armé. On peut aussi l'évaluer, en général, à 530 fr. par tonneau de poids de la coque au moment de sa mise à l'eau ; celle des bâtimens de commerce ne revient guère qu'à 200 fr. par tonneau quand ils ne sont ni chevillés ni doublés en cuivre.

La main-d'œuvre totale, compris celle de l'artillerie, est environ un 5ᵉ de la valeur entière pour les bricks, un 7ᵉ pour les corvettes et frégates, et un 8ᵉ pour les

Vaisseaux. Celle pour la construction de la coque est les $2/3$ de la main-d'œuvre totale, et pour l'armement, le $1/4$ environ.

La valeur de la mâture est évaluée au 10e de celle de la coque. La main-d'œuvre entre pour un 12e environ dans cette évaluation.

Le nombre de mètres de toile, pour l'armement et l'approvisionnement, est égal à 12 fois le carré du maître-bau pour les bricks et les corvettes, et à 13 fois pour les frégates et les vaisseaux.

La main-d'œuvre de la voilure revient, pour les bricks, à 0 fr. 11 c. par mètres de toile nécessaire à l'armement, et à 0 fr. 13 c. pour les corvettes, frégates et vaisseaux, terme moyen.

Le nombre de kilog. de cordage pour le gréement et le rechange, est égal, pour les grands bâtimens, aux $2/3$ du cube du maître-bau; et pour les petits, tels que les goëlettes, lougres et côtres, à la moitié seulement.

Le poids des manœuvres courantes est environ égal à celui des manœuvres dormantes.

Le poids des câbles et grelins, au nombre prescrit par les réglemens, est exprimé en kilog. par 22 fois le carré du maître-bau pour les vaisseaux à trois ponts; par 20 fois pour les vaisseaux à deux ponts; par 18 fois pour les frégates, et par 15 fois pour les corvettes et les bricks.

Le poids du gréement des bâtimens du commerce n'est guère que les deux tiers de celui des bâtimens de guerre de même dimension.

Le nombre de poulies de toute espèce, nécessaires au gréement des bâtimens à trois mâts, est de 1000 à

1100, et leur poids en kilog. est exprimé par la 14e partie environ du cube du maître-bau.

La longueur des poulies est communément de deux fois et demie à trois fois la grosseur du cordage qui doit y passer.

Le diamètre des caps-de-mouton est égal à une fois et demie la grosseur du cordage qui doit les entourer.

Le prix des gréements, proprement dit, revient, *en francs*, à une fois 3/4 le cube du maître-bau pour les grands bâtiments, et à la moitié pour les petits. La main-d'œuvre entre pour un 10e dans cette évaluation.

La valeur totale de l'artillerie, compris la main-d'œuvre et les approvisionnemens, est exprimée, *en francs*, par deux fois environ le cube du maître-bau pour les bricks ; par deux fois et demie pour les corvettes et les frégates, et par trois fois pour les vaisseaux. La main-d'œuvre est environ un 10e de la valeur totale pour les bricks ; un 14e pour les corvettes et les frégates ; un 16e pour les vaisseaux.

Le nombre de kilog. de goudron pour noircir le grée-ment, est égal au 1/4 du carré du maître-bau.

Le nombre de kilog. de noir de fumée pour noircir les préceintes, à 2 p. 0/0 du goudron employé.

Le nombre de kilog. de goudron employé sur du bois sec, à 1/2 kilog. par mètre carré de surface ; et sur de la toile, à deux tiers de kilog.

Le nombre de kilog. de suif pour graisser les mâts, à un 10e de kilog. par mètre carré.

Le nombre de mètres de basane pour garnir les cor-dages sur un pied de longueur, à une once, ou un tiers d'hectog., par pouce de grosseur du cordage. La basane entière pèse 14 à 16 kil., elle éprouve un quart environ de déchet dans l'emploi.

Le nombre de brasses de bitord pour garnir les cordages sur une brasse de longueur, est égal à la grosseur du cordage, multipliée par le nombre de tours que le bitord peut faire dans l'étendue d'un pouce.

Le nombre de mètres de vieille toile, convertie en limande pour garnir les cordages, est de 1/7 de mètre par pouce de grosseur du cordage par chaque brasse de garni.

Le nombre de brasses de quaranténier, ou de ligne pour amarrage, à raison de 7 à 8 tours doublés, est d'une demi-brasse par pouce de grosseur du cordage.

Le cordage pour les estropes courtes des poulies doit avoir en longueur deux fois le tour de la poulie dans le sens du grand diamètre.

La force des cordages est évaluée, en tonneaux, dans la pratique, au quart du carré de leur grosseur en pouces.

La force en kilogr., à deux fois le carré de la grosseur du cordage, convertie en lignes (*).

En général, le poids en kilogr. d'une brasse de cordage est exprimé par la 10e partie du carré de la grosseur du cordage, mesurée en pouces. On peut aussi l'évaluer approximativement à 2 hectogr. par fils dont il est composé.

(*) On peut encore l'évaluer à 8 k. 5 d. par milimètre carré de section transversale, pour les cordages blancs, 1er brin, et à 6 k. 5 d. pour le 2e brin. La force du fer forgé à l'extension, étant de 40 à 50 k., est donc 5 à 6 fois plus considérable que celle des cordages de même dimension.

La force des cordages, d'après celle exigée dans les épreuves pour les admettre dans la marine, est exprimée, en tonneaux, par les deux 5ᵉˢ du carré de leurs grosseurs en pouces. On sait d'ailleurs que les cordages sont d'autant plus forts, qu'ils sont composés d'un plus grand nombre de fils; et cette force, d'après la grosseur que l'on donne communément aux fils de carret, peut être évaluée à 5o kilogr. par fil. Quoique cette force ne suive pas tout-à-fait le rapport du nombre des fils, et du carré de la grosseur du cordage, on admet cependant ce principe dans la pratique.

Le nouveau procédé de commettage, établi par MM. Lair et Hubert, donne aux cordages une force qui l'emporte sur celle des anciens, dans le rapport de 210 à 100 (1). Ainsi les grosseurs données jusqu'à présent aux manœuvres du gréement ayant paru suffisantes, on pourrait, suivant le principe ci-dessus, les diminuer dans le rapport de $\sqrt{210}$ à $\sqrt{100}$, c'est-à-dire dans celui de 14 à 10, ou d'un quart environ; cependant, comme on a reconnu que ce rapport de force n'est point constant pour toutes les grosseurs, et que l'augmentation de force qu'il donne aux cordages de petite dimension est très-faible en comparaison de celle qu'éprouvent les gros cordages, il a été ordonné dans la marine royale de ne réduire les grosseurs des manœuvres que d'après un tarif qui a été envoyé, à cet effet, dans tous les ports du royaume, et d'où il résulte une diminution d'un 12ᵉ dans les grosseurs des cordages d'un à trois pouces; d'un 10ᵉ dans ceux de 4 à 8; d'un

(1) Annales maritimes, 1820.

9ᵉ pour les cordages de 5 à 10 pouces ; et d'un 8ᵉ seulement pour ceux de 11 à 16. Cette réduction est bien au-dessous de celle qu'il faudrait opérer pour ne donner aux nouveaux cordages que la même force des anciens ; mais on a voulu qu'une partie de l'avantage du nouveau procédé contribuât à donner aux diverses parties du gréement plus de force qu'elles n'en avaient , et c'est aussi par cette raison qu'il a été ordonné de ne faire aucune diminution sur la grosseur des câbles , dont la force est alors considérablement augmentée.

Le cordage en 1ᵉʳ brin est d'environ un quart plus fort que celui en 2ᵉ brin ; et le cordage blanc , c'est-à-dire non goudronné , plus fort d'un quart que celui goudronné. (Duhamel.)

Quand , dans la confection des cordages , on laisse le 2ᵉ brin joint au 1ᵉʳ, on les affaiblit tellement , qu'ils ne sont pas plus forts que si l'on avait retranché tout le 2ᵉ brin. (Duhamel.)

Les cordages qui sont pliés sur des rouets de poulies , ou sur d'autres corps qui font faire des plis , sont d'un quart plus faibles que quand ils sont tirés directement. Ceux pénétrés d'eau sont jusqu'au tiers moins forts que les cordages secs ; les cordages goudronnés perdent un quart de leur force au bout de deux ans , et la moitié au bout de quatre ans. (Duhamel.)

L'huile et le suif affaiblissent encore plus les cordages que le goudron, sans prolonger la durée de ceux exposés aux altérations produites par l'alternative de la sécheresse et de l'humidité. (Duhamel.)

Les cordages blancs durent au travail un quart de plus que ceux qui sont goudronnés ; mais exposés à l'aiternative de l'eau et du sec, ils durent moins.(Duhamel.)

La roideur des cordages goudronnés exige une force d'un 6ᵉ plus considérable que celle qui convient aux cordages blancs.

Les forces nécessaires pour plier les grosses cordes neuves sur rouleau, ou sur le rouet d'une poulie, sont proportionnelles au carré du diamètre de ces cordes, et à la puissance 3/2 dans celles à demi usées. Amontons les a trouvées, dans les cordages très-petits et très-flexibles, proportionnelles au simple diamètre.(Brognis.)

M. Thévenard dit avoir reconnu que les résistances provenant de la roideur des cordes sont égales au poids qui les tend , multiplié par le rayon des cordes , et divisé par le diamètre des rouets sur lesquel elles sont roulées. D'après la remarque ci-dessus , ce principe ne convient que pour les menus cordages , et tout au plus pour ceux à demi-usés ; les grosses cordes neuves exigeraient pour multiplicateur le carré de leur rayon. D'où l'on voit combien il est important de n'employer pour manœuvres courantes que du cordage le plus mince et le plus délié possible.

Un homme qui ne travaille que momentanément à pousser une barre de cabestan , peut exercer des efforts équivalents à un poids de 30 kilogr. : si le travail doit durer longt-temps , ces efforts se réduisent à 15 ou 20 kilogr. ; mais lorsqu'on applique beaucoup de monde à un cabestan, la plupart des hommes ne faisant usage que d'une partie de leur force , on ne doit estimer l'effort qu'ils exercent qu'à 12 ou 15 kilogr. Le plus grand effort que l'homme peut produire est celui de soulever, en se tenant debout : un fardeau placé entre ses jambes, et cet effort peut aller jusqu'à 200 à 300 k., le terme moyen à 136. (Brognis.)

On calcule ordinairement que la force d'un cheval qui tire sur un chemin horizontal , est équivalente à celle de sept hommes, et qu'elle varie entre 300 à 500 k.

J'ai reconnu qu'un homme de moyenne force ne peut hisser, en marchant avec une certaine vîtesse sur un plancher horizontal, qu'un poids de 15 à 20 kilogr. Lorsqu'il tire *main sur main*, il élève facilement 25 kilogr. ; assis, ses pieds en arc-boutant , et agissant par coups au retour d'une poulie , il peut produire un effort de 50 k.

Diverses expériences m'ont mis à même de conclure que , dans une caliorne à 9 rouets , 5 supérieurs et 4 inférieurs , l'effort qu'il faut faire sur le courant du garant pour élever un poids suspendu à la poulie inférieure, est égal au quart environ de ce poids , et seulement au 12ᵉ pour le retenir en équilibre. L'estrope ou l'itague de la poulie supérieure , supportant le poids suspendu , plus , l'effort qu'il faut faire sur le courant pour hisser , doit être au moins quatre fois plus forte que le garant , ou avoir plus que le double en grosseur.

L'effort que supporte le dormant n'est guère que le 40ᵉ du poids suspendu lorsqu'on hisse ; mais lorsqu'on amène , il est égal à celui qu'éprouve le courant en hissant, et cet effet est le même dans tous les palans.

Dans une caliorne à six rouets, l'effort du courant est égal au tiers du poids suspendu, dans le cas du mouvement, et seulement au 10ᵉ dans l'état d'équilibre. L'estrope de la poulie supérieure doit donc pouvoir supporter un effort égal à une fois un tiers le poids suspendu , ou avoir quatre fois plus de force que le garant, et consé-quemment être double en grosseur.

Une caliorne ou palan à 4 rouets exige sur le courant un effort égal aux deux 5es du poids suspendu, dans le cas du mouvement, et seulement au quart pour le rete-tenir en équilibre ; l'estrope doit donc avoir trois fois et demie la force du garant, ou une fois trois quarts la grosseur de ce dernier.

Dans un palan à deux rouets supérieurs et un inférieur, l'effort du garant, dans le cas du mouvement, est égal au trois 5es du poids suspendu, et seulement au quart dans celui d'équilibre. L'estrope doit donc avoir trois fois plus de force que le garant, ou une fois et demie sa grosseur. Lorsqu'on hisse, le dormant éprouve un effort égal au tiers environ du poids suspendu ; au quart lorsqu'on retient en équilibre, et aux deux 5es lorsqu'on amène le poids.

Lorsque le palan n'est composé que d'un rouet supé-rieur et d'un autre inférieur, l'effort du garant est égal, dans le cas du mouvement, aux cinq 9es du poids sus-pendu, et aux quatre 9es dans le cas d'équilibre ; en sorte que l'estrope doit avoir aussi trois fois plus de force que le garant, ou une fois et demie la grosseur de ce dernier.

On ne doit, au reste, considérer ces évaluations que comme des bases générales et approximatives, attendu qu'elles dépendent de causes très-variables, telles que du rapport entre le diamètre des essieux et celui des rouets; du frottement que ces derniers éprouvent, soit sur l'essieu, soit sur la caisse de la poulie ; de la grosseur des cordes et de leur élasticité, etc. ; mais ces bases, ainsi qu'on les présente ici , pourront néanmoins servir dans beaucoup de cas à déterminer , avec assez de précision pour la pratique , la grosseur que l'on doit donner au garant , et aux estropes des poulies de caliornes , ou palans , ainsi que la quantité d'hommes à y employer dans les diverses opérations de force que l'on veut exécuter.

FIN.

TABLES

SERVANT A DÉTERMINER LES DIMENSIONS DES MA-
NOEUVRES DES BATIMENS DE TOUTE ESPÈCE; CELLE
DES MATS ET DES VERGUES; LA QUANTITÉ DE
TOILE QUI ENTRE DANS CHACUNE DE LEURS VOILES;
ET LA TOTALITÉ DE CORDAGE DE CHAQUE GROS-
SEUR NÉCESSAIRE POUR LA CONFECTION DU GRÉE-
MENT.

EXPLICATION.

Tables N°s 1 et 2.

Ces tables ont été dressées d'après le principe, que la force relative des manœuvres de même dénomination, composant des gréements semblables, doit être dans le rapport de la surface des voiles, et par conséquent, de celle du rectangle circonscrit au plan de flottaison en charge du bâtiment; d'où il résulte que les grosseurs ou circonférences des manœuvres sont dans le rapport de la racine carrée du produit de la longueur absolue des bâtiments par leur plus grande largeur, et non dans celui de la largeur seule, ainsi qu'on l'a généralement admis jusqu'à présent (1).

On a donc mis en rapport avec cette racine les grosseurs ou circonférences, exprimées en pouces, qu'une longue pratique a fait connaître les plus convenables aux manœuvres des bâtiments de guerre.

(1) En effet, soit F l'expression de la force d'un cordage, et G celle de la grosseur, f la force d'un autre cordage, et g sa grosseur, on sait que (approximativement), $F : f :: G^2 : g^2$. D'un autre côté, nommant S la surface des voiles d'un bâtiment et s celle d'un autre bâtiment semblable, on a, pour les manœuvres de même dénomination, $F : f$ ou $G^2 : g^2 :: S : s$, et par conséquent $G : g :: \sqrt{S} : \sqrt{s}$. Mais d'après les proportions de mâture données par M. Forfait (L et l étant les longueurs des bâtimens; et L' et l' leurs largeurs, on a $S : s :: L \times L' : l \times l'$: donc $G : g :: \sqrt{L \times L'} : \sqrt{l \times l'}$.

Les longueurs des mêmes manœuvres, exprimées en brasses, ont été mises (pour le nombre indiqué dans la colonne de gauche de chaque mât) en rapport avec la plus grande largeur des bâtiments, supposés mâtés d'après les proportions adoptées pour les bâtiments de guerre, et que l'on trouvera dans ces tables, à la suite de la dénomination particulière de chaque mât ou vergue, et sur la même ligne.

On a supposé aussi que les manœuvres sont en premier brin de chanvre de France ; qu'elles sont commises de la manière ordinaire, entre le 1/3 et le 1/4, et qu'elles ont supporté l'épreuve qu'on leur fait subir dans les arsenaux de la marine ; s'il arrivait donc qu'on employât des cordages plus ou moins forts que ceux qui sont indiqués ci-dessus, il faudrait nécessairement diminuer ou augmenter les rapports de la racine carrée des nombres exprimant la force de ces cordages.

Ainsi, par exemple, la force du cordage du premier brin étant représentée par 15, dont la racine carrée est de. . . . . 3, 88 si l'on voulait y substituer un cordage de deuxième brin, dont la force exprimée par 12 (1), ne donne pour racine que. . . . . . . 3, 47 il faudrait, pour obtenir la même force, augmenter la grosseur du dernier de . . . . 0, 41 ou d'un huitième environ.

Pour connaître la grosseur d'une manœuvre quel-

____

(1) La force du cordage du premier brin est ici représentée par 15, et celle du second brin par 12, parce que le premier, sous une grosseur de 21 lignes et de 21 fils non goudronnés, doit, pour être admis, supporter au moins 1500 k., et le deuxième 1200 k.

conque, il ne s'agira donc, d'après ce que nous avons dit ci-dessus, que d'extraire la racine carrée du produit de la largeur par la longueur du bâtiment (l'une et l'autre exprimées en pieds), et de multiplier cette racine par la fraction décimale, exprimant, dans cette table, le rapport de la grosseur de cette manœuvre.

Ainsi : voudrait-on connaître, par exemple, la grosseur que doit avoir l'étai du petit mât de hune d'un bâtiment de 30 pieds de bau sur 120 pieds de longueur ? En multipliant ces deux dimensions l'une par l'autre, on aurait un produit de 3600, dont la racine carrée 60, multipliée à son tour par la fraction 0,085, et exprimant, dans la table, le rapport de la grosseur de l'étai du petit mât de hune, donnerait 5 pouces un dixième, pour la grosseur de cette manœuvre (1).

Mais cette opération ne laissant pas que d'exiger un calcul assez long, on a cherché un moyen de l'éviter, et c'est dans ce but qu'a été dressé le tableau A, appelé de réduction, dans lequel la grosseur de chaque manœuvre se trouve indiquée en pouces, en regard de la fraction qui exprime le rapport connu de cette grosseur. Ainsi, le rapport de la grosseur de l'écoute double de la grande voile étant, comme on le voit par la première table, de 0,071, en suivant sur le tableau de réduction la ligne horizontale de ce rapport, on trouvera dans la colonne verticale affectée au bâtiment, dont le produit de la longueur par la largeur est, par exemple, de

____

(1) Si l'on voulait n'avoir égard qu'à la largeur seule des bâtimens, ce qui suffit dans beaucoup de cas, l'opération se réduirait à multiplier le double de cette largeur par la fraction décimale, indiquant dans la table, le rapport de la grosseur de la manœuvre proposée.

36oo , le nombre 4 pouces un quart, qui exprime la grosseur que , suivant le calcul analogue au précédent, devrait avoir l'écoute de la grande voile de ce bâtiment.

Les dimensions des mâts et des vergues étant basées sur les mêmes principes que celles des manœuvres, les mêmes tables peuvent également servir à les faire con-naître , et le tableau de réduction **A**, en évitant tous les calculs , en facilite encore les moyens. Veut-on, par exemple , connaître le diamètre du mât de perruche d'une frégate de 40 pieds de largeur ? le rapport étant connu, on le voit dans la table n° 1, de 0,099 ; on n'a qu'à suivre sur le tableau de réduction la ligne de ce rapport, ou celui qui en approche le plus, et l'on trou-vera dans la colonne verticale affectée aux frégates de 40 pieds de largeur, que le diamètre de ce mât doit être de 8 pouces 1/4.

Comme on n'a pas voulu donner au tableau de ré-duction une étendue qui eût été hors de proportion avec l'objet auquel il est particulièrement destiné, on n'y trouve pas le rapport supérieur à 0,120 ; mais il n'est pas moins facile de trouver les dimensions correspon-dantes aux rapports excédants, parce qu'il suffit, dans ce cas , de prendre la 1/2 ou le 1/3, et de doubler ou de tripler les résultats.

Quant à la longueur des manœuvres ou des mâts, on la trouvera en multipliant le nombre qui en exprime le rapport, par la largeur du bâtiment. Ainsi , le rapport de la longueur pour les deux écoutes de la grande voile du bâtiment ci-dessus étant 2,20, en le multipliant par 3o, largeur en pieds du bâtiment, on trouvera que cette longueur doit être de 66 brasses. La longueur des vergues se déterminera en multipliant son rapport par la longueur du bâtiment.

On connaîtra également la quantité de mètres de toile, approximativement nécessaire à chacune des voiles d'un bâtiment, mâté d'après les rapports exprimés dans ces tables, en multipliant le produit des deux dimensions, longueur et largeur du bâtiment, par la fraction décimale qui, dans ces mêmes tables, exprime le rapport de cette quantité relativement à la surface du rectangle circonscrit à la ligne d'eau en charge. Ainsi, ce rapport, suivant la table n° 1, étant pour le petit hunier, par exemple, de 0,115, si l'on multiplie ce nombre par 3600, produit de la longueur par la largeur du bâtiment précité, on trouvera qu'il faut 414 mètres de toile (supposée ici de 21 pouces de largeur) pour le confectionner.

Il est nécessaire d'observer que les dimensions des manœuvres indiquées par ces tables étant calculées pour les bâtiments de guerre, dont on a supposé la largeur égale au 1/4 de leur longueur, on pourra, pour tous les bâtiments moins longs, à proportion de leur largeur, diminuer d'autant chaque allée et venue des manœuvres qui tendent de l'arrière à l'avant.

Que pour les bâtiments de commerce, dont la mâture est ordinairement réglée sur le minimum des rapports donnés par M. Forfait, on pourra diminuer d'un dixième environ les grosseurs données par nos tables, parce que la surface de la voilure de ces bâtimens étant à celle des bâtimens de guerre de même dimension, dans le rapport de 4 à 5 environ, et la force de leurs manœuvres devant y être proportionnée, les grosseurs de ces mêmes manœuvres doivent être dans celui de $\sqrt{4}$ à $\sqrt{5}$, c'est-à-dire comme 20 à 22 environ.

Que la hauteur des mâts de ces mêmes bâtiments de commerce n'étant que les 9 dixièmes environ de celle des bâtimens de guerre, on pourra encore diminuer d'un dixième la longueur de toutes leurs manœuvres.

Que ces manœuvres étant calculées, dans la première table, pour être manœuvrées sur des ponts éloignés de la quille des 2/3 de la largeur du bâtiment, hauteur où nous supposons aussi que les porte-haubans sont placés, il sera nécessaire, pour les longueurs à donner aux bas-haubans et galhaubans, d'avoir égard à la différence entre cette élévation supposée et celle où se trouveront réellement les porte-haubans du bâtiment.

Par exemple, pour un bâtiment de 30 pieds de largeur, qui, au lieu d'avoir les porte-haubans à 20 pieds au-dessus de la quille, ne les aurait qu'à 17 pieds, il faudrait nécessairement donner 3 pieds, environ, de plus dans la longueur à chacun de ses bas-haubans et de ses galhaubans.

Que pour les bricks, on pourra augmenter d'un dixième les rapports de la grosseur des manœuvres et de celle des mâts, donnés par la table première, parce que la surface de leurs voiles comparées à celles de même dénomination des bâtimens à trois mâts, étant dans le rapport de 5 à 4 environ, les grosseurs des cordages qui servent à les manœuvrer doivent être dans celui de $\sqrt{5}$ à $\sqrt{4}$ ou de 22 à 20.

Enfin, que les rapports de la quantité de toile nécessaire aux basses-voiles, étant calculés pour des bâtiments de guerre à une seule batterie, avec des gaillards, il faudra diminuer ceux relatifs aux basses voiles , d'un dixième pour les vaisseaux à deux batteries, d'un sixième pour les vaisseaux à trois ponts , et les augmenter , au contraire, d'un huitième pour les bâtiments à un seul pont sans gaillards. Si ces derniers étaient gréés en bricks, il faudrait, d'après ce qui est dit plus haut , augmenter d'un quart les résultats obtenus par les rapports énoncés dans la table n° 1.

Quant aux bâtiments de commerce , leur surface de voilure n'étant que les $4/5$ environ de celle des bâtiments de guerre de même dimension, il ne faudra prendre aussi que les $4/5$ des résultats obtenus pour ces derniers.

Table n° 3.

Cette table donne les moyens de déterminer la quantité des objets y désignés, qui entrent dans la confection du gréement des bâtimens.

On a présenté , dans la première section , les objets dont l'emploi suit approximativement le rapport du carré de la plus grande largeur des bâtimens , et dans la deuxième , ceux qui suivent le rapport simple.

Pour déterminer les quantités effectives des objets compris dans la première section , il faudra donc multiplier leurs rapports par le carré de la plus grande largeur du bâtiment proposé, exprimée en pieds ; et pour déterminer celles de la deuxième , les multiplier seulement par cette largeur.

Au reste, on conçoit que les quantités données par cette table ne seront sensiblement exactes , qu'autan qu'on ne s'écartera pas des usages suivis jusqu'à ce jour dans la garniture des gréemens.

Table n⁰ 4.

Cette table, dont l'objet est de donner les moyens de déterminer avec promptitude la quantité de cordages de chaque grosseur, nécessaire pour le gréement et l'armement des bâtimens de tous rangs, a été dressée d'après les mêmes principes que les tables n⁰ˢ 1 et 2, dont elle n'est en quelque sorte qu'un résumé.

En effet, on a vu comment, au moyen de ces tables, on parvenait à déterminer la grosseur et la longueur de chaque manœuvre prise isolément, et l'on conçoit en conséquence que, pour connaître la quantité de cordage de chaque grosseur qui doit entrer dans la confection d'un gréement entier, il suffirait de rassembler et de totaliser toutes les manœuvres de même grosseur qui le composent.

Mais le nombre même de ces manœuvres rendrait évidemment cette opération fort longue, et c'est pour l'abréger que, réunissant tous les cordages de même grosseur nécessaires à leur confection, on a formé une table particulière, dans laquelle la grosseur de chaque cordage est exprimée par son rapport, et qui, présentant sur la même ligne les rapports totalisés de leurs diverses longueurs, ne laisse plus, pour en déterminer la quantité en brasses, qu'à multiplier ces derniers rapports par la largeur du bâtiment auquel on veut les appliquer.

Ainsi : voudrait-on savoir, par exemple, combien il faut de cordage, dont la grosseur est exprimée par 0,039, pour le gréement d'une frégate de 44 canons ? En cherchant dans la table n° 2 le total des rapports de longueur correspondant à cette fraction, on trouverait que ce total est de 63,85, qui, multiplié par 36, largeur en pieds de la frégate, donnerait pour produit, 2298 brasses, ou en l'augmentant des deux tiers, 3730 mètres environ.

L'opération serait la même, en changeant seulement de multiplicande, si l'on voulait connaître la quantité de cordage de toute autre grosseur ; et en la répétant successivement pour chacune, on aurait enfin la quantité des cordages de toute espèce nécessaire pour l'armement total du bâtiment.

Il ne resterait donc qu'à déterminer la grosseur effective de ces mêmes cordages, ce que l'on ferait comme pour les manœuvres, et ainsi qu'on l'a dit dans l'explication des tables n$_{os}$ 1 et 2, au moyen du tableau de réduction A.

Table no 5.

Cette table donne le moyen de convertir en parties de mètres les grosseurs des manœuvres données en pouces par le tableau de réduction A. On n'a eu égard qu'à la subdivision de quart en quart de pouce, parce qu'ordinairement elle est la seule employée dans les arsenaux pour le classement des cordages.

Table nº 6.

Cette table indique la grosseur que doivent avoir les nouveaux cordages, c'est-à-dire ceux commis d'après les procédés de M. Lair, pour être substitués aux anciens, dont aujourd'hui on ne fait presque plus usage dans la marine royale ; et, dans ce cas, il suffit d'y rapporter les résultats que donne le tableau de réduction A.

N° 1.

TABLE

INDIQUANT LE RAPPORT DES DIMENSIONS DES MATS, DES VERGUES ET DES MANŒUVRES NÉCESSAIRES AUX BATIMENS DE GUERRE (TROIS MATS OU BRICKS), AINSI QUE CELUI DE LA QUANTITÉ APPROXIMATIVE DE TOILE EMPLOYÉE A CHACUNE DE LEURS VOILES (*Voir l'Explication*).

NOMENCLATURE DES MANŒUVRES.	GRAND MAT. RAPPORTS.			MAT DE MISAINE. RAPPORTS.			MAT D'ARTIMON. RAPPORTS.		
	Nom.	Gross.	Long.	Nom.	Gross.	Long.	Nom.	Gross.	Long.
BAS-MATS.	1	0,364	2,40	1	0,348	2,18	1	0,240	1,76
Araignée et sa ride	1	0,023	1,47	1	0,022	1,47	1	0,017	1,20
Bredindin (suspente de)	1	0,072	0,35	»	»	»	»	»	»
Garant pour *idem*	1	0,036	1,49	»	»	»	»	»	»
Caliornes (garans)	2	0,060	3,80	2	0,060	3,80	2	0,037	2,00
Cartahus pour la hune	2	0,036	0,80	2	0,034	0,72	1	0,027	0,35
Candelettes	2	0,052	3,80	2	0,052	3,80	»	»	»
Etai en grelin	1	0,190	0,64	1	0,180	0,44	1	0,120	0,44
Collier d'*idem*	1	0,130	0,20	1	0,120	0,18	1	0,092	0,09
Sa ride	1	0,060	0,52	1	0,060	0,52	1	0,043	0,20
Faux étai	1	0,115	0,64	1	0,110	0,44	»	»	»
Son collier	1	0,086	0,20	1	0,080	0,16	»	»	»
Sa ride	1	0,057	0,52	1	0,055	0,45	»	»	»
Etai de tangage	»	»	»	1	0,098	0,40	»	»	»
Son garant pour ride	»	»	»	1	0,049	0,50	»	»	»
Son collier	»	»	»	1	0,080	0,10	»	»	»
Jambes de hune en simple	10	0,050	0,60	10	0,057	0,50	8	0,049	0,45
Haubans pour les deux côtés	16	0,115	5,64	14	0,112	4,70	10	0,090	3,12
Leurs rides	16	0,057	3.60	14	0,056	2,50	10	0,045	2,00
Pentoires de caliornes	2	0,115	0,40	2	0,112	0,36	2	0,090	0,30
Idem de candelettes	2	0,115	0,36	2	0,112	0,30	»	»	»
Pataras	4	0,115	1,40	4	0,112	1,30	»	»	»
Leurs rides	4	0,057	0,89	4	0,056	0,89	»	»	»
Estropes des caps-de-mouton	4	0,074	0,40	4	0,072	0,36	»	»	»
Leurs aiguilletages	8	0,030	0,50	3	0,030	0,50	»	»	»
Palans d'étai (garants)	2	0,044	3,50	»	»	»	»	»	»
— Leurs pentoires	2	0,090	0,62	»	»	»	»	»	»
— Leurs guides en double	2	0,064	1,81	»	»	»	»	»	»
Quaranténier pour enflèchures	90	0,025	15,00	80	0,025	10,00	72	0,023	6,00
Serpenteau d'étai	1	0,058	1,24	1	0,058	0,82	»	»	»
Suspente de vergue en double	1	0,115	0,50	1	0,112	0,28	1	0,090	0,025
Trelingage (branches de)	6	0,060	0,50	5	0,058	0,25	4	0,048	0,014
BASSES VERGUES.									
Basses vergues, corne et bôme	1	0,260	0,55	1	0,218	0,48	V.Séc. corne bôme	0,154 0,117 0,132	0,38 0,27 0,37
Aiguillettes de bout-dehors	2	0,036	0,50	2	0,034	0,45	2	0,030	0,30
Balancines simples	2	0,064	1,90	2	0,060	1,70	2	0,043	1,30
— Leurs garans	2	0,032	2,10	2	0,030	1,90	»	»	»

NOMENCLATURE DES MANŒUVRES	GRAND MAT.			MAT DE MISAINE.			MAT D'ARTIMON.		
	RAPPORTS.			RAPPORTS.			RAPPORTS.		
	Nom.	Gross.	Long.	Nom.	Gross.	Long.	Nom.	Gross.	Long.
Balanc. de gui ou de bôme en dou.	»	»	»	»	»	»	1	0,057	1,15
— Garans pour *idem.*	»	»	»	»	»	»	2	0,030	1,07
Bras en double.	2	0,045	3,20	2	0,042	3,00	2	0,033	1,95
— Leurs pentoires en simple.	2	0,063	0,22	2	0,060	0,20	2	0,044	1,18
— Faux bras double.	2	0,045	3,20	2	0,042	3,00	»	»	»
Drisses de b^ses vergues	2	0,058	3,90	2	0,054	3,70	»	»	»
Aiguillettes pour leurs poulies	4	0,036	1,00	4	0,036	1,00	»	»	»
Drosses allant sur le pont	2	0,070	0,60	2	0,066	0,56	2	0,051	0,50
Leurs garans	2	0,058	1,12	2	0,036	1,00	2	0,026	0,80
Drisse de la corne	»	»	»	»	»	»	1	0,041	1,00
Id. de pic fais. dormant au chouq^t.	»	»	»	»	»	»	1	0,041	1,60
Ecoute de la bôme (palan)	»	»	»	»	»	»	1	0,041	1,60
Gardes de la corne	»	»	»	»	»	»	2	0,051	0,40
Garans pour *id.*	»	»	»	»	»	»	2	0,027	1,00
Hale-bas du pic	»	»	»	»	»	»	1	0,020	1,50
Marche-pieds de basses vergues.	2	0,055	0,46	2	0,051	0,40	2	0,045	0,30
Ses étriers en simple.	8	0,050	0,30	8	0,047	0,25	6	0,034	0,20
Aiguillettes d'*id.*	2	0,033	0,35	2	0,031	0,30	2	0,029	0,28
Marche-pieds de la bôme.	»	»	»	»	»	»	2	0,033	0,36
Aiguillettes pour *id.*	»	»	»	»	»	»	2	0,027	0,25
Palans de bouts de vergue (gar.).	2	0,040	2,25	2	0,038	2,15	»	»	»
Leurs pentoires.	2	0,080	0,40	2	0,074	0,38	»	»	»
Palans de retenue du gui ou bôme	»	»	»	»	»	»	2	0,034	2,00
Pentoires.	»	»	»	»	»	»	2	0,054	0,34
Suspente (estrope de) en double.	2	0,085	0,10	2	0,083	0,10	2	0,045	0,08
Aiguillette pour *id.*	1	0,041	0,60	1	0,041	0,58	1	0,035	0,48
BASSES V^es, ARTIMON ET BRIGANTINE	1	0,137	4 fil.	1	0,116	4 fil.	art. brig.	0,150 0,075	6 fil^s 4 fil
Amures en double.	2	0,065	2,20	2	0,062	2,00	2	0,060	2,00
— Fausse amure simple.	1	0,065	1,40	1	0,062	1,30	»	»	»
Bosses à fouet p^r les am. et écout.	4	0,057	0,32	4	0,053	0,30	»	»	»
Boulines et leurs branches.	2	0,045	1,60	2	0,041	1,80	»	»	»
Cargues points.	2	0,039	2,20	2	0,037	2,00	»	»	»
Cargues fonds.	4	0,035	3,00	4	0,032	2,70	»	»	»
Cargues boulines.	4	0,035	3,00	»	0,032	2,70	»	»	»
— Fausses cargues.	2	0,030	2,00	»	»	»	»	»	»
Cargues de brigantine.	»	»	»	»	»	»	2	0,035	1,33
Cargues d'artimon	»	»	»	»	»	»	6	0,033	2,80
— *Idem.*	»	»	»	»	»	»	6	0,027	2,70
Halbreux	»	»	»	»	»	»	1	0,025	0,70
Draille de la brigantine.	»	»	»	»	»	»	1	0,067	0,33
Ecoutes en double.	2	0,071	2,20	2	0,065	2,05	»	»	»
Fausses écoutes simples.	2	0,071	1,50	2	0,065	1,30	»	»	»
Ecoute de la brigantine double.	»	»	»	»	»	»	1	0,051	0,70
Drisse en double	»	»	»	»	»	»	1	0,040	1,10
Halebas de brigantine.	»	»	»	»	»	»	1	0,028	1,50
Palans d'amure de brigantine.	»	»	»	»	»	»	2	0,029	1,00
MATS DE HUNE	1	0,210	1,55	1	0,210	1,40	1	0,158	1,14
Candelettes (garans).	2	0,033	2,73	2	0,031	2,55	2	0,025	1,1
Etai, en grelin, ridant sur le pont	1	0,090	0,80	1	0,085	0,80	1	0,067	0,5
Son collier ou estrope au mât.	1	0,066	0,07	1	0,063	0,07	1	0,047	0,0

NOMENCLATURE DES MANOEUVRES.	GRAND MAT. RAPPORTS.			MAT DE MISAINE. RAPPORTS.			MAT D'ARTIMON. RAPPORTS.		
	Nom.	Gross.	Long.	Nom.	Gross.	Long.	Nom.	Gross.	Long.
Sa ride ou son garant..........	1	0,045	0,52	1	0,043	0,50	1	0,033	0,26
Faux étai ou draille............	1	0,064	0,66	1	0,061	0,30	»	»	»
— Son collier................	1	0,045	0,07	1	0,043	0,07	»	»	»
— Sa ride ou garant.........	1	0,035	0,20	1	0,033	0,48	»	»	»
Galhaubans pour les deux côtés..	4	0,082	2,40	4	0,079	2,20	4	0,065	1,72
— Leurs rides...............	4	0,041	0,96	4	0,039	0,95	4	0,032	0,80
Galhaubans volants à itagues....	2	0,082	1,20	2	0,079	1,10	2	0,060	0,90
— Leurs itagues............	2	0,060	0,14	2	0,057	0,13	»	»	»
— Leurs garants en quatre.....	2	0,040	0,38	2	0,037	0,36	2	0,035	0,30
Guinderesse à deux rouets......	1	0,088	2,20	1	0,085	2,00	2	0,066	1,33
Braguet.....................	1	0,088	0,60	1	0,085	0,54	1	0,066	0,40
Sa caliorne en 6.............	1	0,044	1,90	1	0,041	1,80	1	0,033	1,50
Haubans pour les deux côtés....	10	0,070	3,00	10	0,067	2,80	8	0,050	2,00
— Leurs rides..............	10	0,035	1,70	10	0,033	1,70	8	0,025	1.16
Pentoires de candelettes.......	2	0,070	0,25	2	0,066	0,22	2	0,050	0,17
Palans d'arcs-boutant..........	2	0,029	1,00	2	0,027	1,00	2	0,021	0,90
Quaranténier pour enflèchures..	72	0,019	5,00	66	0,019	4,00	50	0,015	2,50
Trelingage (branches de)......	4	0,053	0,28	4	0,049	0,26	3	0,041	0,20
VERGUES DE HUNIER......	1	0,158	0,40	1	0,142	0,35	1	0,112	0,31
Aiguillette de bout-dehors......	2	0,030	0,38	2	0,029	0,35	2	0,023	0,32
Balancines...................	2	0,053	1,70	2	0,041	1,60	2	0,034	1,50
Batards de racage.............	2	0,042	0,60	2	0,039	0,55	2	0,036	0,50
Bras en double...............	2	0,042	3,00	2	0,037	2,80	2	0,029	1,80
Pentoires en simple...........	2	0,060	0,30	2	0,057	0,27	2	0,047	0,24
Faux bras....................	2	0,042	2,00	2	0,037	1,90	2	0,032	1,20
Drisses (garants).............	2	0,042	4,00	2	0,039	3,70	1	0,031	1,90
Itagues à deux drisses.........	1	0,080	1,00	1	0,070	0,90	»	»	»
Id. en double fes^t dorm. au capel.	»	»	»	»	»	»	1	0,060	0,50
Marche-pieds.................	2	0,048	0,40	2	0,045	0,35	2	0,040	0,26
— Ses étriers..............	6	0,048	0,18	6	0,045	0,15	4	0,039	0,12
— Ses aiguillettes..........	2	0,029	0,23	2	0,027	0,21	2	0,021	0,19
Palans de roulis (garans).......	2	0,031	1,00	2	0,029	0,95	2	0,025	0,80
HUNIERS...........	1	0,132	4 fils	1	0,115	4 fils	1	0,069	4 fils
Boulines et leurs branches......	2	0,041	2,40	2	0,039	2,40	2	0,030	1,90
Cargues points en double.......	2	0,041	2,70	2	0,039	2,50	2	0,031	2,30
Cargues boulines..............	2	0,037	1,73	2	0,035	1,65	2	0,028	1,40
Cargues fonds................	2	0,057	2,13	2	0,035	2,00	2	0,028	1,80
Ecoutes en double............	2	0,057	2,60	2	0,055	2,40	2	0,045	0,50
Id. en simple..............	2	0,078	1,80	2	0,075	1,70	2	0,061	1,40
Palanquins de ris (garans en 3)..	2	0,030	2,30	2	0,027	2,10	2	0,023	1,90
Leurs itagues.................	2	0,044	1,30	2	0,041	1,20	2	0,034	0,70
Ruban de pointure de ris.......	10	0,019	1,40	10	0,019	1,40	8	0,017	0,80
MATS DE PERROQUET (A FLÈCHE).	1	0,134	1,20	1	0,130	1,16	1	0,099	0,80
Etai ridant sur le pont.........	1	0,055	0,93	1	0,051	0,95	1	0,043	0,43
— Sa ride ou son garant.....	1	0,027	0,50	1	0,025	0,50	1	0,021	0,50
Galhaubans pour les deux côtes..	4	0,050	2.95	4	0,047	2,75	4	0,037	2,50
— Leurs rides..............	4	0,025	0,60	4	0,023	0,60	4	0,019	0,40
Galhaubans volants à palan....	2	0,050	1,46	2	0,047	1,57	2	0,035	1,15
— Leurs garants............	2	0,032	0,46	2	0,029	0,40	2	0,081	0,35

NOMENCLATURE DES MANOEUVRES.	GRAND MAT. RAPPORTS.			MAT DE MISAINE. RAPPORTS.			MAT D'ARTIMON. RAPPORTS.		
	Nom.	Gross.	Long.	Nom.	Gross.	Long.	Nom.	Gross.	Long.
Haubans se ridant dans la hune.	6	0,045	2,50	6	0,041	2,30	4	0,035	1,20
— Leurs rides.	6	0,022	0,50	6	0,021	0,50	4	0,017	0,35
VERGUES DE PERROQUET.	1	0,099	0,26	1	0,091	0,23	1	0,083	0,20
Balancines.	2	0,031	1,40	2	0,029	1,30	2	0,023	1,13
Batard de racage.	1	0,033	0,12	1	0,031	0,10	1	0,029	0,10
Bras en double.	2	0,027	3,00	2	0,025	3,00	2	0,019	2,20
Id. en simple.	2	0,029	2,06	2	0,027	1,85	1	0,021	1,60
Drisse en double.	1	0,050	1,60	1	0,047	1,50	1	0,035	1,30
— Son itague.	1	0,050	1,18	1	0,047	0,16	1	0,035	0,14
Drisse en simple.	1	0,050	1,60	1	0,047	0,15	1	0,035	1,30
Marche-pieds et étriers.	2	0,036	0,23	2	0,033	0,21	2	0,027	0,19
VOILES DE PERROQUET.	1	0,042	M.S.F.*	1	0,036	M.S.F.	1	0,023	M.S.F.
Boulines et leurs branches.	2	0,027	2,40	2	0,027	2,30	2	0,023	1,60
Cargues points en simple.	2	0,029	2,00	2	0,027	1,80	2	0,023	1,50
Cargues fonds en patte d'oie.	1	0,029	1,10	1	0,027	1,00	1	0,023	1,70
Ecoute en simple.	1	0,040	2,00	2	0,037	1,85	2	0,029	1,50
FLÈCHES *ou* MAT DE CACATOIS.									
Etai allant dans la hune.	1	0,037	0,66	1	0,035	1,20	1	0,029	0,50
Sa ride.	1	0,019	0,07	1	0,017	0,06	1	0,015	0,06
Galhaubans allant dans la hune.	1	0,034	1,20	2	0,031	1,10	2	0,027	1,00
Leurs rides.	2	0,018	0,07	2	0,017	0,06	2	0,015	0,05
Haubans pour les deux côtés.	»	0,027	1,00	4	0,025	0,90	4	0,021	0,80
Drisses de flamme.	2	»	3,60	2	»	3,20	2	»	3,10
VERGUES DE CACATOIS.	1	0,053	0,18	1	0,045	0,17	1	0,040	0,15
Balancines allant dans la hune.	2	0,025	1,40	2	0,023	1,30	2	0,021	1,25
Bras en simple.	1	0,025	2,28	2	0,021	2,20	2	0,019	1,90
Drisse en simple.	1	0,034	1,90	1	0,031	1,80	1	0,027	1,50
Marche-pieds et étriers.	2	0,029	0,15	2	0,027	0,14	2	0,025	0,12
VOILES DE CACATOIS.									
Boulines et leurs branches.	2	0,019	2,28	2	0,017	2,25	2	0,015	2,00
Cargues points all^t dans la hune.	2	0,022	1,27	2	0,019	1,20	2	0,017	1,90
Cargues fonds en patte d'oie, *id.*	1	0,022	0,70	1	0,021	0,60	1	0,019	0,50
Ecoutes en simple.	2	0,029	1,60	2	0,027	1,50	2	0,025	1,20
VOILES D'ETAI.									
Pouillouse, Petit Foc et Foc d'Art.	1p.	0,051	6 fils	1p.f.	0,020	6 f.	f.d'a	0,039	6 f.
Aiguillette d'amure.	1	0,031	0,17	1	0,025	0,10	1	0.023	0,13
Cargues points pr les deux côtés.	»	»	»	»	»	»	2	0,027	1,70
Draille.	1	0,060	0,63	»	»	»	1	0,057	0,37
— Sa ride.	1	0,031	0,10	»	»	»	1	0,027	0,12
Drisse en d. simple pr le pet.foc.	1	0,050	1,20	1	0,047	1,16	1	0,033	0,80
Ecoute simple à pentoire.	1	0,060	0,25	2	0,047	1,00	1	0,045	0,20
Halebas.	1	0,053	0,53	1	0,030	0,60	1	0,027	0,45
VOILE D'ETAI DE HUNE, *Grand Foc et Diablotin.*	g^e v^e	0,076	M.S.F.	g.foc	0,051	M.S.F.	diab	0,039	M.S.F.
Amures fest retour aux haubans.	2	0,033	0,18	1	0,030	0,12	2	0,025	0,16
Aiguillettes d'amure.	1	0,027	0,25	1	0,027	0,10	1	0,025	0,12

* M. S. F. signifie mélis simple fort.

NOMENCLATURE DES MANŒUVRES.	GRAND MAT. RAPPORTS.			MAT DE MISAINE. RAPPORTS.			MAT D'ARTIMON. RAPPORTS.		
	Nom.	Gross.	Long.	Nom.	Gross.	Long.	Nom.	Gross.	Long.
Cargues....................	4	0,033	2,60	»	»	»	2	0,025	1,00
Drisse en simple...............	1	0,044	1,33	1	0,040	1,20	1	0,037	0,80
Halebas....................	1	0,031	0,80	1	0,052	0,80	1	0,025	0,50
Ecoutes en double............	2	0,035	1,60	2	0,039	1,60	»	»	»
Leurs pentoires...............	2	0,052	0,14	2	0,049	0,10	»	»	»
Ecoutes en simple............	»	»	»	»	»	»	2	0,037	0,7
FAUSSE V^le ou CONTRE V^le D'ETAI DE HUNE.......	»	0,055	M.S.F.	f.foc	0,017	M.S*	»	»	»
Amures all^t sur les haub^s de hune.	1	0,029	0,10	1	0,023	0,10	»	»	»
Draille fes^t dorm^t au capelage..	1	0,049	0,66	»	»	»	»	»	»
Draille à palan...............	1	0,049	0,93	»	»	»	»	»	»
— Son garant..............	1	0,030	1,00	»	»	»	»	»	»
Drisse en simple.............	1	0,035	1,20	1	0,033	0,90	»	»	»
Ecoutes....................	2	0,039	1,20	2	0,033	0,80	»	»	»
Halebas....................	1	0,027	0,90	1	0,023	0,70	»	»	»
VOILES D'ETAI DE PERROQUET..	»	0.043	M.S.F.	»	0,030	M.S*	»	»	»
Amure....................	1	0,022	c,30	1	0,020	0,15	»	»	»
Draille....................	1	0,057	1,06	1	0,035	0,90	»	»	»
Drisse en simple.............	1	0,033	1,40	1	0,031	0,90	»	»	»
Ecoutes....................	2	0,033	1,60	2	0,031	1,00	»	»	»
Halebas....................	1	0,021	0,92	2	0,017	0,60	»	»	»
BONNETTES BASSES......	2	0,144	M.S.	2	0,117	M.S.	»	»	»
Bouts-dehors..............	»	0,120	0,28	»	0,120	0,24	»	0,089	0,22
Amures en patte d'oie.........	»	»	»	2	0,052	1,05	»	»	»
Drisses d'en dehors...........	»	»	»	2	0,049	3,00	»	»	»
Drisses du milieu.............	»	»	»	2	0,033	1,90	»	»	»
Drisses d'en dedans...........	»	»	»	2	0,041	1,60	»	»	»
Ecoutes simples.............	»	»	»	4	0,036	0,65	»	»	»
Lève-nez de la vergue inférieure	»	»	»	2	0,035	1,25	»	»	»
Pentoires p^r les 2 drisses d'en ded.	»	»	»	2	0,049	0,40	»	»	»
BONNETTES DES HUNIERS....	2	0,187	M.S.F.	2	0,094	M.S.F.	2	0,053	M.S.
Bouts-dehors...............	»	0,089	0,20	»	0,089	0,18	»	»	»
Amures....................	2	0,040	2,30	2	0,039	2,20	2	0,037	0,32
Drisses....................	2	0,042	3,00	2	0,039	2,50	2	0,037	2,40
Ecoutes simples.............	4	0,035	1,60	4	0,035	1,50	4	0,031	1,30
BONNETTES DU GRAND PERROQUET.	2	0,045	M.S.	2	0,035	M.S.	2	0,022	M.S.
Amures allant dans la hune....	2	0,025	2,30	2	0,023	2,10	2	0,021	2,00
Drisses allant sur le pont......	2	0,025	3,30	2	0,023	3,00	2	0,021	2,00
Ecoutes allant dans la hune....	4	0,022	2,36	4	0,021	2,10	4	0,021	2,00
BONNETTES DE CACATOIS....									
Amures allant dans la hune....	2	0,020	2,00	2	0,019	1,90	»	»	»
Drisses id.............	2	0,020	2,50	2	0,019	2,30	»	»	»
Ecoutes id.............	4	0,017	1,80	2	0,015	1,90	»	»	»

* M. S. signifie mélis simple.

NOMENCLATURE DES MANŒUVRES.

NOMENCLATURE DES MANŒUVRES.	BEAUPRÉ. RAPPORTS.		
	Nom.	Gross.	Long.
MÂTS DE BEAUPRÉ.	1	0,356	1,42
Haubans.	4	0,090	0,70
— Leurs rides.	4	0,045	0,85
— Collier ou estropes d'haubans de beaupré.	1	0,090	0,08
— Son aiguillette.	1	0,020	0,15
Haubans de minots en simple.	4	0,057	0,27
— Leurs rides.	4	0,030	0,70
— Leurs estropes sur les minots.	2	0,057	0,10
Liures.	2	0,084	3,00
Sous-barbes.	2	0,097	0,56
— Fausse sous-barbe.	1	0,064	0.38
— Leurs colliers ou estropes.	2	0,097	0,15
— Leurs rides.	2	0,048	0,60
Garde-corps.	2	0,050	0,53
— Les aiguillettes.	2	0,017	0,16
VERGUE DE CIVADIÈRE.	1	0,150	0,37
Balancines en double.	2	0,031	1,45
Bras en double.	2	0,031	2,24
Pentoires d'*id.* en simple.	2	0,046	0,14
Civière ou racage.	1	0,063	0,20
— Son aiguillette.	1	0,020	0,14
Marche-pieds.	2	0,043	0,29
— Leurs étriers.	6	0,034	0,30
— Leurs aiguillettes.	1	0,028	0,22
Palan debout.	1	0,050	0,20
VOILE DE CIVADIÈRE.	1	0,038	M.D*
Cargues points.	2	0,033	1,06
Cargues fonds.	2	0,030	1,00
Écoutes.	2	0,040	0,76
BOUT-DEHORS DE BEAUPRÉ A FLÈCHE.	1	0,130	1,50
Aiguillette.	1	0,047	0,88
Haubans.	4	0,047	2,10
— Leurs palans en trois.	4	0,030	2,50
Marche-pieds.	2	0,044	0,40
— Ses aiguillettes.	2	»	»
Martingale à palan.	1	0,047	0,26
— Son palan.	1	0,030	0,45
Haubans de clin foc.	2	0,035	1,20
Marche-pieds.	2	0,035	0,18
Martingale de clin foc.	1	0,035	0,26
VERGUE DE CONTRE-CIVADIÈRE.	1	0,100	0,27
Balancines en simple.	2	0,030	1,10
Bras, *id.*	2	0,030	1,70
Collier ou racage.	1	0,033	0,12
Drisse ou palan debout.	1	0,027	1,60

* M. D. signifie mélis double.

NOMENCLATURE DES MANŒUVRES.	MANŒUVRES DES ANCRES. RAPPORTS.		
	Nom.	Gross.	Long.
Voile de Contre-Civadière....................	1	0,037	M.S.F.
Cargues points.......................................	2	0,000	1,20
Cargues fonds à patte d'oie..........................	1	0,030	0,60
Ecoutes...	2	0,035	1,00
Manœuvres des Ancres.			
1er Câbles de 120 brasses.......			
2es id. id.	5	0,234	»
3es id. id.			
3es id. id.	1	0,222	»
1er Grelin de 120 brasses..........................	1	»	»
2e id. id.	1	0,109	»
1re Aussière de 120 brasses.........................	1	0,089	»
2e id. id.	1	0,081	»
Bosses de pont......................................	14	0,117	0,80
— Leurs aiguillettes en double sur une partie de leurs longueurs...	»	0,031	4,00
Bosses à fouet pour fosses aux cables.................	»	0,086	0,82
— Id. Cassantes et à croc............................	»	0,086	0,34
Bosses debout de grandes ancres.....................	2	0,117	1,00
Capons (garans).....................................	2	0,035	2,20
Garnitures de bouée (grandes et petites).............	6	0,037 } 0,029	2,60
Orins de grandes ancres.............................	3	0,117	2,80
Orins d'ancre à jet..................................	2	0,067	1,40
Serre-bosses de grandes ancres.......................	3	0,085	1,00
— Id. d'ancres à jet...............................	2	0,051	1,00
Tournevire...	1	0,117	1,75
— Son aiguillette...................................	1	0,031	0,20
Traversière d'ancre.................................	»	0,092	0,30
Traversin ou chatte.................................	»	0,075	0,53
Drosses pour la barre du gouvernail..................	1	0,055	0,66
— Ses palans pour les roidir........................	2	0,027	0,35
Echelle de poupe....................................	2	0,037	0,70
— Id. pour les haubans des bas-mâts, des deux côtés...	6	0,043	0,90
Garants de palan de barre de gouvernail..............	2	0,037	1,10
— Id. des palans à fouet et à crocs..................	16	0,035	3,50
— Id. des palans à croc.............................	16	0,035	3,50
Palans de dimanche.................................	6	0,027	3,70
— Id. de porte-manteau..............................	2	0,033	1,40
— Id. de chaloupe pour lever les ancres.............	1	0,043	1,30
Garniture de la bouée de sauvetage...................	»	0,032	»
Haubans de balancine et bras de tangon..............	»	0,045	1,20
Sauve-gardes de gouvernail..........................	2	0,059	0,50
Saisine ou risse en double de chaloupe...............	2	0,060	0,50
Tire-vieille pour les escaliers en dehors du bord......	4	0,053	»
Gréement des Embarcations.			
Chaloupe (*rapport de sa longueur à celle du bâtiment*).......	»	»	0,22
Amures de ses voiles................................	2	0,023	0,13
Cablot...	1	0,055	1,19
Drisses doubles.....................................	2	0,023	0,62
Ecoutes simples.....................................	4	0,023	0,44
Etai du grand mât et du mât de misaine..............	2	0,035	»

NOMENCLATURE DES MANOEUVRES.	GRÉEMENT DES EMBARCATIONS. RAPPORTS.		
	Nom.	Gross.	Long.
Haubans.	4	0,035	0,50
Itagues.	2	0,031	0,30
Remorque.	1	0,084	1,00
Sabaille.	2	0,043	1,18
GRAND CANOT.	»	»	0,20
Amures de ses voiles.	2	0,021	0,07
Cablot.	1	0,045	1,03
Drisses doubles.	2	0,021	0,55
Ecoutes simples	4	0,021	0,41
Haubans.	4	0,029	0,44
Remorque.	1	0,074	0,85
Sabaille.	1	0,033	1,03
SECOND CANOT.	»	»	0,16
Amures de ses voiles.	2	0,019	0,06
Cablot.	1	0,043	0,91
Drisses doubles.	2	0,019	0 49
Ecoutes simples.	4	0,025	0,37
Itagues et dresses simples.	2	0,025	0,24
Remorque.	1	0,064	0,73
Sabaille.	1	0,033	0,91
MANŒUVRES DE COMBAT (*suivant le réglement*).			
Fausses Cargues points de grande voile (simples).	2	0,039	1,40
Id. de misaine.	2	0,037	1,30
Fausses Cargues fonds de grande voile.	2	0,035	1,50
Id. de misaine.	2	0,032	1,35
Fausse itague de grand hunier.	1	0,080	0 50
Id. de petit.	1	0,072	0,45
Fausses balancines de grande vergue.	2	0,064	1,00
Id. de misaine.	2	0,060	1,00
Fausses boulines de basses voiles.	4	0,045	2,60
CORDAGE DE RECHANGE (*suivant le réglement*).			
Amures de grande voile.	2	0,065	2,30
Id. de misaine.	2	0,062	2,00
Drisses de basses vergues.	2	0,058	3,90
Ecoutes de grande voile.	2	0,071	2,20
Id. de misaine.	2	0,065	2,05
Id. de grand hunier.	2	0,057	2,60
Id. de petit hunier.	2	0,055	2,40
Guinderesses de mât de hune.	2	0,088	4,40
Itague de vergue de hune (double).	2	0,080	2,00
Tournevire.	1	0,117	1,75
Cordages en pièces.	»	0,073	3,35
Id.	»	0,069	2,75
Id.	»	0,063	5,40
Id.	»	0,051	7,35
Id.	»	0,043	6,60
Id.	»	0,032	5,25
Id.	»	0,027	5,25
Id.	»	0,025	4,80
Id.	»	0,023	5,60
Id.	»	0,021	8,40

TABLEAU

INDIQUANT LES MANŒUVRES DONT LE NOMBRE VARIE SUIVANT LE RANG OU LES DIMENSIONS DES BATIMENS, D'APRÈS LE RÉGLEMENT DE 1807.

		VAISSEAUX de 100 à 120.	de 80.	de 74.	FRÉG. de 36 à 44 CAN^s.	CORV. de 20 à 26 CAN^s.	BRICK de G^e. de 14 à 18.	FLUTE de 6 à 700 Tonn.	GAB^e. de 3 à 500 Tonn.	BRICK de 150 à 200 Tonn.
BAS-MATS.										
Jambe de hune	Grand Mât	12	12	10	10	8	8	8	8	6
	Mât de misaine	12	12	10	10	8	8	8	8	6
	Mât d'artimon	10	8	8	8	6	»	6	6	»
Haubans et rides	Grand Mât	22	20	18	16	14	12	12	12	10
	Mât de misaine	20	18	16	14	12	10	10	10	8
	Mât d'artimon	14	12	10	10	8	»	8	8	»
Pendeurs	Grand Mât	4	4	4	4	4	2	4	4	2
	Mât de misaine	4	4	4	4	4	2	4	4	2
	Mât d'artimon	2	2	2	2	2	»	2	2	»
Cargues fonds	Grand Mât	4	4	4	4	2	2	2	2	2
	Mât de misaine	4	4	4	4	2	2	2	2	2
	Mât d'artimon	»	»	»	»	»	»	»	»	»
Cargues boulines	Grand Mât	4	4	4	4	2	2	2	2	2
	Mât de misaine	4	4	4	4	2	2	2	2	2
	Mât d'artimon	»	»	»	»	»	»	»	7	»
Branches de treling	Grand Mât	6	6	5	5	4	3	4	4	5
	Mât de misaine	6	5	5	4	4	5	4	4	5
	Mât d'artimon	5	4	4	4	3	»	3	3	»
MATS DE HUNE.										
Cargues fonds	Grand Mât	4	4	4	4	2	2	2	2	2
	Mât de misaine	4	4	4	4	2	2	2	2	2
	Mât d'artimon	2	2	2	2	2	»	2	2	»
Galhaub. et leurs rides	Grand Mât	6	6	6	6	6	4	6	6	4
	Mât de misaine	6	6	6	6	6	4	4	4	4
	Mât d'artimon	4	4	4	4	4	»	4	4	»
Haub. et leurs rides	Grand Mât	12	12	10	10	8	6	8	8	6
	Mât de misaine	12	10	10	8	8	6	8	8	6
	Mât d'artimon	»	8	8	8	6	»	6	6	»
MATS DE PERROQUET.										
Haub. et leurs rides	Grand Mât	6	6	6	6	4	4	6	4	4
	Mât de misaine	5	6	6	6	4	4	4	4	4
	Mât d'artimon	6	6	6	6	4	»	4	4	»
DIVERSES MANŒUVRES.										
Garnitures de bouées		7	7	7	7	6	5	6	6	5
Palans à croc		22	20	18	16	14	10	12	10	8
Id. à fouet		22	20	18	16	14	10	12	10	8

TABLE

INDIQUANT LE RAPPORT DES DIMENSIONS DES MATS, DES VERGUES ET DES MANŒUVRES NÉCESSAIRES AUX GOÊLETTES ET AUX CÔTRES, AINSI QUE CELUI DE LA QUANTITÉ DE TOILE EMPLOYÉE A CHACUNE DE LEURS VOILES.

NOMENCLATURE DES MANŒUVRES.	GOÊLETTES.						COTRES.		
	GRAND MAT.			M T DE MISAINE.			GRAND MAT.		
	RAPPORTS.			RAPPORTS.			RAPPORTS.		
	Nom.	Gross.	Long.	Nom.	Gross	Long.	Nom.	Gross.	Long.
BAS-MATS	1	0,380	3,00	1	0,370	2,90	1	0,590	3,21
Bredindin (suspente de)	1	0,100	0,36	»	»	»	»	»	»
— Garants pour *id*..	1	0,050	2,00	»	»	»	»	»	»
— Guide en double	1	0,085	1,50	»	»	»	»	»	»
Caliornes (garans de)	2	0,076	4,40	2	0,075	»	2	0,060	1,00
Itagues de Caliorne ou bastague.	»	»	»	»	»	»	2	0,115	0,36
Pentoires	2	0,150	0,27	2	0,145	»	2	0,160	0,26
Etai simple	1	0,151	0,61	1	0,170	»	1	0,200	0,51
Son collier	1	0,090	»	»	0,130	»	»	»	»
Sa ride	1	0,047	0,30	1	0,080	»	1	0,100	0,36
Etai du gr. foc serv. de sous-barbe	»	»	»	1	0,151	0,70	»	»	»
— Sa ride	1	0,075	0,50	1	0,075	0,40	»	»	»
Gambes de hune simple	4	0,057	0,30	»	0,057	0,30	»	»	»
Haubans pour les deux côtés.	6	0,151	2,70	6	0,151	2,60	8	0,160	5,70
— Leurs rides	6	0,075	1,50	6	0,075	1,50	8	0,083	2,50
BASSES VERGUES	1	0,154	0,46	1	0,154	0,46	1	0,230	0,70
Aiguillettes de bout dehors,	2	0,035	0,36	2	0,033	0,35	»	»	»
Balancines simples.	2	0,057	2,20	2	0,052	2,10	2	0,060	2,20
Balancine de gui en double.	1	0,060	2,00	»	»	»	1	0,100	2,10
— Ses garants de palan.	2	0,030	1,50	»	»	»	2	0,050	0,60
Bras simples	2	0,057	1,90	2	0,052	1,85	2	0,060	1,75
Drisse (garant de)	1	0,057	1,70	2	0,055	1,60	1	0,060	»
Drisse de la corne	1	0,057	2,10	1	0,052	2,00	1	0,070	2,20
Drisse du pic (à l'anglaise)	1	0,057	2,50	1	0,055	2,35	1	0,090	2,50
Hale-bas du pic..	1	0,044	1,00	1	0,040	1,00	1	0,050	1,00
Drosse allant sur le pont.	1	0,080	0,50	1	0,075	0,48	»	»	»
— Son garant.	1	0,040	0,60	1	0,038	0,55	»	»	»
Ecoute de la bôme (palan)	1	0,057	0,55	1	0,049	2,75	1	0,065	1,35
Marche-pieds de basses vergues.	2	0,050	0,50	2	0,046	0,27	»	»	»
— Etriers	»	0,036	0,18	»	0,033	0,15	»	»	»
— Aiguillette pour *id*.	»	0,031	0,18	»	0,029	0,16	»	»	»
Marche-pieds de la bôme.	»	0,050	0,50	»	»	»	2	0,060	0,35
Pentoire de retenue de la bôme.	2	0,080	0,50	»	»	»	2	0,100	0,50
Palans d'*id*.	2	0,047	3,00	»	»	»	2	0,050	3,00
Suspente de vergue.	1	0,090	0,40	1	0,085	0,35	»	»	»
Son estrope sur la vergue	1	0,090	0,10	1	0,085	0,11	»	»	»
BASSES VOILES	1	0,184	»	1	0,140	»	1	0,310	»
Voile de Fortune	»	»	»	»	0,136	»	»	0,250	»

NOMENCLATURE DES MANŒUVRES.	GOÊLETTES.						COTRES.		
	GRAND MAT.			MAT DE MISAINE.			GRAND MAT.		
	RAPPORTS.			RAPPORTS.			RAPPORTS.		
	Nom.	Gross.	Long	Nom.	Gross.	Long.	Nom.	Gross.	Long.
Amures de voile de fortune.....	2	0,068	0,30	2	0,065	0,75	2	0,081	0,90
Id. de la grande voile à pal.	2	0,039	0,44	»	»	»	2	0,047	0,43
Id. de la misaine.........	»	»	»	2	0,040	0,44	»	»	»
Ecoutes des voils de fortune simp.	1	0,068	0,80	2	0,065	0,75	2	0,080	0,88
Id. de la misaine à palan...	»	»	»	2	0,052	2,75	»	»	»
Cartahus du milieu pour id. (dou.)	1	0,053	1,20	1	0,050	1,15	1	0,060	1,30
Id. d'empointure (simples).	2	0,050	2,15	1	0,050	1,10	2	0,060	2,25
Cargue point d'amure de brige..	1	0,045	0,90	»	»	»	1	0,050	0,90
Cargue de la misaine.........	»	0,045	3,60	»	»	»	»	»	»
MATS DE HUNE..	1	1,194	1,60	1	0,190	1,54	1	0,200	1,74
Etai....	1	0,085	0,90	1	0,080	1,00	1	0,100	1,30
— Son collier....	1	0,060	»	»	»	»	1	0,070	»
— Sa ride....	1	0,040	0,30	1	0,040	0,45	1	0,050	0,40
Galhaubans pour les deux côtés.	4	0,080	2,80	2	0,075	2,70	4	0,096	2,80
— Rides.....	4	0,040	1,00	»	0,038	1,00	2	0,045	1,20
Guinderesse.....	1	0,080	1,70	1	0,075	1,65	1	0,096	1,70
Haubans pour les deux côtés...	4	0,060	1,00	»	0,055	0,75	4	0,072	1,30
Leurs rides.....	2	0,030	0,66	»	0,025	0,66	2	0,085	0,72
VERGUES DE MATS DE HUNE..	1	0,142	0,35	1	0,142	0,35	1	0,198	0,50
Balancines simples.....	2	0,045	2,00	2	0,043	2,00	2	0,054	2,30
Batard de racage.....	1	0,045	0,18	1	0,043	0,16	1	0,054	0,19
Bras simples.....	2	0,040	2,30	2	0,040	2,20	2	0,048	2,20
Drisse en trois.....	1	0,049	1,80	1	0,049	0,75	1	0,060	1,90
Itague de drisse en simple.....	1	0,075	0,30	1	0,068	0,28	1	0,090	0,35
Marche-pieds.....	2	0,045	0,25	2	0,042	0,25	2	0,054	2,30
Etriers pour id.....	2	0,030	0,14	2	0,028	0,12	2	0,036	0,16
HUNIERS...	1	0,105	»	1	0,098	»	1	0,197	»
Boulines.....	2	0,036	2,00	2	0,033	2,11	2	0,044	2,00
Branches de boulines.....	2	0,036	0,14	2	0,033	0,12	2	0,044	0,14
Cargue points double.....	2	0,036	2,60	2	0,033	2,55	2	0,044	2,60
Cargue fonds.....	2	0,039	2,00	2	0,036	1,65	2	0,047	2,00
Ecoutes simples.....	2	0,070	1,80	2	0,060	1,75	2	0,085	1,90
FLÈCHES DU MAT DE HUNE...	1	»	0,40	1	»	0,38	1	»	0,44
Etai.....	1	0,047	1,00	1	0,045	1,20	1	0,056	1,35
Collier d'id.....	1	0,047	»	1	0,045	»	1	0,056	»
Galhaubans.....	2	0,044	1,50	2	0,042	1,45	1	0,052	1,50
Rides pour id.....	2	0,022	1,50	2	0,021	1,50	2	0,026	0,50
Drisse de flamme.....	2	0,025	1,50	2	0,025	1,50	2	0,025	1,60
PERROQUETS VOLANTS....	1	0,024	»	1	0,022	»	1	0,092	»
Bras simples.....	2	0,028	2,20	2	0,026	2,20	2	0,034	2,60
Drisse simple.....	1	0,044	1,65	1	0,042	1,60	1	0,052	1,50
Ecoute en quaranténier.........	»	»	1,80	»	»	1,75	»	»	»

NOMENCLATURE DES MANOEUVRES	GOÊLETTES. GRAND MAT. RAPPORTS.			COTRES. GRAND MAT. RAPPORTS.		
	Nom.	Gross.	Long.	Nom.	Gross.	Long.
MAT DE BEAUPRÉ.						
Haubans	2	0,086	0,50	2	0,100	1,00
Collier	1	0,086	»	»	»	»
Rides pour *id.*	2	0,043	»	2	0,050	0,80
Liûres	1	0,086	1,70	»	»	»
Sous-barbe	1	0,100	0,08	1	0,120	0,80
Collier pour *id.*	1	0,100	0,06	»	»	»
Rides	1	0,050	0,30	»	»	»
Guinderesse	»	»	»	1	0,080	0,80
BATON ET FOC.						
Aiguillette	1	0,050	0,65	»	»	»
Haubans	2	0,050	0,86	»	»	»
Marche-pieds	1	0,050	0,40	»	»	»
TRINQUETTE	»	0,062	»	1	0,072	»
Aiguillette d'amure	1	0,031	0,16	1	0,035	»
Drisse double	1	0,035	1,30	1	0,050	1,40
Ecoute simple	1	0,041	0,30	1	0,054	0,30
Hale-bas	1	0,056	0,55	1	0,045	0,50
GRAND FOC	1	0,052	»	1r foc 0,102 » ; 2e *id.* 0,072 » ; 2e *id.* 0,045 »		
Amures	1	0,036	0,22	1	0,120	0,90
Palan pour *id.*	»	»	»	1	0,050	1,30
Drisse double	1	0,040	1,15	1	0,080	1,80
Ecoutes doubles	2	0,036	»	»	»	»
Id. simples	»	»	»	2	0,120	»
Pentoires pour *id.*	2	0,057	»	2	0,100	»
Hale-bas	1	0,035	0,70	1	0,040	0,50
PETIT FOC.						
Amures servant de martingale	1	0,039	0,60	»	»	»
Drisse simple	1	0,039	1,40	»	»	»
Ecoutes simples	2	0,036	0,60	»	»	»
Hale-bas	1	0,032	0,85	»	»	»
Draille simple	1	0,056	1,50	»	»	»
CLIN FOC	1	0,050	»	»	0,090	»
Amure	1	0,045	1,00	1	0,055	1,00
Drisse	1	0,042	1,60	1	0,050	2,00
Ecoute	1	0,042	0,70	1	0,050	0,70
BONNETTES BASSES	2	0,019	»	2	0,200	»
Amures simples à pattes d'oie	2	0,050	1,80	2	0,060	1,60
Drisses d'en dehors	2	0,050	2,50	2	0,060	2,80
Id. d'en dedans	2	0,045	2,00	2	0,050	2,10
Ecoutes simples	2	0,035	0,60	2	0,040	0,60

NOMENCLATURE DES MANŒUVRES.	GOËLETTES. GRAND MAT. RAPPORTS.			COTRES. GRAND MAT. RAPPORTS.		
	Nom.	Gross.	Long.	Nom.	Gross.	Long.
BONNETTES DE HUNIER						
Pour être amenées sur le pont.	2	0,080	«	2	0,130	»
Amures.	4	0,045	5,20	2	0,055	3,00
Drisses.	4	0,040	6,00	2	0,050	3,00
Ecoutes simples.	4	0,035	4,00	2	0,040	2,00
FLÈCHES EN CUL.	»	»	»	1	0,070	0,80
Amures simples (servant de hale-bas).	1	0,053	0,70	1	0,045	2,00
Drisse.	1	0,053	1 60	1	0,045	2,00
Ecoute.	1	0,053	1,30	1	0,045	1,50
Cargue.	1	0,027	1,20	1	0,036	1,40
MANŒUVRES DES ANCRES.						
1er Cable.	1	0,240	»	1	0,260	»
2e Id.	1	0,230	»	1	0,230	»
1er Grelin.	1	0,114	»	1	0,114	»
1re Aussière.	1	0,090	»	1	0,077	»
2me Aussière.	1	0,070	»	1	0,080	»
Bosses debout.	2	0,108	0,70	2	0,110	2,00
Serres-bosses.	2	0,090	0,80	2	0,100	2,00
Bosses de pont.	6	0,115	0,70	4	0,110	»
Garant de capon.	2	0,060	2,40	2	0,060	1,50
Orins de capon.	3	0,100	4,50	2	0,100	4,00
Id. d'ancre à touer.	2	0,066	1,50	1	0,060	2,00
Traversières avec leurs crocs.	2	0,100	0,30	2	0,100	0,30
MANŒUVRES DIVERSES.						
Garants de palan à croc et à fouet.	6	0,050	4,50	6	0,050	4,50
Id. de porte-manteau.	2	0,050	1,20	2	0,050	0,20
Sauve-garde de gouvernail.	2	0,080	0,36	2	0,080	0,40
Risses de chaloupes.	4	0,052	0,40	4	0,080	0,40
MANŒUVRES DE LA CHALOUPE.						
Drisses, amures, écoutes de voiles.	»	0,040	1,50	»	0,040	1,50
Cablot.	1	0,060	1,30	1	0,060	1,30
Sabaille.	1	0,043	1,30	1	0,054	1,30
Bosse ou remorque.	1	0,100	1,20	1	0,100	1,20

N° 3.

TABLE

PRÉSENTANT LES RAPPORTS DE LA QUANTITÉ DE BITORD, FOURRURES, BASANE, ETC., NÉCESSAIRE AU GRÉEMENT DES TROIS MATS ET DES BRICKS.

1re SECTION. RAPPORT AU CARRÉ DE BAU.	3 MATS.	BRICKS.	2e SECTION. RAPPORT AU MAÎTRE-BAU.	3 MATS.	BRICKS.
Bitord..........................	1,045	0,889	Merlin.......................	1,75	1,32
Fourrure.......................	0,342	0,301	Lig. de 3 à 6...............	2,56	2,02
Basane.........................	0,063	0,052	*Id.* de 6 à 12.............	2,05	1,45
Suif...........................	0,100	0,080	Quar de 6.	0,30	0,25
Goudron........................	0,240	0,180	*Id.* de 9.................	0,50	0,43
			Id. de 12................	0,40	0,38

Nota. Le rapport du bitord est donné par cette table en kilogramme, celui de la fourrure en mètre, celui du suif, du goudron en kilogramme, enfin celui du merlin, ligne et quaranténier en pièces de 90 brasses.

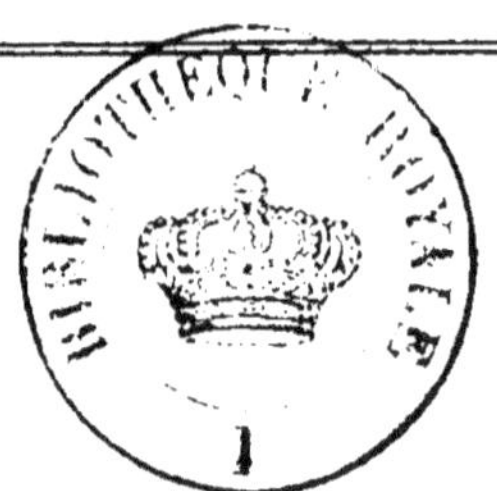
BIBLIOTHEQUE ROYALE

A.

ABLEAU

INDIQU…
…QUA DES MANOEUVRES COMMISES D'APRÈS L'ANCIEN PROCÉDÉ.
LE G…

RAPPORTS.	S.	CORVETTES.			FRÉGATES.			VAISSEAUX.			
	136	3600	3844	4096	5174	6400	7056	7744	8464	9296	10,000
	28	30	32	34	36	40	42	44	46	48	50 pᵈ
0.014											
0.019											
0.023											
0.027											
0.030											
0.035											

GROSSEURS EN POUCES.

RAPPORTS.	S.	CORVETTES.			FRÉGATES.			VAISSEAUX.			
0.039											
0.043	7/8	1 »	1 »	1 1/8	1 1/4	1 3/8	1 3/8	1 3/8	1 1/2	1 5/8	1 3/4
0.047	1/8	1 1/8	1 1/4	1 1/4	1 3/8	1/2	1 1/2	1 5/8	1 3/4	1 7/8	2 »
0.051	1 3/8	1 3/8	1 1/2	1 5/8	1 5/8	1 3/4	1 7/8	2 »	2 »	2 1/8	2 1/4
0.055	1 1/2	1 5/8	1 3/4	1 3/4	2 »	2 1/4	2 3/8	2 3/8	2 1/2	2 5/8	2 3/4
0.059	1 3/4	1 7/8	2 »	2 1/8	2 1/4	2 5/8	2 3/4	2 7/8	2 7/8	3 »	3 1/8
0.063	2 »	2 1/8	2 1/4	2 3/8	2 1/2	2 3/4	2 7/8	3 »	3 1/8	3 1/4	3 1/2
0.067	2 1/5	2 3/8	2 5/8	2 1/2	2 3/4	3 »	3 1/8	3 1/4	3 1/2	3 5/8	3 3/4
0.071	2 1/2	2 5/8	2 3/4	2 7/8	3 »	3 1/4	3 3/8	3 1/2	4 »	4 1/8	4 1/4
0.075	2 5/8	2 7/8	3 »	3 1/4	3 3/8	3 1/2	3 3/4	3 7/8	4 1/4	4 3/8	4 5/8
0.079	2 7/8	3 1/8	3 1/4	3 1/2	3 3/4	4 »	4 1/4	4 1/2	4 3/4	4 7/8	5 »
0.083	3 1/8	3 3/8	3 3/8	3 3/4	4 »	4 1/4	4 1/2	4 3/4	5 »	5 1/8	5 3/8
0.087	3 3/8	3 1/2	3 5/8	4 »	4 1/4	4 7/8	5 »	5 1/4	5 3/8	5 1/2	5 5/8
0.091	3 1/2	3 3/4	3 7/8	4 1/4	4 1/2	5 »	5 1/4	5 1/2	5 3/4	5 7/8	6 »
0.095	3 3/4	4 »	4 1/8	4 1/2	4 3/4	5 3/8	5 1/2	5 3/4	6 »	6 1/8	6 1/4
0.100	4 »	4 1/4	4 5/8	4 3/4	5 1/8	5 7/8	5 7/8	6 1/8	6 1/4	6 5/8	7 »
0.105	4 1/4	4 1/2	4 5/8	4 5/8	5 1/2	6 »	6 1/8	6 1/2	6 3/4	7 »	7 3/8
0.109	4 3/8	4 3/4	4 7/8	5 1/4	5 3/4	6 1/4	6 3/8	6 3/4	7 1/8	7 5/8	7 5/8
0.113	4 5/8	5 »	5 1/8	5 1/2	6 »	6 1/2	6 5/8	7 1/4	7 5/8	7 3/4	8 »
0.117	4 7/8	5 1/4	5 3/8	5 3/4	6 3/8	7 »	7 1/8	7 1/2	8 »	8 1/8	8 1/2
0.120	5 1/8	5 1/2	5 5/8	6 »	6 5/8	7 3/8	7 5/8	8 »	8 3/8	8 1/2	9 »
0.130	5 3/8	5 3/4	5 7/8	6 3/8	6 7/8	8 »	8 »	8 1/4	8 3/4	9 »	9 5/8
0.150	5 3/4	6 1/8	6 1/4	6 1/2	7 3/8	8 1/4	8 3/8	8 3/4	9 1/8	9 5/8	10 »
0.160	5 7/8	6 1/4	6 3/8	6 3/4	7 3/4	8 1/2	8 3/4	9 1/8	9 1/2	9 3/4	10 1/4
0.180	6 1/8	6 1/2	6 5/8	7 »	8 »	8 3/4	8 7/8	9 1/4	10 »	10 1/4	10 5/8
0.190	6 1/4	6 3/4	7 »	7 1/4	8 1/4	8 7/8	9 »	9 1/2	10 1/4	10 1/2	11 1/8
0.200	6 1/2	7 »	7 1/4	7 1/2	8 1/2	9 1/8	9 1/4	10 »	10 1/2	10 3/4	11 1/2
	6 3/4	7 1/8	7 1/2	7 3/4	9 »	9 5/8	9 3/4	10 1/2	11 »	11 3/8	11 3/4

Mai

N° 4.	N° 5.	N° 6.		A.
TABLEAU	**CONVERSION**	**TARIF**		**TABLEAU**
indiquant le rapport de la quantité de cordage pour le gréement des bâtimens.	des pouces en parties décimales du mètre.	de correspondance entre les cordages anciens et ceux du nouveau commettage (1).		servant à déterminer la grosseur des manœuvres commises d'après l'ancien procédé.

N° 4. — TABLEAU

indiquant le rapport de la quantité de cordage pour le gréement des bâtimens.

RAPPORTS.	TROIS MATS.	BRICKS.	GOËLETTES.	COTRES.
0.014	12.12	5.70	»	»
0.019	44.82	32.28	»	»
0.023	85.76	35.81	5.00	»
0.027	91.49	75.67	9.58	2.10
0.030	65.82	48.48	5.65	»
0.033	99.32	84.59	24.08	4.88
0.039	65.85	48.1	23.95	6.00
0.043	62.74	5.65	29.12	»
0.047	43.5	38.55	10.87	56.53
0.053	98.08	25.09	28.42	56.30
0.055	28.73	17.11	5.97	9.74
0.059	21.84	19.79	22.30	19.45
0.063	29.81	25.01	»	»
0.067	28.15	25.82	4.88	1.55
0.071	16.40	16.40	1.80	6.00
0.073	7.88	7.88	8.03	»
0.079	5.89	5.88	11.26	3.18
0.083	11.07	11.07	»	2.54
0.087	6.80	6.80	15.06	1.90
0.091	13.57	9.70	1.50	0.35
0.095	0.80	»	»	»
0.100	0.40	1.11	6.50	7.26
0.105	»	»	»	»
0.109	»	»	0.70	3.00
0.113	7.58	7.58	»	»
0.117	13.04	13.04	0.70	0.56
0.120	0.67	0.67	»	1.70
0.130	0.20	0.20	»	»
0.150	»	»	6.88	1.50
0.160	»	»	»	3.90
0.180	0.44	0.44	»	»
0.190	0.64	0.64	»	»
0.200	»	»	»	0.50

N° 5. — CONVERSION

des pouces en parties décimales du mètre.

POUCES.	MILLIMÈTRES.	POUCES.	MILLIMÈTRES.
1 »	0.027	8 3/4	0.236
1 1/4	0.033	9 »	0.243
1 1/2	0.040	9 1/4	0.250
1 3/4	0.046	9 1/2	0.257
2 »	0.053	9 3/4	0.263
2 1/4	0.059	10 »	0.270
2 1/2	0.065	10 1/4	0.277
2 3/4	0.074	10 1/2	0.283
3 »	0.081	10 3/4	0.290
3 1/4	0.087	11 »	[illegible]
3 1/2	0.094	11 1/4	[illegible]
3 3/4	0.100	11 1/2	0.311
4 »	0.108	11 3/4	0.318
4 1/4	0.115	12 »	[illegible]
4 1/2	0.121	12 1/4	0.331
4 3/4	0.128	12 1/2	[illegible]
5 »	0.135	12 3/4	0.344
5 1/4	0.142	13 »	0.350
5 1/2	0.148	13 1/4	0.356
5 3/4	0.155	13 1/2	0.362
6 »	0.162	13 3/4	[illegible]
6 1/4	[illegible]	14 »	[illegible]
6 1/2	0.176	[illegible]	0.384
6 3/4	0.182	[illegible]	0.390
7 »	0.189	14 3/4	0.398
7 1/4	0.196	15 »	0.406
7 1/2	0.203	15 1/4	0.413
7 3/4	0.209	15 1/2	[illegible]
8 »	0.216	15 3/4	[illegible]
8 1/4	0.223	16 »	[illegible]
8 1/2	0.230	16 1/4	[illegible]
»	0.50	»	»

N° 6. — TARIF

de correspondance entre les cordages anciens et ceux du nouveau commettage (1).

GROS. anc.	GROSSEUR nouvelle		GROSS. ancien	GROSSEUR nouvelle	
	Angl.	Gaulois		Angl.	Gaulois
1 »	»	»	8 3/4	7 3/4	8 »
1 1/4	»	»	9 »	8 »	8 1/4
1 1/2	»	»	9 1/4	8 1/4	8 1/2
1 3/4	»	»	9 1/2	8 1/2	8 1/2
2 »	»	»	9 3/4	8 3/4	8 3/4
2 1/4	»	»	10 »	9 »	9 »
2 1/2	»	»	10 1/4	9 »	9 1/4
2 3/4	2 1/2	»	10 1/2	»	9 1/2
3 »	2 3/4	»	10 3/4	»	9 1/4
3 1/4	3 »	»	11 »	»	9 3/4
3 1/2	3 1/4	»	11 1/4	»	[illegible]
3 3/4	3 1/2	3 3/4	11 1/4	»	[illegible]
4 »	3 3/4	3 3/4	11 3/4	»	[illegible]
4 1/4	4 »	4 »	12 »	»	11 3/4
4 1/2	4 1/4	4 1/4	12 1/4	»	[illegible]
4 3/4	4 1/4	4 1/4	12 1/2	»	[illegible]
5 »	4 1/2	4 1/2	12 3/4	»	[illegible]
5 1/4	4 3/4	4 3/4	13 »	»	[illegible]
5 1/2	5 »	5 »	13 1/4	»	[illegible]
5 3/4	5 »	5 1/4	13 1/2	»	[illegible]
6 »	5 1/4	5 1/2	13 3/4	»	[illegible]
6 1/4	5 1/2	5 3/4	14 »	»	[illegible]
6 1/4	5 3/4	6 »	14 1/4	»	[illegible]
6 1/2	6 »	6 1/4	14 1/2	»	[illegible]
7 »	6 1/4	6 1/2	14 3/4	»	[illegible]
7 1/4	6 1/2	6 3/4	15 »	»	[illegible]
7 1/2	6 3/4	»	15 1/4	»	[illegible]
7 3/4	7 »	»	15 1/2	»	[illegible]
8 »	7 1/4	»	15 3/4	»	[illegible]
8 1/4	7 1/4	»	16 »	»	[illegible]
8 1/2	7 1/2	8 »	16 1/4	»	[illegible]

A. — TABLEAU

servant à déterminer la grosseur des manœuvres commises d'après l'ancien procédé.

	SLOUPS, GOËLETTES et BRICKS.							CORVETTES.		FRÉGATES.			VAISSEAUX.		
Larg.	1024	1296	1600	1936	2304	2704	3136	3600	3844	4096	5184	6400	7056	7744	8464	9216
	16	18	20	22	24	26	28	30	32	34	36	40	42	44	46	48
Rapp.	GROSSEURS EN POUCES															
0.014	3,8	1/2	5,8	5/8	5/4	7/8	[illegible]	[illegible]	[illegible]	[illegible]	[illegible]	[illegible]	[illegible]	[illegible]	[illegible]	[illegible]
0.019	1/2	5/8	3/4	5/4	7/8	[illegible]	[illegible]	[illegible]	[illegible]	[illegible]	[illegible]	[illegible]	[illegible]	[illegible]	[illegible]	[illegible]
0.023	5,1	3/4	7/8	[illegible]	[illegible]	[illegible]	[illegible]	[illegible]	[illegible]	[illegible]	[illegible]	[illegible]	[illegible]	[illegible]	[illegible]	[illegible]
0.027	7/8	[illegible]	[illegible]	[illegible]	[illegible]	[illegible]	[illegible]	[illegible]	[illegible]	[illegible]	[illegible]	[illegible]	[illegible]	[illegible]	[illegible]	[illegible]
0.031	[illegible]	[illegible]	[illegible]	[illegible]	[illegible]	[illegible]	[illegible]	[illegible]	[illegible]	[illegible]	[illegible]	[illegible]	[illegible]	[illegible]	[illegible]	[illegible]
0.033	[illegible]	[illegible]	[illegible]	[illegible]	[illegible]	[illegible]	[illegible]	[illegible]	[illegible]	[illegible]	[illegible]	[illegible]	[illegible]	[illegible]	[illegible]	[illegible]

(1) Ce Tarif est extrait d'un ouvrage de tables dressées pour le service de la Marine Royale.

www.ingramcontent.com/pod-product-compliance
Lightning Source LLC
LaVergne TN
LVHW052158200726
843508LV00015B/125